主编 蒋叶光 陈烨

通往 SCHOOL

名校之路

全国重点大学自主招生与
保送生数学试题全解全析

黑龙江教育出版社

图书在版编目（CIP）数据

通往名校之路/蒋叶光,陈烨主编. -- 哈尔滨：
黑龙江教育出版社,2015.1（2018.4重印）
ISBN 978-7-5316-5692-0

Ⅰ.①通… Ⅱ.①蒋…②陈… Ⅲ.①中学数学课—
高中—试题—升学参考资料 Ⅳ.①G634.605

中国版本图书馆CIP数据核字（2015）第018736号

通往名校之路
Tongwang Mingxiao Zhilu

蒋叶光　陈　烨 **主编**

责任编辑	宋怡霏
装帧设计	靳晓敏
责任校对	张　楠
出版发行	黑龙江教育出版社
	（哈尔滨市道里群力新区第六大道1305号）
印　刷	固安县保利达印务有限公司
开　本	977毫米×1092毫米　1/16
印　张	10
字　数	300千
版　次	2015年1月第1版
印　次	2018年4月第2次印刷

书　号　ISBN 978-7-5316-5692-0　　　　定　价　58.00元

黑龙江教育出版社网址：www.hljep.com.cn
如有印装质量问题，影响阅读，请与我公司联系调换。联系电话：010-64926437
如发现盗版图书，请向我社举报。举报电话：0451-82533087

序言

　　从 2003 年开始的自主招生走到今年 2018 年,已经走过 15 个年头。在这 15 年里,自主招生考试起起伏伏经历了很多的变化。在经历 2015 年的短暂低潮之后,伴随着新高考的改革,可以说自主招生到现在已经在高考的录取中占据了不可或缺的位置。

　　我们领世培优曾经的一位毕业生,高中三年一直非常的优秀,成绩一直排在学校的前 3 名,可以说是一名绝对的北大清华后备军。但是在高考中发挥得不够理想,与当年清华北大的录取分数线差了 5 分,幸亏他因为平时的优秀以及在自主招生考试中的优异表现,获得了北大降 30 分录取的优惠,从而顺利地进入北大。

　　高考只有一次,所以充满着偶然和不确定性,这对于很多优秀的学子都是不公平的。自主招生的出现正是为了弥补这样的缺陷。这也就是为什么现在很多同学和家长越来越重视自主招生考试的原因。

　　那么如何在自主招生的考试中取得优异的成绩呢?我们认为找到真题进行有针对性的训练,可以说是提高备考效率的不二法门,为此我们两位作者进行了大量的努力,通过各种渠道进行了真题的收集、整理以及解析。我们精选了从 2009 年到 2017 年,这几年间各个高校的自主招生真题,这里面既有北大清华的试题,又有其他优秀院校的试题。我们希望通过这样一手的备考资料能够让各位同学在自主招生备考的道路上少走弯路,提高效率。让更多的同学能够获得自招的加分,为自己的名校之梦多一重保险。

　　由于作者的水平有限,难免有错误之处,希望大家能够批评指正!

目 录

2009 年南大自主招生(基地班)数学试题

一、填空题

1.已知 n 为一正整数,并且 2^n-1 能被 7 整除,则 n 的所有取值为_____.

2.不等式 $(x-1)(x-2)(x-3)(x-4)\geqslant24$ 的解集是_____.

3.设 z 是模大于 1 的复数,并且满足 $\bar{z}+\dfrac{1}{z}=\dfrac{5\cos\theta}{2}-i\dfrac{5\sin\theta}{2}$,则 $z=$_____.

4.已知 $x\in R$,$f(x)=\sqrt{x^2+x+1}-\sqrt{x^2-x+1}$,则 $f(x)$ 的值域为_____.

5.方程 $3\log_x4+2\log_{4x}4+3\log_{16x}4=0$ 的解集为_____.

6.将 $1,2,3,4,5,6,7,8,9$ 进行排序,则 $1,2$ 不在原来位置上的概率 $p=$_____.

7.数列 $a_1,a_2,\cdots,a_n,\cdots$ 中相邻的两项 a_n,a_{n+1} 是二次多项式 $x^2-2nx+c_n=0(n=1,2,\cdots)$ 的两个根,并且已知 $a_1=1$,则 $c_{2k}=$_____(用 k 表示).

8.圆柱形玻璃杯高 8cm,杯口周长 12cm,内壁距杯口 2cm 的点 A 处有一点蜜糖.A 点正对面的外壁(不是 A 点的外壁)距杯底 2cm 的点 B 处有一小虫,若小虫沿杯壁爬向蜜糖饱食一顿,最少要爬_____cm.(不计杯壁厚度与小虫尺寸)

9.在 $\triangle ABC$ 中,$AB=2\sqrt{2}$,$BC=\sqrt{5}+1$,$AC=\sqrt{5}-1$,则 AB 边上的高为_____.

10.设 $|\vec{a}|=|\vec{b}|=1$,$\vec{a}$ 与 $\vec{b}$ 的夹角为 $\dfrac{\pi}{3}$,则以 $\vec{a}+\vec{b}$ 与 $3\vec{a}-\vec{b}$ 为邻边的平行四边形的面积为_____.

二、简答题

11.已知 P 为 $\triangle ABC$ 内一点,$BC=a$,$CA=b$,$AB=c$,点 P 到 BC,CA,AB 的距离分别为 d_1,d_2,d_3,S 表示 $\triangle ABC$ 的面积,求证 $\dfrac{a}{d_1}+\dfrac{b}{d_2}+\dfrac{c}{d_3}\geqslant\dfrac{(a+b+c)^2}{2S}$.

12.找出所有满足 $\tan A + \tan B + \tan C \leqslant [\tan A] + [\tan B] + [\tan C]$ 的非直角三角形 $\triangle ABC$，这里 $[x]$ 表示不大于 x 的最大整数.

13.在 x 轴上方作圆与 x 轴相切，切点为 $A(\sqrt{3},0)$，分别从 $B(-3,0)$，$C(3,0)$ 作该圆的切线 BP 和 CP，并相交于 P.设点 C 在 $\angle BPC$ 的平分线上的投影为 Q.

(1)求点 P 的轨迹方程，并求其横坐标的取值范围；

(2)求点 Q 的轨迹方程，并求其横坐标的取值范围.

14.已知四面体 $ABCD$，平面 π 平行于直线 AB 和 CD，并且平面 π 与四面体 $ABCD$ 的截面为 $EFGH$（如图），平面 π 到直线 AB，CD 的距离分别为 d_1，d_2。设 $k=\dfrac{d_1}{d_2}$，计算五面体 $AEHBFG$ 的体积与四面体 $ABCD$ 的体积之比（用 k 表示）.

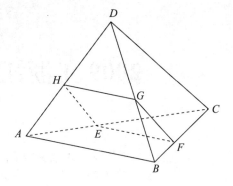

15.解方程 $x^3-3x=\sqrt{x+2}$.

16.设 R 为实数集，找出所有定义在 R 上且使得
$$f(f(x+y))=f(x+y)+f(x)f(y)-xy$$
对所有实数 x，y 都成立的函数 $f(x)$.（没有推理过程不得分）

2009 年浙江大学自主招生数学试题

1.已知 $a \geqslant \dfrac{1}{2}$,设二次函数 $f(x) = -a^2 x^2 + ax + c$,其中 a,c 均为实数,证明:对于任意 $x \in [0,1]$ 均有 $f(x) \leqslant 1$ 成立的充要条件是 $c \leqslant \dfrac{3}{4}$.

2.数列 $\{a_n\}$ 满足条件:$a_1 = 1, a_n = 1 + \dfrac{1}{a_{n-1}} (n \geqslant 2)$,试证明:

(1) $1 \leqslant a_n \leqslant 2$;(2) $\dfrac{1}{3} \leqslant \dfrac{|a_{n+1} - a_n|}{|a_n - a_{n-1}|} \leqslant \dfrac{1}{2} (n \geqslant 2)$.

3.现有如下两个命题：

命题 p：函数 $f(x)=x^3+ax^2+ax-a$ 既有极大值，又有极小值.

命题 q：直线 $3x+4y-2=0$ 与曲线 $x^2-2ax+y^2+a^2-1=0$ 有公共点.

若命题"p 或 q"为真，且命题"p 且 q"为假，试求 a 的取值范围.

4.现有由数字 1,2,3,4,5 排列而成的一个五位数组（没有重复数字），规定：前 i 个数不允许是 $1,2,\cdots,i$ 的一个排列（$1\leqslant i\leqslant 4$）（如 32154 就不可以，因为前三个数是 1,2,3 的一个排列）.试求满足这种条件的数组有多少个.

5.双曲线 $\dfrac{x^2}{a^2}-\dfrac{y^2}{b^2}=1(a>0,b>0)$ 的离心率为 $\sqrt{2}$，$A(x_1,y_1)$，$B(x_2,y_2)$ 两点在双曲线上，且 $x_1\neq x_2$.

(1)若线段 AB 的垂直平分线经过点 $Q(4,0)$，且线段 AB 的中点坐标为 (x_0,y_0)，试求 x_0 的值；

(2)双曲线上是否存在这样的点 A 与 B，满足 $OA\perp OB$？

2010年复旦千分考试题数学部分

1.设集合 A,B,C,D 是全集 X 的子集，$A\cap B\neq\varnothing$，$A\cap C\neq\varnothing$.则下列选项中正确的是（　　）

A.如果 $D\subseteq B$ 或 $D\subseteq C$，则 $D\cap A\neq\varnothing$

B.如果 $D\subseteq A$，则 $\complement_X D\cap B\neq\varnothing$，$\complement_X D\cap C\neq\varnothing$

C.如果 $D\supseteq A$，则 $\complement_X D\cap B=\varnothing$，$\complement_X D\cap C\neq\varnothing$

D.上述各项都不正确.

2.设 k,m,n 是整数，不定方程 $mx+ny=k$ 有整数解的必要条件是（　　）

A. m,n 都整除 k 　　　　　　　　B. m,n 的最大公因子整除 k

C. m,n,k 两两互素 　　　　　　　D. m,n,k 除 1 外没有其它共因子

3.设函数 $y=f(x)=e^x+1$，则反函数 $y=f^{-1}(x)$ 在 xOy 坐标系中的大致图象是（　　）

A　　　　　　　B　　　　　　　C　　　　　　　D

4.设 $f(x)$ 是区间 $[a,b]$ 上的函数，如果对任意满足 $a\leqslant x<y\leqslant b$ 的 x,y 都有 $f(x)\leqslant f(y)$，则称 $f(x)$ 是 $[a,b]$ 上的递增函数，那么，$f(x)$ 是 $[a,b]$ 上的非递增函数应满足（　　）

A.存在满足 $x<y$ 的 $x,y\in[a,b]$，使得 $f(x)>f(y)$

B.不存在 $x,y\in[a,b]$ 满足 $x<y$ 且 $f(x)\leqslant f(y)$）

C.对任意满足 $x<y$ 的 $x,y\in[a,b]$ 都有 $f(x)>f(y)$

D.存在满足 $x<y$ 的 $x,y\in[a,b]$，使得 $f(x)\leqslant f(y)$

5.设 $\alpha,\beta\in\left[-\dfrac{\pi}{2},\dfrac{\pi}{2}\right]$，且满足 $\sin\alpha\cos\beta+\sin\beta\cos\alpha=1$，则 $\sin\alpha+\sin\beta$ 的取值范围是（　　）

A.$[-\sqrt{2},\sqrt{2}]$　　　　B.$[-1,\sqrt{2}]$　　　　C.$[0,\sqrt{2}]$　　　　D.$[1,\sqrt{2}]$

6.设实数 $x,y\geqslant 0$，且满足 $2x+y=5$，则函数 $f(x,y)=x^2+xy+2x+2y$ 的最大值是（　　）

A.$\dfrac{97}{8}$　　　　　　B.$\dfrac{195}{16}$　　　　　　C.$\dfrac{49}{4}$　　　　　　D.$\dfrac{25}{2}$

7.设一个多面体从前面、后面、左面、右面、上面看到的图形分别为：

其中从后面和左边看到的图形均是边长为 1 的正方形，则该多面体的体积为（　　）

A.$\dfrac{2}{3}$　　　　　　B.$\dfrac{3}{4}$　　　　　　C.$\dfrac{4}{5}$　　　　　　D.$\dfrac{5}{6}$

8.在一个底面半径为 $\frac{1}{2}$,高为 1 的圆柱内放入一个直径为 1 的实心球后,在圆柱内空余的地方放入和实心球、侧面以及两个底面之一都相切的小球,最多可以放入这样的小球个数是 （　　）

A. 32 个　　　　　　　　　　　　B. 30 个

C.28 个　　　　　　　　　　　　D.26 个

9.给定平面向量 $(1,1)$,那么,平面向量 $\left(\dfrac{1-\sqrt{3}}{2},\dfrac{1+\sqrt{3}}{2}\right)$ 是将向量 $(1,1)$ 经过 （　　）

A.顺时针旋转 60°所得　　　　　　　B.顺时针旋转 120°所得

C.逆时针旋转 60°所得　　　　　　　D.逆时针旋转 120°所得

10.在直角坐标系 Oxy 中已知点 $A_1(1,0)$,$A_2\left(\dfrac{1}{2},\dfrac{\sqrt{3}}{2}\right)$,$A_3\left(-\dfrac{1}{2},\dfrac{\sqrt{3}}{2}\right)$,$A_4(-1,0)$,$A_5$ $\left(-\dfrac{1}{2},-\dfrac{\sqrt{3}}{2}\right)$,$A_6\left(\dfrac{1}{2},-\dfrac{\sqrt{3}}{2}\right)$,问在向量 $\overrightarrow{A_iA_j}(i,j=1,2,3,4,5,6,i\neq j)$ 中,不同向量的个数有 （　　）

A.9 个　　　　　　　　　　　　B.15 个

C.18 个　　　　　　　　　　　　D.30 个

11.对函数 $f:[0,1]\rightarrow[0,1]$,定义 $f^1(x)=f(x)$,$\cdots$,$f^n(x)=f(f^{n-1}(x))$,$n=1,2,3,\cdots$满足 $f^n(x)=x$ 的点 $x\in[0,1]$ 称为 f 的一个 n 周期点.现设 $f(x)=\begin{cases}2x,0\leqslant x\leqslant\dfrac{1}{2},\\2-2x,\dfrac{1}{2}\leqslant x\leqslant1.\end{cases}$ 问 f 的 n 周期点的个数是 （　　）

A.$2n$ 个　　　　　　　　　　　　B.$2n^2$ 个

C.2^n 个　　　　　　　　　　　　D.$2(2^n-1)$个

12.已知复数 $z_1=1+\sqrt{3}i$,$z_2=-\sqrt{3}+\sqrt{3}i$,则复数 z_1z_2 的辐角 （　　）

A.$\dfrac{13}{12}\pi$　　　　　　　　　　　　B.$\dfrac{11}{12}\pi$

C.$-\dfrac{1}{4}\pi$　　　　　　　　　　　　D.$\dfrac{7}{12}\pi$

13.设复数 $z=\cos\alpha+i\sin\beta$,$w=\sin\alpha+i\cos\beta$ 满足 $zw=\dfrac{\sqrt{3}}{2}$,则 $\sin(\beta-\alpha)=$ （　　）

A.$\pm\dfrac{\sqrt{3}}{2}$　　　　　　　　　　B.$\dfrac{\sqrt{3}}{2}$,$-\dfrac{1}{2}$

C.$\pm\dfrac{1}{2}$　　　　　　　　　　　　D.$\dfrac{1}{2}$,$-\dfrac{\sqrt{3}}{2}$

14.已知常数 k_1,k_2 满足 $0<k_1<k_2$,$k_1k_2=1$.设 C_1 和 C_2 分别是以 $y=\pm k_1(x-1)+1$ 和 $y=\pm k_2(x-1)+1$ 为渐近线且通过原点的双曲线.则 C_1 和 C_2 的离心率之比 $\dfrac{e_1}{e_2}$ 等于 （　　）

A.$\dfrac{\sqrt{1+k_1^2}}{\sqrt{1+k_2^2}}$　　　　B.$\dfrac{\sqrt{1+k_2^2}}{\sqrt{1+k_1^2}}$　　　　C.1　　　　　　　D.$\dfrac{k_1}{k_2}$

15. 参数方程 $\begin{cases} x=a(t-\sin t), \\ y=a(1-\cos t), \end{cases}$ $a>0$ 所表示的函数 $y=f(x)$ (   )

A. 的图象关于原点对称   B. 的图象关于直线 $x=\pi$ 对称

C. 是周期为 $2a\pi$ 的周期函数   D. 是周期为 2π 的周期函数

16. 将同时满足不等式 $x-ky-2\leqslant 0, 2x+3y-6\geqslant 0, x+6y-10\leqslant 0 (k>0)$ 的点 (x,y) 组成集合 D 称为可行域,将函数 $\dfrac{y+1}{x}$ (称为目标函数,所谓规划问题就是求解可行域中的点 (x,y) 使目标函数达到在可行域上的最小值. 如果这个规划问题有无穷多个解 (x,y),则 k 的取值为   (   )

A. $k\geqslant 1$ B. $k\leqslant 2$ C. $k=2$ D. $k=1$

17. 某校有一个班级,设变量 x 是该班同学的姓名,变量 y 是该班同学的学号,变量 z 是该班同学的身高,变量 w 是该班同学某一门课程的考试成绩. 则下列选项中错误的是   (   )

A. y 是 x 的函数   B. z 是 y 的函数   C. w 是 z 的函数   D. w 是 x 的函数

18. 对于原命题"单调函数不是周期函数",下列陈述正确的是   (   )

A. 逆命题为"周期函数不是单调函数"   B. 否命题为"单调函数是周期函数"

C. 逆否命题为"周期函数是单调函数"   D. 以上三者都不正确

19. 设集合 $A=\{(x,y)\mid \log_a x+\log_a y>0\}$, $B=\{(x,y)\mid y+x<a\}$. 如果 $A\cap B=\varnothing$,则 a 的取值范围是   (   )

A. $\varnothing$ B. $a>0, a\neq 1$ C. $0<a\leqslant 2, a\neq 1$ D. $1<a\leqslant 2$

20. 设集合 X 是实数集 R 的子集,如果点 $x_0\in R$ 满足:对任意 $a>0$,都存在 $x\in X$ 使得 $0<|x-x_0|<a$,则称 x_0 为集合 X 的聚点. 用 Z 表示整数集,则在下列集合

(1) $\left\{\dfrac{n}{n+1}\mid n\in Z, n\geqslant 0\right\}$ (2) $R/\{0\}$ (3) $\left\{\dfrac{1}{n}\mid n\in Z, n\neq 0\right\}$ (4) 整数集 Z

中,以 0 为聚点的集合有   (   )

A. (2), (3)   B. (1), (4)   C. (1), (3)   D. (1), (2), (4)

21. 已知点 $A(-2,0), B(1,0), C(0,1)$,如果直线 $y=kx$ 将三角形 $\triangle ABC$ 分割为两个部分,那么当这两个部分的面积之积最大时,$k=$ (   )

A. $-\dfrac{3}{2}$ B. $-\dfrac{3}{4}$ C. $-\dfrac{4}{3}$ D. $-\dfrac{2}{3}$

22. 已知 $f(x)=\sin x\cos x+\sqrt{3}\cos^2 x$,定义域 $D(f)=\left[\dfrac{1}{12}\pi, \dfrac{7}{12}\pi\right]$,则 $f^{-1}(x)=$ (   )

A. $\dfrac{1}{2}\arccos\left(x-\dfrac{\sqrt{3}}{2}\right)+\dfrac{1}{12}\pi$ B. $\dfrac{1}{2}\arccos\left(x-\dfrac{\sqrt{3}}{2}\right)-\dfrac{1}{6}\pi$

C. $-\dfrac{1}{2}\arcsin\left(x-\dfrac{\sqrt{3}}{2}\right)+\dfrac{1}{12}\pi$ D. $\dfrac{1}{2}\arcsin\left(x-\dfrac{\sqrt{3}}{2}\right)-\dfrac{1}{6}\pi$

23. 设 l_1, l_2 是两条异面直线,则直线 l 和 l_1, l_2 都垂直的必要不充分条件是   (   )

A. l 是过点 $P_1\in l_1$ 和点 $P_2\in l_2$ 的直线,这里 $|P_1 P_2|$ 等于直线 l_1 和 l_2 间的距离

B. l 上的每一点到 l_1 和 l_2 的距离都相等

C. 垂直于 l 的平面平行于 l_1 和 l_2

D. 存在与 l_1 和 l_2 都相交的直线与 l 平行

24.设 $ABC-A'B'C'$ 是正三棱柱,底面边长和高都为 1,P 是侧面 $ABB'A'$ 的中心,则 P 到侧面 $ACC'A'$ 的对角线的距离是 （　　）

A.$\dfrac{1}{2}$　　　　　　　　　　　　　　　　B.$\dfrac{\sqrt{3}}{4}$

C.$\dfrac{\sqrt{14}}{8}$　　　　　　　　　　　　　　D.$\dfrac{3\sqrt{2}}{8}$

25.在一个球面上画一组三个互不相交的圆,成为球面上的一个三圆组.如果可以在球面上通过移动和缩放将一个三圆组移动到另外一个三圆组,并且在移动过程中三个圆保持互不相交,则称这两个三圆组有相同的位置关系,否则就称有不同的位置关系.那么,球面上具有不同的位置关系的三圆组有 （　　）

A.2 种　　　　　　B.3 种　　　　　　C.4 种　　　　　　D.5 种

26.设非零向量 $\vec{a}=(a_1,a_2,a_3),\vec{b}=(b_1,b_2,b_3),\vec{c}=(c_1,c_2,c_3)$ 为共面向量,$\vec{x}=(x_1,x_2,x_3)$ 是未知向量,则满足 $\vec{a}\cdot\vec{x}=0,\vec{b}\cdot\vec{x}=0,\vec{c}\cdot\vec{x}=0$ 的向量 $\vec{x}$ 的个数为 （　　）

A.1 个　　　　　　B.无穷多个　　　　　　C.0 个　　　　　　D.不能确定

27.在 xOy 坐标平面内给定点 $A(1,2),B(2,3),C(2,1)$,矩阵 $\begin{bmatrix}2 & k \\ -1 & 1\end{bmatrix}$ 将向量 $\overrightarrow{OA},\overrightarrow{OB},\overrightarrow{OC}$ 分别变换成向量 $\overrightarrow{OA'},\overrightarrow{OB'},\overrightarrow{OC'}$,如果它们的终点 A',B',C' 连线构成直角三角形,斜边为 $B'C'$,则 k 的取值为 （　　）

A.±2　　　　　　B.2　　　　　　C.0　　　　　　D.$0,-2$

28.已知 C 是以 O 为圆心 r 为半径的圆周,二点 P,P^* 在以 O 为起点的射线上,并且满足 $|OP|\cdot|OP^*|=r^2$,则称 P,P^* 关于圆周 C 对称.那么双曲线 $x^2-y^2=1$ 上的点 $P(x,y)$ 关于单位圆周 $C:x^2+y^2=1$ 的对成点 P^* 所满足的方程是 （　　）

A.$x^2-y^2=x^4+y^4$　　　　　　　　B.$x^2-y^2=(x^2+y^2)^2$

C.$x^2-y^2=2(x^4+y^4)$　　　　　　　　D.$x^2-y^2=(x^2+y^2)^2$

29.复平面内圆周 $\dfrac{|z-1|}{|z-1+i|}=\dfrac{\sqrt{2}}{2}$ 的圆心是 （　　）

A.$3+i$　　　　　　B.$3-i$　　　　　　C.$1+i$　　　　　　D.$1-i$

30.已知数列 $\{a_n\}$ 满足 $a_1=2$ 且 $\{a_n/n\}$ 是公比为 2 的等比数列,则 $\sum\limits_{k=1}^{n}a_k=$ （　　）

A.$n2^{n+1}-2$　　　　　　　　B.$(n-1)2^{n+1}+2$

C.$n2^n+2(n-1)$　　　　　　　　D.$(n-1)2^n+2n$

31.经过坐标变换 $\begin{cases}x'=x\cos\theta+y\sin\theta \\ y'=-x\sin\theta+y\cos\theta\end{cases}$ 将二次曲线 $3x^2-2\sqrt{3}xy+5y^2-6=0$ 转化为形如 $\dfrac{x'^2}{a^2}\pm\dfrac{y'^2}{b^2}=1$ 的标准方程,则 θ 的取值及二次曲线的类型为 （　　）

A.$\theta=k\pi+\dfrac{\pi}{6}(k\in Z)$,为椭圆　　　　　B.$\theta=\dfrac{k\pi}{2}+\dfrac{\pi}{6}(k\in Z)$,为椭圆

C.$\theta=k\pi-\dfrac{\pi}{6}(k\in Z)$,为双曲线　　　　　D.$\theta=\dfrac{k\pi}{2}-\dfrac{\pi}{6}(k\in Z)$,为双曲线

32.单位圆 $D=\{(x,y)\,|\,x^2+y^2<1\}$ 内连接单位圆 $C=\{(x,y)\,|\,x^2+y^2=1\}$ 上两不同点且与 C 在这两点处垂直的圆弧或直线段称为单位圆 D 内的双曲直线(这里两条圆弧在交点处垂直是指这两条圆弧在交点处的切线垂直).给定内一条双曲直线 L,则下列选项中正确的是 （　　）

A.存在 D 内一点,使得过该点的双曲直线都不与 L 垂直

B.存在与 L 相切于 D 内某一点的双曲直线

C.如选取合适的 L,则另可找到一条 D 内的双曲直线与 L 恰好有两个交点

D.对 D 内任意不在 L 上的点,都存在过该点的且与 L 不相交的双曲直线

2012 年清华大学保送生考试数学试题

一、填空题

1.复数 z 为虚数且 $|z|=1$,若 $z(1-2i)$ 的实部为 1,则 $z=$ _____.

2.在数列 $\{a_n\}$ 中,$a_1=1$,$a_{n+1}=a_n+2$,若数列 $\left\{\dfrac{1}{a_n a_{n+1}}\right\}$ 的前 n 项的和为 $\dfrac{18}{37}$,则 $n=$ _____.

3.现有 6 人会英语,4 人会日语,2 人都会(共 12 人),从其中选出 3 人做翻译,要求两种语言都有人翻译,则符合条件的选法共 _____ 种.

4.有一人进行投篮训练,投篮 5 次,失误一次扣 1 分,进一次得 1 分,连进 2 次得 3 分,连进 3 次得 5 分,且投篮命中率为 $\dfrac{2}{5}$,则投 3 次恰好得 2 分的概率是 _____.

5.求方程 $\dfrac{1}{x}+\dfrac{1}{y}+\dfrac{1}{z}=1$ 所有正整数解 (x,y,z) 为 _____.

6.某一几何体,下图为其三视图,α,β,γ 分别为三视图中主视图、左视图、俯视图,其中主视图为等腰直角三角形,设 S_α、S_β、S_γ 为在实际几何体中能看到的面积,则 S_α、S_β、S_γ 的大小关系是 _____.

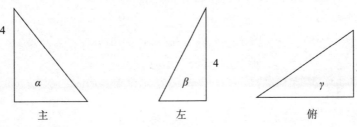

二、解答题

7.$y=\dfrac{1}{2}x^2$ 与 $y=x+4$ 围成区域中有矩形 $ABCD$,且 A、B 在抛物线上,D 在直线上,其中 B 在 y 轴右侧,且 AB 长为 $2t(t>0)$.

(1)当 AB 与 x 轴平行时,求矩形 $ABCD$ 面积 $S(t)$ 的函数表达式;

(2)当边 CD 与 $y=x+4$ 重合时,求矩形 $ABCD$ 面积的最大值.

8.函数 $f(x)=2\left(\sin2x+\frac{\sqrt{3}}{2}\right)\cos x-\sin3x$,且 $x\in[0,2\pi]$.

(1)求函数的最大值和最小值;

(2)求方程 $f(x)=\sqrt{3}$ 的解.

9. $f(x)=\ln\frac{e^x-1}{x}$,$a_1=1$,$a_{n+1}=f(a_n)$.

(1)求证:$e^xx-e^x+1\geqslant0$ 恒成立;

(2)试求 $f(x)$ 的单调区间;

(3)求证:$\{a_n\}$ 为递减数列,且 $a_n>0$ 恒成立.

10.在 $\triangle AOB$ 内(含边界),其中 O 为坐标原点,A 在 y 轴正向,B 在 x 轴正向,且有 $OA=OB=2$.

(1)用不等式组表示 $\triangle AOB$ 的区域;

(2)求证:在 $\triangle AOB$ 内的任意的 11 个点,总可以分成两组,使一组的横坐标之和不大于 6,使另一组的纵坐标之和不大于 6.

2012 年北京大学保送生考试数学试题

(文科选作 1—4 题,理科选作 2—5 题.)

1.已知 $\{a_n\}$ 为正项等比数列,公比 $q > 0$,且 $a_3 + a_4 - a_1 - a_2 = 5$,求 $a_5 + a_6$ 的最小值.

2.已知 $f(x)$ 为实系数一元二次函数,$a, f(a), f(f(a)), f(f(f(a)))$ 为正项等比数列,求证:$f(a) = a$.

3.已知锐角 $\triangle ABC$ 的三边长为 a, b, c,且 $a > b > c$,求证:顶点都在该三角形三边上的最大内接正方形的边长为 $\dfrac{ac\sin B}{c + a\sin B}$.

4.从点 O 引发两条射线 L_1,L_2,动直线 L 分别交 L_1,L_2 于 A,B 两点,射线 L_1,L_2 及直线 L 围成的三角形 OAB 的面积为定值 c,记线段 AB 中点为 D,动点 D 的轨迹为 Γ,求证:

(1)轨迹 Γ 关于 L_1,L_2 夹角的角平分线反射对称;

(2)轨迹 Γ 为双曲线的一支.

5.已知 $a_1,a_2,\cdots,a_{10}$ 为正实数,且满足 $\sum\limits_{i=1}^{10}a_i=30$,$\prod\limits_{i=1}^{10}a_i<21$,求证:$a_i$ 中至少有一个小于 1.

2013 年华约自主招生数学试题

1.已知集合 $A=\{x\in Z\,|\,x\geqslant 10\}$，$B$ 是 A 的子集，且 B 中元素满足下列条件：

（ⅰ）数字两两不等；

（ⅱ）任意两个数字之和不等于 9.

试求：

(1)B 中有多少个两位数？多少个三位数？

(2)B 中是否有五位数？是否有六位数？

(3)将 B 中元素从小到大排列，第 1081 个元素是多少？

2.已知 $\sin x+\sin y=\dfrac{1}{3}$，$\cos x-\cos y=\dfrac{1}{5}$，求 $\sin(x-y)$、$\cos(x+y)$ 的值.

3.设 $k>0$,从直线 $y=kx$ 和 $y=-kx$ 上分别取点 $A(x_A,y_A)$,$B(x_B,y_B)$,使得 $x_A \cdot x_B>0$, $|OA| \cdot |OB|=1+k^2$,O 为坐标原点,AB 中点 M 的轨迹为 C.

(1)求 C 的轨迹方程;

(2)抛物线 $x^2=2py(p>0)$ 与 C 相切于两点,求证:两点在两条定直线上,并求出两条切线方程.

4.有 7 个红球和 8 个黑球,从中任取 4 个.

(1)求恰有一个红球的概率;

(2)设四个球中黑球的个数为 X,求 X 的分布列及数学期望 EX;

(3)求当四个球均为一种颜色时,这种颜色为黑色的概率.

5.已知 $a_{n+1}=a_n+ca_n^2$, $n=1,2,3,\cdots$, $a_1>0$, $c>0$.

(1)证明:对任意的 $M>0$,存在正整数 N,使得对于 $n>N$,恒有 $a_n>M$;

(2)设 $b_n=\dfrac{1}{ca_n+1}$, S_n 为 $\{b_n\}$ 前 n 项的和.证明:$\{S_n\}$ 有界,且对 $d>0$,存在正整数 K,当 $n>K$ 时,恒有 $0<\left|S_n-\dfrac{1}{ca_1}\right|<d$.

6.已知 x、y、z 是三个大于 1 的正整数,且 xyz 整除 $(xy-1)(yz-1)(zx-1)$,求 x、y、z 的所有可能值.

7.已知 $f(x)=(1-x)e^x-1$.

(1)证明:当 $x>0$ 时,$f(x)<0$;

(2)若 $x_ne^{x_{n+1}}=e^{x_n}-1$,$x_1=1$,证明:数列 $\{x_n\}$ 递减,且 $x_n>\dfrac{1}{2^n}$.

2013 年北约自主招生数学试题

一、选择题

1.以 $\sqrt{2}$ 和 $1-\sqrt[3]{2}$ 为两根的有理系数多项式的次数最小是 （   ）

A.2   B.3   C.5   D.6

2.在 6×6 的表中停放 3 辆完全相同的红色车和 3 辆完全相同的黑色车,每一行、每一列都只有一辆车,每辆车占一格,共有（   ）种停放方法

A.720   B.20   C.518400   D.14400

3.已知 $x^2=2y+5$,$y^2=2x+5(x\neq y)$,则 $x^3-2x^2y^2+y^3$ 的值为 （   ）

A.-10 B.-12 C.-14 D.-16

4.数列 $\{a_n\}$ 满足 $a_1=1$,前 n 项和为 S_n,$S_{n+1}=4a_n+2$,则 a_{2013} 的值为 （   ）

A.$3019\cdot 2^{2012}$ B.$3019\cdot 2^{2013}$ C.$3018\cdot 2^{2012}$ D.无法确定

5.如图,$\triangle ABC$ 中,AD 为 BC 边上中线,DM、DN 分别为 $\angle ADB$、$\angle ADC$ 的角平分线,则 $BM+CN$ 与 MN 的关系为 （   ）

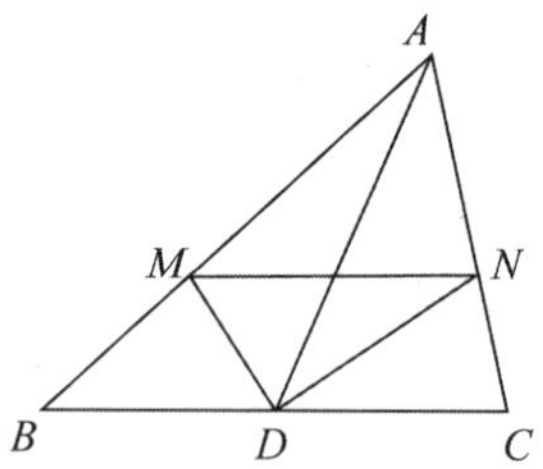

A.$BM+CN>MN$ B. $BM+CN<MN$

C.$BM+CN=MN$ D.无法确定

6.模长为 1 的复数 A、B、C,满足 $A+B+C\neq0$,则 $\dfrac{AB+BC+CA}{A+B+C}$ 的模长为 （   ）

A.$-\dfrac{1}{2}$ B.1   C.2   D.无法确定

二、解答题

7.最多能取多少个两两不等的正整数,使得其中任意三个数之和都为素数？并证明你的结论.

8.已知 $a_1,a_2,a_3,\cdots,a_{2013}\in R$,满足 $a_1+a_2+a_3+\cdots+a_{2013}=0$,且 $|a_1-2a_2|=|a_2-2a_3|=|a_3-2a_4|\cdots=|a_{2012}-2a_{2013}|=|a_{2013}-2a_1|$,求证:$a_1=a_2=a_3=\cdots=a_{2013}=0$.

9.对任意的 θ,求 $32\cos^6\theta-\cos6\theta-6\cos4\theta-15\cos2\theta$ 的值.

10.已知有 mn 个实数,排列成 $m\times n$ 阶数阵,记作 $\{a_{ij}\}_{m\times n}$,使得数阵中的每一行从左到右都是递增的,即对任意的 $i=1、2、3、\cdots、m$,当 $j_1<j_2$ 时,都有 $a_{ij_1}\leqslant a_{ij_2}$.现将 $\{a_{ij}\}_{m\times n}$ 的每一列原有的各数按照从上到下递增的顺序排列,形成一个新的 $m\times n$ 阶数阵,记作 $\{a'_{ij}\}_{m\times n}$,即对任意的 $j=1、2、3、\cdots、n$,当 $i_1<i_2$ 时,都有 $a'_{i_1j}\leqslant a'_{i_2j}$.试判断 $\{a'_{ij}\}_{m\times n}$ 中的每一行的 n 个数的大小关系,并说明理由.

2013 年卓越联盟自主招生数学试题

一、选择题

1.已知 $f(x)$ 是定义在实数集上的偶函数,且在 $(0,+\infty)$ 上递增,则 （　　）

A.$f(2^{0.7})<f(-\log_2 5)<f(-3)$ 　　　　B.$f(-3)<f(2^{0.7})<f(-\log_2 5)$

C.$f(-3)<f(-\log_2 5)<f(2^{0.7})$ 　　　　D.$f(2^{0.7})<f(-3)<f(-\log_2 5)$

2.已知函数 $f(x)=\sin(\omega x+\varphi)\left(\omega>0,0<\varphi<\dfrac{\pi}{2}\right)$ 的图象经过点 $B\left(-\dfrac{\pi}{6},0\right)$,且 $f(x)$ 的相邻

两个零点的距离为 $\dfrac{\pi}{2}$,为得到 $y=f(x)$ 的图象,可将 $y=\sin x$ 图象上所有点 （　　）

A.先向右平移 $\dfrac{\pi}{3}$ 个单位长度,再将所得点的横坐标变为原来的 $\dfrac{1}{2}$ 倍,纵坐标不变

B. 先向左平移 $\dfrac{\pi}{3}$ 个单位长度,再将所得点的横坐标变为原来的 $\dfrac{1}{2}$ 倍,纵坐标不变

C. 先向左平移 $\dfrac{\pi}{3}$ 个单位长度,再将所得点的横坐标变为原来的 2 倍,纵坐标不变

D. 先向右平移 $\dfrac{\pi}{3}$ 个单位长度,再将所得点的横坐标变为原来的 2 倍,纵坐标不变

3.如图,在 A,B,C,D,E 五个区域中栽种 3 种植物,要求同一区域中只种一种植物,相邻两区域所种植物不同,则不同的栽种方法的总数为（　　）

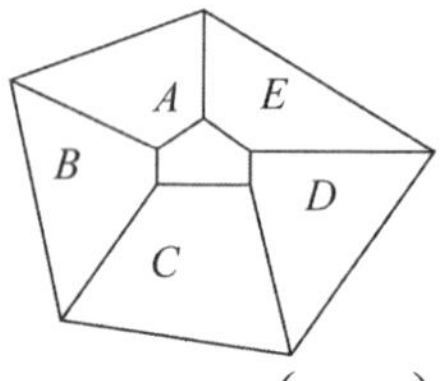

A.21　　　　　　B.24　　　　　　　C.30　　　　　　　D.48

4.设函数 $f(x)$ 在 R 上存在导数 $f'(x)$,对任意的 $x\in R$,有 $f(-x)+f(x)=x^2$,且在 $(0,+\infty)$ 上 $f'(x)>x$.若 $f(2-a)-f(a)\geqslant 2-2a$,则实数 a 的取值范围为 （　　）

A.$[1,+\infty)$　　　B.$(-\infty,1]$　　　C.$(-\infty,2]$　　　D.$[2,+\infty)$

二、填空题

5.已知抛物线 $y^2=2px(p>0)$ 的焦点是双曲线 $\dfrac{x^2}{8}-\dfrac{y^2}{p}=1$ 的一个焦点,则双曲线的渐近线方

程为_____.

6.设点 O 在 $\triangle ABC$ 的内部,点 D,E 分别为边 AC,BC 的中点,且 $|\overrightarrow{OD}+2\overrightarrow{OE}|=1$,则

$|\overrightarrow{OA}+2\overrightarrow{OB}+3\overrightarrow{OC}|=$_____.

7.设曲线 $y=\sqrt{2x-x^2}$ 与 x 轴所围成的区域为 D,向区域 D 内随机投一点,则该点落入域

$\{(x,y)\in D\mid x^2+y^2<2\}$ 内的概率为_____.

8.AE 是圆 O 的切线,A 是切点,AD 与 OE 垂直,垂足是 D,割线 EC 交圆 O 于 B,C,且 $\angle ODC=\alpha$,$\angle DBC=\beta$,则 $\angle OEC=$_____.

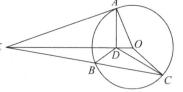

三、解答题

9.在 $\triangle ABC$ 中,已知 $(a-c)(\sin A+\sin C)=(a-b)\sin B$.

（Ⅰ）求角 C 的大小；

（Ⅱ）求 $\sin A \cdot \sin B$ 的最大值.

10.设椭圆 $\dfrac{x^2}{a^2}+\dfrac{y^2}{4}=1(a>2)$ 的离心率为 $\dfrac{\sqrt{3}}{3}$，斜率为 k 的直线 l 过点 $E(0,1)$ 且与椭圆交于 C,D 两点.

（Ⅰ）求椭圆方程；

（Ⅱ）若直线 l 与 x 轴相交于点 G,且 $\overrightarrow{GC}=\overrightarrow{DE}$,求 k 的值；

（Ⅲ）设 A 为椭圆的下顶点,k_{AC},k_{AD} 分别为直线的斜率,证明对任意的 k,恒有 $k_{AC} \cdot k_{AD}=-2$.

11.设 $x > 0$.

（Ⅰ）证明：$e^x > 1 + x + \dfrac{1}{2}x^2$；

（Ⅱ）若 $e^x = 1 + x + \dfrac{1}{2}x^2 e^y$，证明 $0 < y < x$.

12.已知数列 $\{a_n\}$ 中，$a_1 = 3$，$a_{n+1} = a_n^2 - na_n + \alpha$，$n \in \mathbf{N}^*$，$\alpha \in R$.

（Ⅰ）若 $a_n \geqslant 2n$ 对 $\forall n \in \mathbf{N}^*$ 都成立，求 α 的取值范围；

（Ⅱ）当 $\alpha = -2$ 时，证明 $\dfrac{1}{a_1 - 2} + \dfrac{1}{a_2 - 2} + \cdots + \dfrac{1}{a_n - 2} < 2 (n \in \mathbf{N}^*)$.

2013 年清华大学保送生考试数学试题

1.求证：$\displaystyle\sum_{i=0}^{\left[\frac{n}{3}\right]}\left[\frac{n-3i}{2}\right]=\left[\frac{n^2+2n+4}{12}\right]$，其中 $n\in\mathbf{N}^*$，$[x]$ 表示不超过 x 的最大整数.

2.定义：$[0]_{x!}=1$，$[m]_{x!}=\displaystyle\prod_{i=1}^{m}(1-x^i)$.

求证：$\dfrac{[2m]_{x!}[2n]_{x!}}{[m]_{x!}[n]_{x!}[m+n]_{x!}}$ 为 x 的整系数多项式.

3.已知 $abc=-1$，$\dfrac{a^2}{c}+\dfrac{b}{c^2}=1$，$a^2b+b^2c+c^2a=t$，求 $ab^5+bc^5+ca^5$ 的值.

4.(Buffon 投针问题)平面内画有间距为 d 的平行线,证明:任意投放一根长为 $l(l < d)$ 的针,与平行线相交的概率为 $P = \dfrac{2l}{\pi d}$.

5.证明:$\gcd(a,b) = \dfrac{1}{a} \sum\limits_{m=0}^{a-1} \sum\limits_{n=0}^{a-1} e^{\frac{2\pi imnb}{a}}$,其中 $a,b \in \mathbf{N}^*$,$\gcd(a,b)$ 表示正整数 a,b 的最大公约数.

2013 年北京大学保送生考试数学试题

1.△ABC 内点 M 满足∠CMB＝100°,线段 BM 的中垂线交边 AB 于 P 线段 CM 的中垂线交边 AC 于 Q,已知 P,M,Q 三点共线,求∠CAB 的值.

2.正数 a,b,c 满足 a<b+c,求证:$\dfrac{1}{1+a}<\dfrac{1}{1+b}+\dfrac{1}{1+c}$.

3.是否存在两两不同的实数 a,b,c,使直角坐标系中的三条直线 y＝ax＋b,y＝bx＋c,y＝cx＋a 共点.

4.称$\{1,2,3,\cdots,9\}$的某非空子集为奇子集,如果其中所有数的和为奇数,问共有几个奇子集?

5.有个2013×2013规格的数表,每行都成等差数列,每列平方后都成等差数列,求证:左上角的数×右下角的数=左下角的数×右上角的数.

2014 年华约自主招生数学试题

1.已知正整数 x_1, x_2, x_3, x_4, x_5 满足任取四个数求和构成的集合为 $\{44, 45, 46, 47\}$,求正整数 x_1, x_2, x_3, x_4, x_5 的值.

2.一场比赛在甲乙之间进行,采取五局三胜制,已知甲赢一局的概率为 $p\left(p > \dfrac{1}{2}\right)$,设甲赢得比赛的概率是 q,求 $q - p$ 最大时 p 的值.

3.已知 $f(x) = \dfrac{\sqrt{2}}{2}(\cos x - \sin x)\sin\left(x + \dfrac{\pi}{4}\right) - 2a\sin x + b\,(a > 0)$ 的最大、最小值分别为 $1, -4$.求 a, b 的值.

4.已知函数 $f(x)$ 与 $g(x)$ 的定义域都是 R，设 f^{-1} 表示 f 的反函数，$f \circ g$ 表示函数 f 与函数 g 的符合函数，即 $(f \circ g)(x) = f(g(x))$.

(1)证明：$(f \circ g)^{-1}(x) = (g^{-1} \circ f^{-1})(x)$；

(2)已知 $F(x) = f(-x)$，$G(x) = f^{-1}(-x)$，证明：若 $F(x)$ 是 $G(x)$ 的反函数，则 $f(x)$ 为奇函数.

5.过椭圆 $\dfrac{x^2}{a^2} + \dfrac{y^2}{b^2} = 1$ 上一点 M 作 $x^2 + y^2 = b^2$ 的两条切线，切点分别为 P、Q，直线 PQ 交 x、y 轴于 E、F，求 $S_{\triangle EOF}$ 的最小值.

6.已知数列 $\{a_n\}$ 满足 $a_1=0$,递推公式为 $a_{n+1}=n\cdot p^n+q\cdot a_n$.

(1)若 $q=1$,求 $\{a_n\}$ 的通项公式;

(2)若 $|p|<1$,$|q|<1$,证明 $\{a_n\}$ 有界.

7.已知 $n\in\mathbf{N}_+$,证明当 $x\leqslant n$ 时,$n-n\left(1-\dfrac{x}{n}\right)^n e^x\leqslant x^2$.

2014 年北约自主招生数学试题

一、选择题

1.设扇形的圆心角为 $\dfrac{\pi}{3}$,面积为 6π,将它围成一个圆锥,则此圆锥的表面积是 　　(　)

A. $\dfrac{13}{2}\pi$　　　　　　B. 7π　　　　　　　C. $\dfrac{15}{2}\pi$　　　　　　D. 8π

2.将 10 个人分成 3 组,每组人数分别为 3,3,4,则不同的分法有＿＿＿＿种. 　　(　)

A. 1050　　　　　　B. 2014　　　　　　C. 2100　　　　　　D. 4200

3.函数 $f(x)$ 满足:对于任意实数 a 和 b 有 $f\left(\dfrac{a+2b}{3}\right)=\dfrac{f(a)+2f(b)}{3}$,又已知 $f(1)=1$,$f(4)=$

7,则 $f(2014)$ 的值是 　　(　)

A. 4027　　　　　　B. 4028　　　　　　C. 4029　　　　　　D. 4030

4.已知函数 $f(x)=\lg(x^2-2ax+a)$ 的值域为 R,则实数 a 的取值范围是 　　(　)

A. $0<a<1$　　　B. $0\leqslant a\leqslant 1$　　　C. $a<0$ 或 $a>1$　　　D. $a\leqslant 0$ 或 $a\geqslant 1$

5.设 x,y 均为负数且 $x+y=-1$,则 $xy+\dfrac{1}{xy}$ 具有 　　(　)

A. 最大值 $-\dfrac{17}{4}$　　B. 最小值 $-\dfrac{17}{4}$　　C. 最大值 $\dfrac{17}{4}$　　D. 最小值 $\dfrac{17}{4}$

6.能使得函数 $f(x)=\arctan\dfrac{2-2x}{1+4x}+C$ 在 $\left(-\dfrac{1}{4},\dfrac{1}{4}\right)$ 上为奇函数的常数 C 的值为 　　(　)

A. 0　　　　　　B. $-\arctan 2$　　　　　　C. $\arctan 2$　　　　　　D. 不存在

二、解答题

7.(文科)求等差数列 $\{4n+1\}_{1\leqslant n\leqslant 200}$ 与 $\{6m-3\}_{1\leqslant m\leqslant 200}$ 的所有公共项的和.

8.(文科)设梯形两条对角线的长分别是 5 和 7,高为 3,求该梯形的面积.

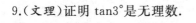

9.(文理)证明 tan3°是无理数.

10.(文理)已知实系数二次函数 $f(x)$ 与 $g(x)$,满足 $f(x)=g(x)$ 和 $3f(x)+g(x)=0$ 都只有一对重根,已知 $f(x)$ 有两相异实根,求证:$g(x)=0$ 没有实根.

11.(理科)设 $a_1,a_2,\cdots,a_{13}$ 是一个等差数列,定义集合 $M=\{a_i+a_j+a_k\,|\,1\leqslant i<j<k\leqslant 13\}$,问:$0,\dfrac{7}{2},\dfrac{16}{3}$ 是否可以同时属于 M?并证明你的结论.

12.(理科) 已知 $x_i>0(i=1,2,\cdots,n)$,$\displaystyle\prod_{i=1}^{n}x_i=1$,证明:$\displaystyle\prod_{i=1}^{n}(\sqrt{2}+x_i)\geqslant(\sqrt{2}+1)^n$.

2014 年卓越联盟自主招生数学试题

一、填空题（原题为选择题）

1. $|x^3| - 2x^2 + 1 < 0$ 的解集是 _____.

2. 在三棱锥 $P-ABC$ 中，$PA \perp$ 底面 ABC，$AC \perp BC$，$AC = 2$，二面角 $P-BC-A$ 的大小为 $60°$，三棱锥 $P-ABC$ 的体积为 $\dfrac{4\sqrt{6}}{3}$，则直线 PB 与平面 PAC 所成的二面角的正弦值为 _____.

3. 已知 $m \in R$，$P(x,y)$ 表示不在直线 $2mx + (1-m^2)y - 4m - 4 = 0$ 上的点，求 P 点形成的图形的面积为 _____.

4. 已知 $f(x) = \begin{cases} \dfrac{2x+1}{x^2}, & x \in \left(-\infty, -\dfrac{1}{2}\right), \\ \ln(x+1), & x \in \left[-\dfrac{1}{2}, +\infty\right), \end{cases}$ $g(x) = x^2 - 4x - 4$，若 $\exists a$ 使 $f(a) + g(b) = 0$，则 b 的取值范围为 _____.

二、填空题

5. 已知 $0 < a < 1$，分别在区间 $(0, a)$ 和 $(0, 4-a)$ 内任取一个数，且取出的两个数之和小于 1 的概率为 $\dfrac{3}{16}$，则 a 的值为 _____.

6. 已知 $\overrightarrow{n_1}, \overrightarrow{n_2}$ 是平面夹角为 $\theta \left(0 \leq \theta \leq \dfrac{\pi}{2}\right)$ 的两个单位向量，O 为平面内的一个固定点，P 为平面内任意一点，当 $\overrightarrow{OP} = x\overrightarrow{n_1} + y\overrightarrow{n_2}$ 时，定义 (x,y) 为点 P 的斜坐标，现有 A、B 两点，斜坐标分别为 $A(x_1, y_1)$，$B(x_2, y_2)$，则 A、B 两点的距离为 _____.

7. 若函数 $y = \sin\left(\omega x + \dfrac{\pi}{4}\right)$ 的对称轴中与 y 轴距离最小的是 $x = \dfrac{\pi}{6}$，则 ω 的值为 _____.

8. 已知 $A \cup B = \{1, 2, 3, \cdots, 8\}$，$A \cap B = \varnothing$，又 $|A| \notin A$，$|B| \notin B$，则总分配数为 _____.

三、解答题

9. 已知 $f(x) = \sqrt{2}\sin 2x \cos\alpha + \sqrt{2}\cos 2x \sin\alpha - \sqrt{2}\cos(2x+\alpha) + \cos\alpha \, (x \in R)$.

(1) 已知 $\alpha \in \left[\dfrac{\pi}{4}, \dfrac{\pi}{2}\right]$，求 $f(x)$ 在区间 $\left[0, \dfrac{\pi}{2}\right]$ 上的最大值；

(2) 若 $f(x) = 3$，求 α，x 的值.

10.已知双曲线 $\dfrac{x^2}{a^2}-\dfrac{y^2}{b^2}=1$ 的两条渐近线斜率之积为 -3.

(1)若 A,B 在双曲线上,且 AB 过点 $D(0,5a)$,$k_{AB}=1$,$\overrightarrow{AD}=\lambda\overrightarrow{DB}$,求 λ;

(2)A 关于 x 轴的对称点为 M,l_{AB} 与 x 轴交于 P,l_{MB} 与 x 轴交于 Q,求证:$|OP||OQ|=a^2$.

11.设 $f(x)$ 在 $x\in R$ 上可导,且对于任意的 $x_0\in R$ 有 $0<f'(x+x_0)-f'(x_0)<4x(x>0)$.

(1)证明:$f'(x_0)<\dfrac{f(x+x_0)-f(x_0)}{x}(x>0)$;

(2)若 $|f(x)|\leqslant 1$,则 $|f'(x)|\leqslant 4$.

12.已知实数列 $\{a_n\}$ 满足 $|a_1|=1$,$|a_{n+1}|=q|a_n|$,$q>1$,对任意的正整数 n,有 $\displaystyle\sum_{k=1}^{n+1}|a_k|\leqslant 4|a_n|$,设 C 为所有满足上述条件的数列 $\{a_n\}$ 的集合.

(1)求 q;

(2)设 $\{a_n\},\{b_n\}\in C$,$m\in \mathbf{N}_+$,且存在 $n_0\leqslant m$,使 $a_{n_0}\neq b_{n_0}$,证明:$\displaystyle\sum_{k=1}^{m}a_k\neq\sum_{k=1}^{m}b_k$;

(3)设集合 $A_m=\left\{\displaystyle\sum_{k=1}^{m}a_k\,\middle|\,\{a_n\}\in C\right\}$,$m\in \mathbf{N}_+$,求 A_m 中所有正数之和.

2015 年北京大学生命科学冬令营试卷数学部分

1.已知函数 $f(x)$ 是偶函数,其图象与 x 轴有 4 个交点,则 $f(x)=0$ 的所有实根之和是 （ ）

A.1　　　　　　B.0　　　　　　C.2　　　　　　D.4

2.若 $a+b=2$,则 $(a^2-b^2)^2-8(a^2+b^2)$ 的值是 （ ）

A.-16　　　　B.0　　　　　　C.6　　　　　　D.8

3.方程 $x^2-6x+k=0$ 的两个实根分别为 x_1 和 x_2,且 $x_1^2 x_2^2-x_1-x_2=115$,则 $x_1^2+x_2^2+8$ 的值是 （ ）

A.66　　　　　　B.32　　　　　　C.60　　　　　　D.80

4.当 $2\leqslant x\leqslant 3$ 时,二次函数 $f(x)=x^2-2x-3$ 的最大值是 （ ）

A.-4　　　　B.-3　　　　C.0　　　　　　D.1

5.方程 $x^4-y^4-4x^2+4y^2=0$ 表示的图形是 （ ）

A.两条平行直线　　　　　　　　B.两条相交直线

C.两条平行线与一个圆　　　　　D.两条相交直线与一个圆

6.一个梯形上下底的长度分别为 1 和 4,两条对角线的长度分别为 3 和 4,则梯形面积是 （ ）

A.3　　　　　　B.4　　　　　　C.5　　　　　　D.6

7.设 n 个数 $x_1,x_2,\cdots,x_n$ 的平均数为 a,$t<n$,$x_1,x_2,\cdots,x_t$ 的平均数为 b,$x_{t+1},\cdots,x_n$ 的平均数为 c,则有 （ ）

A.$a=b+c$　　B.$a=\dfrac{b+c}{2}$　　C.$a=c+(b-c)\dfrac{t}{n}$　　D.$a=b+(c-b)\dfrac{t}{n}$

8.设 $x\in(0,\pi)$,则函数 $f(x)=|\sqrt{1+\cos x}-\sqrt{1-\cos x}|$ 的取值范围是 （ ）

A.$[0,\sqrt{2})$　　B.$[0,2)$　　C.$[0,\sqrt{2}]$　　D.$[0,2]$

9.外接球的半径为 1 的正四面体的棱长为 （ ）

A.$\dfrac{2\sqrt{6}}{3}$　　B.$\dfrac{\sqrt{6}}{2}$　　C.$\dfrac{3}{2}$　　D.$\dfrac{5}{4}$

10.设 $f(x)$ 为实函数,满足 $f(c)=c$ 的实数 c 称为 $f(x)$ 的不动点.设 $f(x)=a^x$,其中 $a>0$ 且 $a\neq 1$.若 $f(x)$ 恰有两个互不相同的不动点,则 a 的取值范围是 （ ）

A.$0<a<1$　　B.$1<a<e$　　C.$1<a<\sqrt{e}$　　D.$1<a<e^{\frac{1}{e}}$

11.设 C_1,C_2 是平面内两个彼此外切且半径不相等的定圆,动圆 C_3 与 C_1,C_2 均外切,则动点 C_3 的圆心轨迹为 （ ）

A.直线　　　　B.圆或椭圆　　　　C.抛物线　　　　D.双曲线的一支

12.考虑三维空间中任意给定的空间四边形 $abcd$,其中 a,b,c,d 为四个顶点,四条直线段 ab,bc,cd,da 顺序首尾相连.在 a 点的内角定义为射线 ad 与射线 ab 所成的角,其补角称为 a 点的外

角,其它顶点处类似.考虑这种空间四边形的外角和 X,则有 ( )

    A.$X=2\pi$ B.$X\geqslant2\pi$

    C.$X\leqslant2\pi$ D.X 相对于 2π 大小关系不确定,三种可能性都存在

13.有 4 副动物拼图,每副一种颜色且各不相同,每副都固定由同一动物的 4 个不同部分(如头、身、尾、腿)组成.现在拼图被打乱后重新拼成了 4 副完整的拼图,但每一副都不是完全同色的,则符合上述条件的不同的打乱方式种数是 ( )

    A.14400   B.13005   C.24^3 D.63^4

14.设有三角形 $A_0B_0C_0$,作它的内切圆,三个切点确定一个新的三角形 $A_1B_1C_1$,再作三角形 $A_1B_1C_1$ 的内切圆,三个切点确定三角形 $A_2B_2C_2$,以此类推,一次一次不停地作下去可以得到一个三角形序列,它们的尺寸越来越小,则最终这些三角形的极限情形是 ( )

    A.等边三角形   B.直角三角形

    C.与原三角形 $A_0B_0C_0$ 相似   D.以上均不对

2015 年清华大学领军计划自主招生数学试题

1.设复数 $z=\cos\dfrac{2\pi}{3}+i\sin\dfrac{2\pi}{3}$,则 $\dfrac{1}{1-z}+\dfrac{1}{1-z^2}=$ (   )

A.0   B.1   C.$\dfrac{1}{2}$ D.$\dfrac{3}{2}$

2.设 $\{a_n\}$ 为等差数列,p,q,k,l 为正整数,则"$p+q>k+l$"是"$a_p+a_q>a_k+a_l$"的   (   )

A.充分不必要条件   B.必要不充分条件

C.充要条件   D.既不充分也不必要条件

3.设 A,B 是抛物线 $y=x^2$ 上的两点,O 是坐标原点,若 $OA\perp OB$,则   (   )

A.$|OA|\cdot|OB|\geqslant 2$ B.$|OA|+|OB|\geqslant 2\sqrt{2}$

C.直线 AB 过抛物线 $y=x^2$ 的焦点   D.O 到直线 AB 的距离小于等于1

4.设函数 $f(x)$ 的定义域为 $(-1,1)$,且满足:

① $f(x)>0,x\in(-1,0)$;

② $f(x)+f(y)=f\left(\dfrac{x+y}{1+xy}\right),x,y\in(-1,1)$.

则 $f(x)$ 为   (   )

A.奇函数   B.偶函数   C.减函数   D.有界函数

5.如图,已知直线 $y=kx+m$ 与曲线 $y=f(x)$ 相切于两点,则 $F(x)=f(x)-kx$ 有   (   )

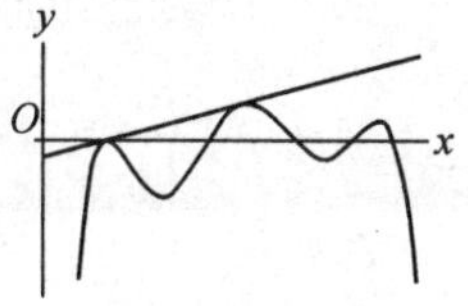

A.2 个极大值点   B.3 个极大值点

C.2 个极小值点   D.3 个极小值点

6.$\triangle ABC$ 的三边长分别为 a,b,c,若 $c=2$,$\angle C=\dfrac{\pi}{3}$,且 $\sin C+\sin(B-A)-2\sin 2A=0$,则   (   )

A.$b=2a$ B.$\triangle ABC$ 的周长为 $2+2\sqrt{3}$

C.$\triangle ABC$ 的面积为 $\dfrac{2\sqrt{3}}{3}$ D.$\triangle ABC$ 的外接圆半径为 $\dfrac{2\sqrt{3}}{3}$

7.设函数 $f(x)=(x^2-3)e^x$,则   (   )

A.$f(x)$ 有极小值,但无最小值   B.$f(x)$ 有极大值,但无最大值

C.若方程 $f(x)=b$ 恰有一个实根,则 $b>\dfrac{6}{e^3}$

D.若方程 $f(x)=b$ 恰有三个不同实根,则 $0<b<\dfrac{6}{e^3}$

8.已知 $A=\{(x,y)|x^2+y^2=r^2\}$,$B=\{(x,y)|(x-a)^2+(y-b)^2=r^2\}$,已知 $A\bigcap B=\{(x_1,y_1),(x_2,y_2)\}$,则   (   )

A.$0<a^2+b^2<2r^2$ B.$a(x_1-x_2)+b(y_1-y_2)=0$

C.$x_1+x_2=a,y_1+y_2=b$ D.$a^2+b^2=2ax_1+2by_1$

9.已知非负实数 x,y,z 满足 $4x^2+4y^2+z^2+2z=3$,则 $5x+4y+3z$ 的最小值为   ( )

A.1   B.2   C.3   D.4

10.设数列 $\{a_n\}$ 的前 n 项和为 S_n,若对任意正整数 n,总存在正整数 m,使得 $S_n=a_m$,则   ( )

A.$\{a_n\}$ 可能为等差数列

B.$\{a_n\}$ 可能为等比数列

C.$\{a_n\}$ 的任意一项均可写成 $\{a_n\}$ 的两项之差

D.对任意正整数 n,总存在正整数 m,使得 $a_n=S_m$

11.运动会上,有6名选手参加100米比赛,观众甲猜测:4道或5道的选手得第一名;观众乙猜测:3道的选手不可能得第一名;观众丙猜测:1,2,6道选手中的一位获得第一名;观众丁猜测:4,5,6道的选手都不可能获得第一名.比赛后发现没有并列名次,且甲、乙、丙、丁中只有1人猜对比赛结果,此人是   ( )

A.甲   B.乙   C.丙   D.丁

12.长方体 $ABCD-A_1B_1C_1D_1$ 中,$AB=2$,$AD=AA_1=1$,则 A 到平面 A_1BD 的距离为   ( )

A.$\dfrac{1}{3}$ B.$\dfrac{2}{3}$ C.$\dfrac{\sqrt{2}}{2}$ D.$\dfrac{\sqrt{6}}{3}$

13.设不等式组 $\begin{cases}|x|+|y|\leqslant 2\\ y+2\leqslant k(x+1)\end{cases}$ 所表示的区域为 D,其面积为 S,则   ( )

A.若 $S=4$,则 k 的值唯一   B.若 $S=\dfrac{1}{2}$,则 k 的值有 2 个

C.若 D 为三角形,则 $0<k\leqslant\dfrac{2}{3}$ D.若 D 为五边形,则 $k>4$

14.$\triangle ABC$ 的三边长是 2,3,4,其外心为 O,则 $\overrightarrow{OA}\cdot\overrightarrow{AB}+\overrightarrow{OB}\cdot\overrightarrow{BC}+\overrightarrow{OC}\cdot\overrightarrow{CA}=$ ( )

A.0   B.-15 C.$-\dfrac{21}{2}$ D.$-\dfrac{29}{2}$

15.设随机事件 A 与 B 相互独立,且 $P(B)=0.5$,$P(A-B)=0.2$,则   ( )

A.$P(A)=0.4$ B.$P(B-A)=0.3$ C.$P(AB)=0.2$ D.$P(A+B)=0.9$

16.过 $\triangle ABC$ 的重心作直线将 $\triangle ABC$ 分成两部分,则这两部分的面积之比的   ( )

A.最小值为 $\dfrac{3}{4}$ B.最小值为 $\dfrac{4}{5}$ C.最大值为 $\dfrac{4}{3}$ D.最大值为 $\dfrac{5}{4}$

17.从正十五边形的顶点中选出 3 个构成钝角三角形,则不同的选法有   ( )

A.105 种   B.225 种   C.315 种   D.420 种

18.已知存在实数 r,使得圆周 $x^2+y^2=r^2$ 上恰好有 n 个整点,则 n 可以等于   ( )

A.4   B.6   C.8   D.12

19.设复数 z 满足 $2|z|\leqslant|z-1|$,则   ( )

A.$|z|$ 的最大值为 1   B.$|z|$ 的最小值为 $\dfrac{1}{3}$

C.z 的虚部的最大值为 $\dfrac{2}{3}$ D.z 的实部的最大值为 $\dfrac{1}{3}$

20.设 m,n 是大于零的实数,向量 $\vec{a}=(m\cos\alpha,m\sin\alpha)$,$\vec{b}=(n\cos\beta,n\sin\beta)$,其中 $\alpha,\beta\in[0,2\pi)$。定义向量 $\vec{a}^{\frac{1}{2}}=\left(\sqrt{m}\cos\dfrac{\alpha}{2},\sqrt{m}\sin\dfrac{\alpha}{2}\right)$,$\vec{b}^{\frac{1}{2}}=\left(\sqrt{n}\cos\dfrac{\beta}{2},\sqrt{n}\sin\dfrac{\beta}{2}\right)$,记 $\theta=\alpha-\beta$,则 （　　）

A.$\vec{a}^{\frac{1}{2}}\cdot\vec{a}^{\frac{1}{2}}=\vec{a}$

B.$\vec{a}^{\frac{1}{2}}\cdot\vec{b}^{\frac{1}{2}}=\sqrt{mn}\cos\dfrac{\theta}{2}$

C.$|\vec{a}^{\frac{1}{2}}-\vec{b}^{\frac{1}{2}}|^2\geqslant 4\sqrt{mn}\sin^2\dfrac{\theta}{4}$

D.$|\vec{a}^{\frac{1}{2}}+\vec{b}^{\frac{1}{2}}|^2\geqslant 4\sqrt{mn}\cos^2\dfrac{\theta}{4}$

21.设数列 $\{a_n\}$ 满足：$a_1=6$,$a_{n+1}=\dfrac{n+3}{n}a_n$,则 （　　）

A.$\forall n\in\mathbf{N}^*,a_n<(n+1)^3$

B.$\forall n\in\mathbf{N}^*,a_n\neq 2015$

C.$\exists n\in\mathbf{N}^*,a_n$ 为完全平方数

D.$\exists n\in\mathbf{N}^*,a_n$ 为完全立方数

22.在极坐标系中,下列方程表示的图形是椭圆的有 （　　）

A.$\rho=\dfrac{1}{\cos\theta+\sin\theta}$　　B.$\rho=\dfrac{1}{2+\sin\theta}$　　C.$\rho=\dfrac{1}{2-\cos\theta}$　　D.$\rho=\dfrac{1}{2+2\sin\theta}$

23.设函数 $f(x)=\dfrac{\sin\pi x}{x^2-x+1}$,则 （　　）

A.$f(x)\leqslant\dfrac{4}{3}$

B.$|f(x)|\leqslant|5x|$

C.曲线 $y=f(x)$ 存在对称轴

D.曲线 $y=f(x)$ 存在对称中心

24.$\triangle ABC$ 的三边长分别为 a,b,c,若 $\triangle ABC$ 为锐角三角形,则 （　　）

A.$\sin A>\cos B$　　B.$\tan A>\cot B$　　C.$a^2+b^2>c^2$　　D.$a^3+b^3>c^3$

25.设函数 $f(x)$ 的定义域是 $(-1,1)$,若 $f(0)=f'(0)=1$,则存在实数 $\delta\in(0,1)$,使得 （　　）

A.$f(x)>0,x\in(-\delta,\delta)$

B.$f(x)$ 在 $(-\delta,\delta)$ 上单调递增

C.$f(x)>1,x\in(0,\delta)$

D.$f(x)>1,x\in(-\delta,0)$

26.在直角坐标系中,已知 $A(-1,0)$,$B(1,0)$。若对于 y 轴上的任意 n 个不同点 $P_1,P_2,\cdots,P_n$,总存在两个不同点 P_i,P_j,使得 $|\sin\angle AP_iB-\sin\angle AP_jB|\leqslant\dfrac{1}{3}$,则 n 的最小值为 （　　）

A.3　　　　　　B.4　　　　　　C.5　　　　　　D.6

27.设非负实数 x,y 满足 $2x+y=1$,$x+\sqrt{x^2+y^2}$ 的 （　　）

A.最小值为 $\dfrac{4}{5}$　　B.最小值为 $\dfrac{2}{5}$　　C.最大值为 1　　D.最大值为 $\dfrac{1+\sqrt{2}}{3}$

28.对于 50 个黑球和 49 个白球的任意排列（从左到右排成一行）,则 （　　）

A.存在一个黑球,它右侧的白球和黑球一样多

B.存在一个白球,它右侧的白球和黑球一样多

C.存在一个黑球,它右侧的白球比黑球少一个

D.存在一个白球,它右侧的白球比黑球少一个

29.从 1,2,3,4,5 中挑出三个不同数字组成五位数,其中有两个数字各用两次,例如 12231,则能得到的不同的五位数有 （　　）

A.300 个　　　　B.450 个　　　　C.900 个　　　　D.1800 个

30.设曲线 L 的方程为 $y^4+(2x^2+2)y^2+(x^4-2x^2)=0$,则 （　　）

A.L 是轴对称图形

B.L 是中心对称图形

C.$L\subseteq\{(x,y)\mid x^2+y^2\leqslant 1\}$

D.$L\subseteq\left\{(x,y)\mid-\dfrac{1}{2}\leqslant y\leqslant\dfrac{1}{2}\right\}$

2015 年北京大学博雅计划数学试题

一、填空题

1. 已知 n 为不超过 2015 的正整数且 $1^n + 2^n + 3^n + 4^n$ 的个位数为 0，则满足条件的正整数 n 的个数为 （　　）

    A.1511   B.1512   C.1513   D.前三个答案都不对

2. 在内切圆半径为 1 的直角三角形 ABC 中，$\angle C = 90°$，$\angle B = 30°$，内切圆与 BC 切于 D，则 A 到 D 的距离 AD 等于 （　　）

    A.$\sqrt{4 + 2\sqrt{3}}$ B.$\sqrt{3 + 2\sqrt{3}}$

    C.$\sqrt{3 + 4\sqrt{3}}$ D.前三个答案都不对

3. 正方形 $ABCD$ 内部一点 P 满足 $AP : BP : CP = 1 : 2 : 3$，则 $\angle APB$ 等于 （　　）

    A.$120°$ B.$135°$ C.$150°$ D.前三个答案都不对

4. $\dfrac{1}{x} + \dfrac{1}{y} = \dfrac{1}{2015}$，满足 $x \leqslant y$ 的正整数对 (x, y) 的个数为 （　　）

    A.12   B.15   C.18   D.前三个答案都不对

5. 已知 $a, b, c \in Z$，且 $(a - b)(b - c)(c - a) = a + b + c$，则 $a + b + c$ 可能为 （　　）

    A.126   B.144   C.162   D.前三个答案都不对

二、填空题

6. 设 α 为复数，$\bar{\alpha}$ 表示 α 的共轭，已知 $|\alpha - \bar{\alpha}| = 2\sqrt{3}$ 且 $\dfrac{\alpha}{\alpha^2}$ 为纯虚数，则 $|\alpha|$ 的值为 _____．

7. 椭圆 $\dfrac{x^2}{a^2} + \dfrac{y^2}{b^2} = 1$ 的一条切线与 x, y 轴交于 A, B 两点，则三角形 AOB 的面积的最小值为 _____．

8. 已知 $x^2 - y^2 + 6x + 4y + 5 = 0$，则 $x^2 + y^2$ 的最小值是 _____．

9. 已知点集 $M = \{(x, y) \mid \sqrt{1 - x^2} \cdot \sqrt{1 - y^2} \geqslant xy\}$，则平面直角坐标系中区域 M 的面积为 _____．

10. 现要登上 10 级台阶，每次可以登 1 级或 2 级，则不同的登法共有 _____．

2016年清华大学自主招生暨领军计划试题

1.已知函数 $f(x)=(x^2+a)e^x$ 有最小值,则函数 $g(x)=x^2+2x+a$ 的零点个数为 （ ）

A.0   B.1   C.2   D.取决于 a 的值

2.已知△ABC 的三个角 A,B,C 所对的边分别为 a,b,c.下列条件中,能使得的形状唯一确定的有 （ ）

A.$a=1,b=2,c\in Z$

B.$A=150°,a\sin A+c\sin C+\sqrt{2}a\sin C=b\sin B$

C.$\cos A\sin B\cos C+\cos(B+C)\cos B\sin C=0,C=60°$

D.$a=\sqrt{3},b=1,A=60°$

3.已知函数 $f(x)=x^2-1$,$g(x)=\ln x$.下列说法中正确的有 （ ）

A.$f(x)$ 与 $g(x)$ 在点 $(1,0)$ 处有公切线

B.存在 $f(x)$ 的某条切线与 $g(x)$ 的某条切线互相平行

C.$f(x)$ 与 $g(x)$ 有且只有一个交点

D.$f(x)$ 与 $g(x)$ 有且只有两个交点

4.过抛物线 $y^2=4x$ 的焦点 F 作直线交抛物线于 A,B 两点,M 为线段 AB 的中点.下列说法中正确的有 （ ）

A.以线段 AB 为直径的圆与直线 $x=-\dfrac{2}{3}$ 一定相离

B.$|AB|$ 的最小值为 4

C.$|AB|$ 的最小值为 2

D.以线段 BM 为直径的圆与 y 轴一定相切

5.已知 F_1,F_2 是椭圆 $C:\dfrac{x^2}{a^2}+\dfrac{y^2}{b^2}=1(a>b>0)$ 的左、右焦点,P 是椭圆 C 上一点.下列说法中正确的有 （ ）

A.$a=\sqrt{2}b$ 时,满足 $\angle F_1PF_2=90°$ 的点 P 有 2 个

B.$a>\sqrt{2}b$ 时,满足 $\angle F_1PF_2=90°$ 的点 P 有 4 个

C.△F_1PF_2 的周长小于 $4a$

D.△F_1PF_2 的面积小于等于 $\dfrac{a^2}{2}$

6.甲、乙、丙、丁四个人参加比赛,有两人获奖.比赛结果揭晓之前,四个人作了如下猜测.

甲:两名获奖者在乙、丙、丁中;

乙:我没有获奖,丙获奖了;

丙:甲、丁中有且只有一人获奖;

丁:乙说得对.

已知四个人中有且只有两个人的猜测是正确的,那么两名获奖者是 （ ）

A.甲   B.乙   C.丙   D.丁

7.已知 AB 为圆 O 的一条弦(非直径), $OC \perp AB$ 于 C. P 为圆 O 上任意一点,直线 PA 与直线 OC 相交于点 M,直线 PB 与直线 OC 相交于点 N.以下说法正确的有 （ ）

A.O,M,B,P 四点共圆   B.A,M,B,N 四点共圆

C.A,O,P,N 四点共圆   D.前三个选项都不对

8.$\sin A + \sin B + \sin C > \cos A + \cos B + \cos C$ 是 $\triangle ABC$ 为锐角三角形的 （ ）

A.充分非必要条件   B.必要非充分条件

C.充分必要条件   D.既不充分也不必要条件

9.已知 x,y,z 为正整数, $x \leqslant y \leqslant z$,那么方程 $\dfrac{1}{x}+\dfrac{1}{y}+\dfrac{1}{z}=\dfrac{1}{2}$ 的解的组数为 （ ）

A.8   B.10   C.11   D.12

10.已知集合 $A=\{a_1,a_2,\cdots,a_n\}$,任取 $1 \leqslant i < j < k \leqslant n$, $a_i+a_j \in A$, $a_j+a_k \in A$, $a_k+a_i \in A$ 这三个式子中至少有一个成立,则 n 的最大值为 （ ）

A.6   B.7   C.8   D.9

11.已知 $\alpha=1°, \beta=61°, \gamma=121°$,则下列各式中成立的有 （ ）

A.$\tan\alpha\tan\beta + \tan\beta\tan\gamma + \tan\gamma\tan\alpha = 3$ B.$\tan\alpha\tan\beta + \tan\beta\tan\gamma + \tan\gamma\tan\alpha = -3$

C.$\dfrac{\tan\alpha+\tan\beta+\tan\gamma}{\tan\alpha\tan\beta\tan\gamma}=3$ D.$\dfrac{\tan\alpha+\tan\beta+\tan\gamma}{\tan\alpha\tan\beta\tan\gamma}=-3$

12.已知实数 a,b,c 满足 $a+b+c=1$,则 $\sqrt{4a+1}+\sqrt{4b+1}+\sqrt{4c+1}$ 的最大值与最小值乘积属于区间 （ ）

A.$(11,12)$ B.$(12,13)$ C.$(13,14)$ D.$(14,15)$

13.已知 $x,y,z \in R$,满足 $x+y+z=1$, $x^2+y^2+z^2=1$,则下列结论正确的有 （ ）

A.xyz 的最大值为 0 B.xyz 的最小值为 $-\dfrac{4}{27}$

C.z 的最大值为 $\dfrac{2}{3}$ D.z 的最小值为 $-\dfrac{1}{3}$

14.数列 $\{a_n\}$ 满足 $a_1=1, a_2=2, a_{n+2}=6a_{n+1}-a_n (n \in \mathbf{N}^*)$,以下说法中正确的有 （ ）

A.$a_{n+1}^2 - a_{n+2}a_n$ 为定值   B.$a_n \equiv 1 \pmod 9$ 或 $a_n \equiv 2 \pmod 9$

C.$4a_n a_{n+1} - 7$ 为完全平方数   D.$8a_n a_{n+1} - 7$ 为完全平方数

15.若复数 z 满足 $\left| z+\dfrac{1}{z} \right| = 1$,则 $|z|$ 可以取到的值有 （ ）

A.$\dfrac{1}{2}$ B.$-\dfrac{1}{2}$ C.$\dfrac{\sqrt{5}-1}{2}$ D.$\dfrac{\sqrt{5}+1}{2}$

16.从正 2016 边形的顶点中任取若干个,顺次相连构成多边形,其中正多边形的个数为（ ）

A.6552   B.4536   C.3528   D.2016

17.已知椭圆 $\dfrac{x^2}{a^2}+\dfrac{y^2}{b^2}=1 (a>b>0)$ 与直线 $l_1:y=\dfrac{1}{2}x, l_2:y=-\dfrac{1}{2}x$,过椭圆上一点 P 作 l_1, l_2

的平行线,分别交 l_1,l_2 于 M,N 两点.若 $|MN|$ 为定值,则 $\sqrt{\dfrac{a}{b}}=$ (   )

A.$\sqrt{2}$ B.$\sqrt{3}$ C.2   D.$\sqrt{5}$

18.关于 x,y 的不定方程 $x^2+615=2^y$ 的正整数解的组数为   (   )

A.0   B.1   C.2   D.3

19.因为实数的乘法满足交换律与结合律,所以若干个实数相乘的时候,可以有不同的次序.例如,三个实数 a,b,c 相乘的时候,可以有 $(ab)c$,$(ba)c$,$c(ab)$,$b(ca)$,$\cdots$等等不同的次序.记 n 个实数相乘时不同的次序有 I_n 种,则   (   )

A.$I_2=2$ B.$I_3=12$ C.$I_4=96$ D.$I_5=120$

20.甲乙丙丁 4 个人进行网球淘汰赛,规定首先甲乙一组、丙丁一组进行比赛,两组的胜者争夺冠军.4 个人相互比赛时的胜率如下表所示:

	甲	乙	丙	丁
甲	—	0.3	0.3	0.8
乙	0.7	—	0.6	0.4
丙	0.7	0.4	—	0.5
丁	0.2	0.6	0.5	—

表中的每个数字表示其所在行的选手击败其所在列的选手的概率,例如甲击败乙的概率是 0.3,乙击败丁的概率是 0.4.那么甲赢得冠军的概率是_____.

21.在正三棱锥 $P-ABC$ 中,$\triangle ABC$ 的边长为 1.设点 P 到平面 ABC 的距离为 x,异面直线 AB 与 CP 的距离为 y,则 $\lim\limits_{x\to\infty}y$ _____.

22.如图,正方体 $ABCD-A_1B_1C_1D_1$ 的棱长为 1,中心为 O,点 E 在棱 AA_1 上,且 $AE=3EA_1$,F 是棱 BC 的中点,则四面体 $OEBF$ 的体积为_____.

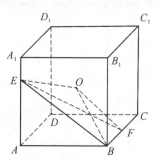

23.$\displaystyle\int_0^{2\pi}(x-\pi)^{2n-1}(1+\sin^{2n}x)dx=$_____.

24.实数 x,y 满足 $(x^2+y^2)^3=4x^2y^2$,则 x^2+y^2 的最大值为_____.

25.x,y,z 均为非负实数,满足 $\left(x+\dfrac{1}{2}\right)^2+(y+1)^2+\left(z+\dfrac{3}{2}\right)^2=\dfrac{27}{4}$,则 $x+y+z$ 的最大值为_____,最小值为_____.

26.O 为 $\triangle ABC$ 内一点,满足 $S_{\triangle AOB}:S_{\triangle BOC}:S_{\triangle COA}=4:3:2$.设 $\overrightarrow{AO}=\lambda\overrightarrow{AB}+\mu\overrightarrow{AC}$,则 $\lambda+\mu=$ _____.

27.已知复数 $z = \cos\dfrac{2\pi}{3} + i\sin\dfrac{2\pi}{3}$，则 $z^3 + \dfrac{z^2}{z^2 + z + 2} = $ _____.

28.已知 z 为非零复数，$\dfrac{z}{10}$ 和 $\dfrac{40}{z}$ 的实部和虚部均为不小于 1 的正数，则在复平面中，z 所对应的向量 $\overrightarrow{OP}$ 的端点 P 运动所形成的图形面积为_____.

29.若 $\tan 4x = \dfrac{\sqrt{3}}{3}$，则 $\dfrac{\sin 4x}{\cos 8x \cos 4x} + \dfrac{\sin 2x}{\cos 4x \cos 2x} + \dfrac{\sin x}{\cos 2x \cos x} + \dfrac{\sin x}{\cos x} = $ _____.

30.将 16 个数：4 个 1，4 个 2，4 个 3，4 个 4 填入一个 4×4 的数表中，要求每行、每列都恰好有两个偶数，共有_____种填法.

31.A 是集合 $\{1, 2, 3, \cdots, 14\}$ 的子集，从 A 中任取 3 个元素，由小到大排列之后都不能构成等差数列，则 A 中元素个数的最大值为_____.

2016 年北大自主招生试题

1.函数 $y=\log_{\frac{1}{2}}(-x^2+x+2)$ 的单调递增区间是 （　）

A. $\left(-\infty,\frac{1}{2}\right)$　　B. $\left(-1,\frac{1}{2}\right)$　　C. $\left(\frac{1}{2},2\right)$　　D.以上都不对

2.若 $x\in(0,2\pi)$ 且满足 $\dfrac{\cos x}{\sqrt{1-\sin^2 x}}-\dfrac{\sin x}{\sqrt{1-\cos^2 x}}=2$,则 x 的取值范围是 （　）

A. $\left(0,\frac{\pi}{2}\right)$　　B. $\left(\frac{\pi}{2},\pi\right)$　　C. $\left(\frac{3\pi}{2},2\pi\right)$　　D.以上都不对

3.圆内接四边形 $ABCD$ 满足 $AB=80,BC=102,CD=136,DA=150$,则圆的直径是 （　）

A.170　　B.173　　C.179　　D.以上都不对

4.对任意给定 $\triangle ABC$,在其所在平面内存在（　）个点 P 使得 $S_{\triangle PAB}=S_{\triangle PBC}=S_{\triangle PCA}$.

A.1　　B.2　　C.3　　D.以上都不对

5.四个半径为 1 的球两两相切,则其外切正四面体的棱长是 （　）

A. $2(1+\sqrt{3})$　　B. $2(1+\sqrt{6})$　　C. $2(2+\sqrt{3})$　　D.以上都不对

6.实数 x,y,z 满足 $x+y+z=2016,\dfrac{1}{x}+\dfrac{1}{y}+\dfrac{1}{z}=\dfrac{1}{2016}$,则 $(x-2016)(y-2016)(z-2016)$ 的值为 （　）

A.0　　B.1　　C.2016　　D.以上都不对

7.$(2+1)(2^2+1)\cdot\cdots\cdot(2^{2016}+1)$ 的个位数字是 （　）

A.3　　B.5　　C.7　　D.以上都不对

8.若 $\triangle ABC$ 的三个顶点对应复数为 z_1,z_2,z_3,且满足 $\dfrac{z_2-z_1}{z_3-z_1}=1+2i$,则 $\triangle ABC$ 的面积与其最长边的平方之比为 （　）

A. $\dfrac{1}{3}$　　B. $\dfrac{1}{4}$　　C. $\dfrac{1}{5}$　　D.以上都不对

9.正方体八个顶点中任取 3 个,则能构成等腰三角形的概率是 （　）

A. $\dfrac{4}{7}$　　B. $\dfrac{1}{4}$　　C. $\dfrac{1}{5}$　　D.以上都不对

10.方程 $x^2-3x+1=0$ 的两个根也是方程 $x^4+ax^2+bx+c=0$ 的根,则 $2a+b+c$ 的值是 （　）

A.-11　　B.-13　　C.-15　　D.以上都不对

11.设 a_n 是最接近 $\sqrt{n}$ 的整数,若 $\sum\limits_{k=1}^{n}\dfrac{1}{a_k}=2016$,则 n 的值是 （　）

A.1017070　　B.1017071　　C.1017072　　D.以上都不对

12.若方程 $x^2+ax+1=b$ 有两个不同的非零整数根,则 a^2+b^2 可能为 （　）

A.素数　　　　　　B.2 的非负整数次幂　　C.3 的非负整数次幂　　D.以上都不对

13.$2002\left[n\sqrt{1001^2+1}\right]=n\left[2002\sqrt{1001^2+1}\right]$ 有(　　)个正整数解

A.1　　　　　　　B.1001　　　　　　C.2002　　　　　　D.以上都不对

14.实数 a,b,c 满足 $a^3-b^3-c^3=3abc$,$a^2=2(b+c)$,这样的 a 有　　　　　　(　　)

A.1 个　　　　　　B.3 个　　　　　　C.无数个　　　　　　D.以上都不对

15.方程组 $x+y^2=z^3$,$x^2+y^3=z^4$,$x^3+y^4=z^5$ 有(　　)组实数解

A.5　　　　　　　B.6　　　　　　　C.7　　　　　　　D.以上都不对

16.若圆内接四边形 $ABCD$ 满足 $AC=4$,$\angle CAB=\angle CAD=30°$,则四边形 $ABCD$ 的面积为

(　　)

A.$2\sqrt{3}$　　　　　　D.$4\sqrt{3}$　　　　　　C.8　　　　　　D.以上都不对

17.实系数方程 $x^4+ax^3+bx^2+cx+d=0$ 有四个非实数根,其中两个之和为 $2+i$,另外两个之积为 $5+6i$,则 b 的值是　　　　　　(　　)

A.11　　　　　　　B.13　　　　　　C.15　　　　　　D.以上都不对

18.设 $A_n=\{(x,y,z)\,|\,3|x|^n+|8y|^n+|z|^n\leqslant1\}$,则 $\bigcup\limits_{n=1}^{+\infty}A_n$ 确定的几何体的体积是　　(　　)

A.$\dfrac{1}{18}$　　　　　　B.1　　　　　　　C.8　　　　　　D.以上都不对

19.一叠扑克牌共 54 张,将第一张丢弃,第二张移到最下方,如下不断地操作下去,则剩下的最后一张牌是第(　　)张.

A.14　　　　　　　B.32　　　　　　C.44　　　　　　D.以上都不对

20.将 $\{1,2,\cdots,100\}$ 分成三组,各组之和分别是 102、203、304 的倍数,共有(　　)种分法.

A.1　　　　　　　B.2　　　　　　　C.3　　　　　　　D.以上都不对

2016 年北大博雅数学试题

1. 直线 $y=-x+2$ 与曲线 $y=-e^{x+a}$ 相切,则 a 的值为 ( )

A. -3 B. -2 C. -1 D. 前三个答案都不对

2. 已知三角形 ABC 的边长分别为 a,b,c,有以下 4 个命题:

(1)以 $\sqrt{a}$, $\sqrt{b}$, $\sqrt{c}$ 为边长的三角形一定存在;

(2)以 a^2,b^2,c^2 为边长的三角形一定存在;

(3)以 $\dfrac{a+b}{2}$, $\dfrac{b+c}{2}$, $\dfrac{c+a}{2}$ 为边长的三角形一定存在;

(4)以 $|a-b|+1$, $|b-c|+1$, $|c-a|+1$ 为边长的三角形一定存在,其中正确命题的个数为

( )

A. 2   B. 3   C. 4   D. 前三个答案都不对

3. 设 AB,CD 是圆 O 的两条垂直直径,弦 DF 交 AB 于点 E, $DE=24$, $EF=18$,则 OE 等于

( )

A. $4\sqrt{6}$ B. $5\sqrt{3}$ C. $6\sqrt{2}$ D. 前三个答案都不对

4. 函数 $f(x)=\begin{cases} \dfrac{1}{p}, & x=\dfrac{q}{p}(p,q)=1,p,q\in\mathbf{N}^*, \\ 0, & x\notin\mathbf{Q}, \end{cases}$ 则满足 $x\in(0,1)$ 且 $f(x)>\dfrac{1}{7}$ 的 x 的个数为

( )

A. 12   B. 13   C. 14   D. 前三个答案都不对

5. 若方程 $x^2-3x-1=0$ 的根也是方程 $x^4+ax^2+bx+c=0$ 的根,则 $a+b-2c$ 的值为 ( )

A. -13 B. -9 C. -5 D. 前三个答案都不对

6. 已知 $k\neq1$,则等比数列 $a+\log_2 k$, $a+\log_4 k$, $a+\log_8 k$ 的公比为 ( )

A. $\dfrac{1}{2}$ B. $\dfrac{1}{3}$ C. $\dfrac{1}{4}$ D. 前三个答案都不对

7. $\cos\dfrac{\pi}{11}\cos\dfrac{2\pi}{11}\cdots\cos\dfrac{10\pi}{11}$ 的值为 ( )

A. $-\dfrac{1}{16}$ B. $-\dfrac{1}{32}$ C. $-\dfrac{1}{64}$ D. 前三个答案都不对

8. 设 a,b,c 为实数, $a,c\neq0$,方程 $ax^2+bx+c=0$ 的两个虚数根 x_1,x_2 满足 $\dfrac{x_1^2}{x_2}$ 为实数,则 $\sum\limits_{k=0}^{2015}\left(\dfrac{x_1}{x_2}\right)^k$ 等于

( )

A. 1   B. 0   C. $\sqrt{3}i$ D. 前三个答案都不对

9. 将 12 个不同物体分成 3 堆,每堆 4 个,则不同的分法种类为 ( )

A.34650　　　　　　B.5940　　　　　　C.495　　　　　　D.前三个答案都不对

10. 设 A 是以 BC 为直径的圆上的一点，D,E 是线段 BC 上的点，F 是 CB 延长线上的点，已知 $BF=4,BD=2,BE=5,\angle BAD=\angle ACD,\angle BAF=\angle CAE$，则 BC 的长为 　　　　　（　　）

A.11　　　　　　B.12　　　　　　C.13　　　　　　D.前三个答案都不对

11. 两个圆内切于 K，大圆的弦 AB 与小圆切于 L，已知 $AK:BK=2:5,AL=10$，则 BL 的长为 　　　　　（　　）

A.24　　　　　　B.25　　　　　　C.26　　　　　　D.前三个答案都不对

12. $f(x)$ 是定义在 R 上的函数，且对任意实数 x 均有 $2f(x)+f(x^2-1)=1$，则 $f(-\sqrt{2})$ 等于 　　　　　（　　）

A.0　　　　　　B.$\dfrac{1}{2}$　　　　　　C.$\dfrac{1}{3}$　　　　　　D.前三个答案都不对

13. 从一个正 9 边形的 9 个顶点中选 3 个使得它们是一个等腰三角形的三个顶点的方法数是 　　　　　（　　）

A.30　　　　　　B.36　　　　　　C.42　　　　　　D.前三个答案都不对

14. 已知正整数 a,b,c,d 满足 $ab=cd$，则 $a+b+c+d$ 有可能等于 　　　　　（　　）

A.101　　　　　　B.301　　　　　　C.401　　　　　　D.前三个答案都不对

15. 三个不同的实数 x,y,z 满足 $x^3-3x^2=y^3-3y^2=z^3-3z^2$，则 $x+y+z$ 等于 　（　　）

A.-1　　　　　　B.0　　　　　　C.1　　　　　　D.前三个答案都不对

16. 已知 $a+b+c=1$，则 $\sqrt{4a+1}+\sqrt{4b+1}+\sqrt{4c+1}$ 的最大值与最小值的乘积属于区间（　　）

A.$[10,11)$　　　　　　B.$[11,12)$　　　　　　C.$[12,13)$　　　　　　D.前三个答案都不对

17. 在圆内接四边形 $ABCD$ 中，$BD=6,\angle ABD=\angle CBD=30°$，则四边形 $ABCD$ 的面积等于 　　　　　（　　）

A.$8\sqrt{3}$　　　　　　B.$9\sqrt{3}$　　　　　　C.$12\sqrt{3}$　　　　　　D.前三个答案都不对

18. $1!+2!+\cdots+2016!$ 除以 100 所得余数为 　　　　　（　　）

A.3　　　　　　B.13　　　　　　C.27　　　　　　D.前三个答案都不对

19. 方程组 $\begin{cases} x+y^2=z^3, \\ x^2+y^3=z^4, \\ x^3+y^4=z^5 \end{cases}$ 的实数解组数为 　　　　　（　　）

A.5　　　　　　B.6　　　　　　C.7　　　　　　D.前三个答案都不对

20. 方程 $\left(\dfrac{x^3+x}{3}\right)^3+\dfrac{x^3+x}{3}=3x$ 的所有实根的平方和等于 　　　　　（　　）

A.0　　　　　　B.2　　　　　　C.4　　　　　　D.前三个答案都不对

2016 年中国科大优秀中学生数学学科营数学试题

一、填空题

1.设 $f(x)$ 是定义域为 R 的偶函数，$f(x+1)$ 与 $f(x-1)$ 都是奇函数，若当 $0<x<1$ 时，$f(x)=\sin x$，则 $f(3\pi)=$ _____.

2.不等式 $\arcsin \dfrac{2x}{1+x^2}<\arccos \dfrac{2x}{1+x^2}$ 的解集为 _____.

3.设 $f(x)=x^3+ax^2-x$.若 $\max\limits_{|x|\leqslant 1}|f(x)|\leqslant 1$，则 a 的取值范围是 _____.

4.把平行四边形 $ABCD$ 沿对角线 AC 折成直二面角，设 $|AB|=8$，$|AC|=|AD|=5$，动点 P，Q 分别在 AC，BD 上，则 $|PQ|$ 的取值范围是 _____.

5.与圆 $x^2-x+y^2+y=1$ 关于直线 $x+y=1$ 对称的圆的方程为 _____.

6.设 F_1，F_2 是椭圆 $C:2x^2+y^2=1$ 的两个焦点，点 P 在椭圆 C 上，$\angle F_1PF_2=\theta$，则 $\triangle F_1PF_2$ 的面积为 _____（用 θ 表示）.

7.设复数 z 满足 $(z+z^{-1})^2=1+z+z^{-1}$，则 $z^{2016}+z^{-2016}$ 的取值范围是 _____.

8.设 X 是随机变量，若 $2X+3$ 服从标准正态分布 $N(0,1)$，则 $E(X^2)=$ _____.

二、解答题

9.(20 分)求满足以下条件的正整数数列 $\{a_n\}$，$n\in \mathbf{N}$ 的个数：对任意 $n\in \mathbf{N}$ 都有 $a_n\leqslant 100$ 且 $a_n=a_{n+100}$ 且 $a_n\neq a_{n+1}$.

10.(30 分)设 a,b,c 为实数，求 $f(a,b,c)=\max|x^3+ax^2+bx+c|$（$0\leqslant x\leqslant 1$）的最小值.

11.(30分)设 $x_1,x_2,\cdots,x_{100}\in\{-1,1\}$. 求证:存在 $i\neq j$ 使得 $|x_ix_{j+1}-x_jx_{i+1}|<\dfrac{1}{12}$.

12.(30分)设有 n 人,任意两人在其他 $n-2$ 人中都有至少 2016 位共同的朋友,朋友关系是相互的.求所有 n,使得在满足以上条件的任何情形下都存在 5 人彼此是朋友.

2017 年北大博雅数学试题

1. 已知实数 a、b 满足 $(a^2+4)(b^2+1)=5(2ab-1)$，则 $b\left(\dfrac{1}{a}+a\right)$ 为 （　　）

A.1.5　　　　　　B.2.5　　　　　　C.3.5　　　　　　D.以上答案都不对

2. 函数 $f(x)=\left|x^2-2\right|-\dfrac{1}{2}\left|x\right|+\left|x-1\right|$，$x\in\left[-1,2\right]$ 上的最大值和最小值的差所在的区间 （　　）

A.$(2,3)$　　　　　B.$(3,4)$　　　　　C.$(4,5)$　　　　　D.以上答案都不对

3. 不等式组 $\begin{cases} y\geqslant 2\left|x\right|-1, \\ y\leqslant -3\left|x\right|+5 \end{cases}$ 所表示的平面区域的面积为 （　　）

A.6　　　　　　B.$\dfrac{33}{5}$　　　　　　C.$\dfrac{36}{5}$　　　　　　D.以上答案都不对

4. $\left(1+\cos\dfrac{\pi}{5}\right)\left(1+\cos\dfrac{3\pi}{5}\right)$ 的值为 （　　）

A.$1+\dfrac{1}{\sqrt{5}}$　　　　B.$1+\dfrac{1}{4}$　　　　C.$1+\dfrac{1}{\sqrt{3}}$　　　　D.以上答案都不对

5. 圆上 A、B、C、D 四点（逆时针排列），$AB=1,BC=2,BD=3$ 且 $\angle ABD=\angle DBC$，则圆的直径为 （　　）

A.$2\sqrt{5}$　　　　　B.$2\sqrt{6}$　　　　　C.$2\sqrt{7}$　　　　　D.以上答案都不对

6. 已知某三角形三个边中线长为 $9,12,15$，则该三角形的面积为 （　　）

A.64　　　　　　B.72　　　　　　C.90　　　　　　D.以上答案都不对

7. 已知 x 为实数，使得 $2,x,x^2$ 互不相同，且其中有一个数恰为另一个数的 2 倍，则这样的实数 x 的个数为 （　　）

A.3　　　　　　B.4　　　　　　C.5　　　　　　D.以上答案都不对

8. 实数 a,m,n 满足 $\sqrt{a^2-4\sqrt{5}}=\sqrt{m}-\sqrt{n}$，则 (a,m,n) 有（　　）组

A.1　　　　　　B.3　　　　　　C.2　　　　　　D.以上答案都不对

9. $S=\dfrac{1}{\log_{\frac{1}{2}}\pi}+\dfrac{1}{\log_{\frac{1}{3}}\pi}+\dfrac{1}{\log_{\frac{1}{5}}\pi}+\dfrac{1}{\log_{\frac{1}{7}}\pi}$，则不大于 S 的最大整数为 （　　）

A.-5　　　　　B.4　　　　　　C.5　　　　　　D.以上答案都不对

10. 已知复数 z 满足 $z+\dfrac{2}{z}$ 为实数，则 $|z+i|$ 的最小值为 （　　）

A.$\dfrac{\sqrt{3}}{3}$　　　　　B.$\dfrac{\sqrt{2}}{2}$　　　　　C.1　　　　　　D.以上答案都不对

11. 已知正方形 $ABCD$ 边长为 $1,P_1,P_2,P_3,P_4$ 是正方形内部的 4 个点，使得 $\triangle ABP_1$，

$\triangle BCP_2$，$\triangle CDP_3$，$\triangle DAP_4$ 都是正三角形，则四边形 P_1，P_2，P_3，P_4 面积等于 （　　）

A. $2-\sqrt{3}$ 　　 B. $\dfrac{\sqrt{6}-\sqrt{2}}{4}$ 　　 C. $\dfrac{1+\sqrt{3}}{8}$ 　　 D. 以上答案都不对

12. 已知三角形两条高分别为 $10,20$，则它的第三个高的取值范围是 （　　）

A. $\left(0,\dfrac{10}{3}\right)$ 　　 B. $\left(\dfrac{10}{3},\dfrac{20}{3}\right)$ 　　 C. $\left(\dfrac{20}{3},20\right)$ 　　 D. 以上答案都不对

13. 已知正方形 $ABCD$ 与 P 在同一平面内，已知正方形边长为 1，且 $|PA|^2+|PB|^2=|PC|^2$，则 $|PD|$ 的最大值为 （　　）

A. $2+\sqrt{2}$ 　　 B. $2\sqrt{2}$ 　　 C. $1+\sqrt{2}$ 　　 D. 以上答案都不对

14. 方程 $\log_4(2^x+3^x)=\log_3(4^x-2^x)$，则解的个数为 （　　）

A. 0 　　 B. 1 　　 C. 2 　　 D. 以上答案都不对

15. 已知 $x+\dfrac{2}{x}$ 和 $x^2+\dfrac{2}{x^2}$ 均为整数，则正实数 x 的可能值有（　　）个

A. 1 　　 B. 2 　　 C. 4 　　 D. 以上答案都不对

16. 满足 $f(f(x))=f^4(x)$ 的实系数多项式 $f(x)$ 的个数为 （　　）

A. 2 　　 B. 4 　　 C. 无穷多 　　 D. 以上答案都不对

17. $0-100$ 以内的素数中，满足 $p^2(p+7)$ 为平方数的素数 p 的个数为 （　　）

A. 0 　　 B. 1 　　 C. 2 　　 D. 以上答案都不对

18. 函数 $f(x)=x(x+1)(x+2)(x+3)$ 的最小值为 （　　）

A. -1 　　 B. -1.5 　　 C. -2 　　 D. 以上答案都不对

19. 动圆与两个圆 $x^2+y^2=1$ 和 $x^2+y^2-6x+7=0$ 都外切，则动圆圆心的轨迹为 （　　）

A. 双曲线 　　 B. 双曲线的一支 　　 C. 抛物线 　　 D. 以上答案都不对

20. $\sin A=\dfrac{4}{5}$，$\cos B=\dfrac{4}{13}$，则 $\triangle ABC$ 为 （　　）

A. 锐角三角形 　　 B. 钝角三角形 　　 C. 无法确定 　　 D. 以上答案都不对

2017 年清华大学能力测试题

1. 在圆周的十等分点 $A_1,A_2,\cdots,A_{10}$ 中取出四个点,可以围成的梯形的个数为 （ ）

A.60　　　　　　B.40　　　　　　C.30　　　　　　D.10

2. 过圆 O 外一点 C 作圆 O 的两条切线,切点分别为 M,N,过点 C 作圆 O 的割线交圆 O 于 B,A 两点,点 Q 满足 $\angle AMQ=\angle CNB$,则下列结论正确的是

（ ）

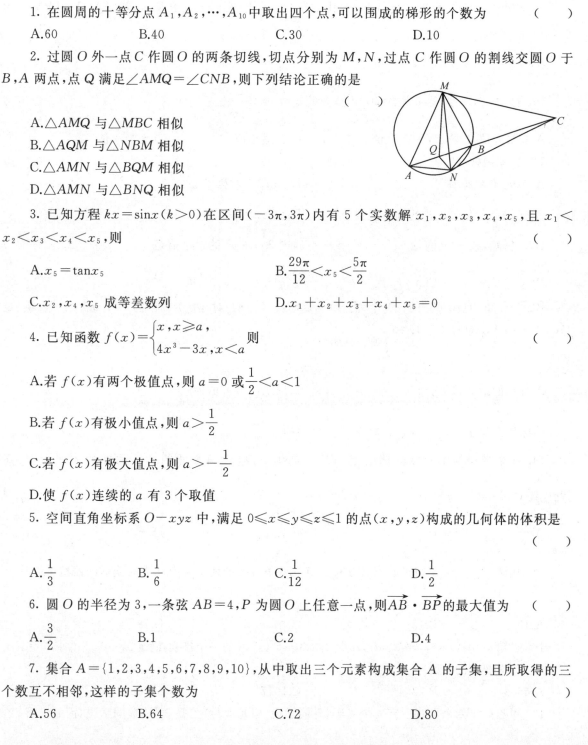

A.△AMQ 与 △MBC 相似

B.△AQM 与 △NBM 相似

C.△AMN 与 △BQM 相似

D.△AMN 与 △BNQ 相似

3. 已知方程 $kx=\sin x(k>0)$ 在区间 $(-3\pi,3\pi)$ 内有 5 个实数解 x_1,x_2,x_3,x_4,x_5,且 $x_1<x_2<x_3<x_4<x_5$,则 （ ）

A.$x_5=\tan x_5$

B.$\dfrac{29\pi}{12}<x_5<\dfrac{5\pi}{2}$

C.x_2,x_4,x_5 成等差数列

D.$x_1+x_2+x_3+x_4+x_5=0$

4. 已知函数 $f(x)=\begin{cases}x,x\geqslant a,\\4x^3-3x,x<a\end{cases}$ 则 （ ）

A.若 $f(x)$ 有两个极值点,则 $a=0$ 或 $\dfrac{1}{2}<a<1$

B.若 $f(x)$ 有极小值点,则 $a>\dfrac{1}{2}$

C.若 $f(x)$ 有极大值点,则 $a>-\dfrac{1}{2}$

D.使 $f(x)$ 连续的 a 有 3 个取值

5. 空间直角坐标系 $O-xyz$ 中,满足 $0\leqslant x\leqslant y\leqslant z\leqslant 1$ 的点 (x,y,z) 构成的几何体的体积是

（ ）

A.$\dfrac{1}{3}$　　　　B.$\dfrac{1}{6}$　　　　C.$\dfrac{1}{12}$　　　　D.$\dfrac{1}{2}$

6. 圆 O 的半径为 3,一条弦 $AB=4$,P 为圆 O 上任意一点,则 $\overrightarrow{AB}\cdot\overrightarrow{BP}$ 的最大值为 （ ）

A.$\dfrac{3}{2}$　　　　B.1　　　　C.2　　　　D.4

7. 集合 $A=\{1,2,3,4,5,6,7,8,9,10\}$,从中取出三个元素构成集合 A 的子集,且所取得的三个数互不相邻,这样的子集个数为

（ ）

A.56　　　　　　B.64　　　　　　C.72　　　　　　D.80

8. 已知 z 是实部虚部都为正整数的复数,则 $\dfrac{|z_1+z_2|}{\sqrt{|z_1 \cdot z_2|}}=$ ( )

A. $Re(z^2-z)$ 被 2 整除   B. $Re(z^3-z)$ 被 3 整除

C. $Re(z^4-z)$ 被 4 整除   D. $Re(z^5-z)$ 被 5 整除

9. 椭圆 $\dfrac{x^2}{a^2}+\dfrac{y^2}{b^2}=1(a>b>0)$,直线 $l_1:y=-\dfrac{1}{2}x$,直线 $l_2:y=\dfrac{1}{2}x$,P 为椭圆上任意一点,过点 P 作 $PM\parallel l_1$ 且与直线 l_2 交与点 M,作 $PN\parallel l_2$ 且直线 l_1 交于点 N,若 $|PM|^2+|PN|^2$ 为定值,则 ( )

A. $ab=2$ B. $ab=3$ C. $\dfrac{a}{b}=2$ D. $\dfrac{a}{b}=3$

10. 已知 z_1,z_2 为实部虚部都为正整数的复数,则 $\dfrac{|z_1+z_2|}{\sqrt{|z_1 \cdot z_2|}}=$ ( )

A. 有最大值 2   B. 无最大值   C. 有最小值 $\sqrt{2}$ D. 无最小值

11. 已知函数 $f(x)=\sin x \cdot \sin 2x$,则 ( )

A. $f(x)$ 有对称轴   B. $f(x)$ 有对称中心

C. $f(x)=a$ 在 $(0,2\pi)$ 的解为偶数个   D. $f(x)=\dfrac{7}{9}$ 有解

12. 已知实数 x,y 满足 $5x^2-y^2-4xy=5$,则 $2x^2+y^2$ 的最小值是 ( )

A. $\dfrac{5}{3}$ B. $\dfrac{5}{6}$ C. $\dfrac{5}{9}$ D. 2

13. 已知 $\triangle ABC$ 的三个内角 A,B,C 的对边分别为 a,b,c,且满足 $\begin{cases} b\cos C+(a+c)(b\sin C-1)=0, \\ a+c=\sqrt{3}, \end{cases}$ 则 $\triangle ABC$ ( )

A. 面积的最大值为 $\dfrac{3\sqrt{3}}{16}$ B. 周长的最大值为 $\dfrac{3\sqrt{3}}{2}$

C. $B=\dfrac{\pi}{3}$ D. $B=\dfrac{\pi}{4}$

14. 两个半径为 1 的球的球心之间的距离为 d,包含两个球的最小的球的体积为 V,则 $\lim\limits_{d\to+\infty}\dfrac{V}{d^3}=$ ( )

A. $\dfrac{4\pi}{3}$ B. $\dfrac{\pi}{6}$ C. $\dfrac{\pi}{12}$ D. $\dfrac{2\pi}{3}$

15. 椭圆 $\dfrac{x^2}{4}+\dfrac{y^2}{9}=1$ 与过原点且互相垂直的两条直线的四个交点围成的菱形的面积可以是 ( )

A. 16   B. 12   C. 10   D. 18

16. 已知 $a_1,a_2,a_3,a_4,a_5,a_6,a_7,a_8$ 是 $1,2,3,4,5,6,7,8$ 的一个排列,满足 $a_1+a_2+a_3+a_4=a_5+a_6+a_7+a_8$ 的排列的个数为 ( )

A. 4608   B. 2304   C. 1017   D. 768

17. 甲乙丙丁四个人背后有 4 个号码,赵同学说:甲是 2 号,乙是 3 号;钱同学说:丙是 2 号,乙

是 4 号;孙同学说:丁是 2 号,丙是 3 号;李同学说:丁是 1 号,乙是 3 号.他们每人说对了一半,则丙的号码是 （　　）

  A.1   B.2   C.3   D.4

18. 已知函数 $f(x)=\dfrac{\sin^3 x+2\cos^3 x}{2\sin^2 x+\cos^2 x}$,若 $n\in\mathbf{N}^*$,则 $\displaystyle\int_0^{2n\pi} f(x)dx$ 的值是 （　　）

  A.与 n 有关   B.0   C.1   D.2

19. 函数 $f(x)=\left[\dfrac{2}{x}\right]-2\left[\dfrac{1}{x}\right]$ 的值域 （　　）

  A.{0}   B.{0,1}   C.{0,1,2}   D.{1,2}

20. 已知正整数 m,n 满足 $m\mid 2016,n\mid 2016,mn\mid 2016$,则 (m,n) 的个数为 （　　）

  A.916   B.917   C.918   D.919

21. 正方形 $ABCD$ 所在的平面内有一点 O,使得 $\triangle OAB$,$\triangle OBC$,$\triangle OCD$,$\triangle ODA$ 为等腰三角形,则 O 点的不同位置有 （　　）

  A.1   B.5   C.9   D.13

22. 已知所有元素均为非负实数的集合 A 满足 $\forall a_i,a_j\in A,a_i\geqslant a_j$,均有 $a_i+a_j\in A$ 或 $a_i-a_j\in A$,且 A 中的任意三个元素的排列都不构成等差数列,则集合 A 中的元素个数可能为 （　　）

  A.3   B.4   C.5   D.6

23. 已知关于 z 的方程 $z^{2017}-1=0$ 的所有复数解为 $z_i(i=1,2,\cdots,2017)$,则 $\displaystyle\sum_{i=1}^{2017}\dfrac{1}{2-z_i}$ （　　）

  A.是比 $\dfrac{2017}{2}$ 大的实数   B.是比 $\dfrac{2017}{2}$ 小的实数

  C.是有理数   D.不是有理数

24. 已知复数 x,y 满足 $x+y=x^4+y^4=1$,则 xy 的不同取值有（　　）种.

  A.0   B.1   C.2   D.4

25. 已知函数 $f(x)$ 满足 $f(m+1,n+1)=f(m,n)+f(m+1,n)+n$,$f(m,1)=1$,$f(1,n)=n$,其中 $m,n\in\mathbf{N}^*$,则 （　　）

  A.使 $f(2,n)\geqslant 100$ 的 n 的最小值是 11   B.使 $f(2,n)\geqslant 100$ 的 n 的最小值是 13

  C.使 $f(3,n)\geqslant 2016$ 的 n 的最小值是 19   D.使 $f(3,n)\geqslant 2016$ 的 n 的最小值是 20

26. 已知 $f(x)$ 是 $(0,+\infty)$ 的连续有界函数,$g(x)$ 在 $(0,+\infty)$ 上有 $g(x)=\max\limits_{0\leqslant n\leqslant x} f(n)$,则下列正确的是 （　　）

  A.$g(x)$ 是有界函数   B.$g(x)$ 是连续函数

  C.$g(x)$ 是单增函数   D.$g(x)$ 不是单增函数

27. 已知对于任意实数 x,均有 $a\cos x+b\cos 3x\leqslant 1$,下列说法正确的是 （　　）

  A.$|a-2b|\leqslant 2$ B.$|a+b|\leqslant 1$ C.$|a-b|\leqslant\sqrt{2}$ D.$|a-b|\leqslant 1$

28. 5 人中每两个人之间比一场,若第 i 个人胜 $x_i(i=1,2,3,4,5)$ 场,负 $y_i(i=1,2,3,4,5)$ 场,则 （　　）

  A.$x_1+x_2+x_3+x_4+x_5$ 为定值   B.$y_1+y_2+y_3+y_4+y_5$ 为定值

  C.$x_1^2+x_2^2+x_3^2+x_4^2+x_5^2$ 为定值   D.$y_1^2+y_2^2+y_3^2+y_4^2+y_5^2$ 为定值

29. 若存在满足下列三个条件的 3 个集合 A、B、C,则称偶数 n 为"萌数"

(1)3 个集合 A、B、C 均为集合 $M=\{1,2,3,\cdots,n\}$ 的三个非空子集,A、B、C 两两之间交集为空集,且三者并集为 M。

(2)集合 A 中所有数均为奇数,集合 B 中所有数均为偶数,所有 3 的倍数都在 C 中。

(3)集合 A、B、C 所有的元素和分别为 S_1,S_2,S_3,且 $S_1=S_2=S_3$,下列说法正确的是 （　　）

A.8 是萌数　　　　B.60 是萌数　　　　C.68 是萌数　　　　D.80 是萌数

30.已知非零实数 a,b,c,A,B,C,则"$ax^2+bx+c\geqslant0$ 与 $Ax^2+Bx+C\geqslant0$ 的解集相同"是"$\dfrac{a}{A}=\dfrac{b}{B}=\dfrac{c}{C}$"的 （　　）

A.充分非必要条件　　　　　　　　B.必要非充分条件

C.充要条件　　　　　　　　　　　D.既不充分也不必要条件

31.一个人投篮命中率为 $\dfrac{2}{3}$,连续投篮直到投进 2 个球时停止,则他投篮次数为 4 的概率是 （　　）

A.$\dfrac{4}{27}$　　　　B.$\dfrac{2}{27}$　　　　C.$\dfrac{4}{9}$　　　　D.$\dfrac{2}{9}$

32.已知 $0<P(A)<1,0<P(B)<1$,且 $P(A|B)=1$,则 （　　）
A.$P(\overline{A}|\overline{B})=0$　　B.$P(\overline{B}|\overline{A})=1$　　C.$P(A\cup B)=P(A)$　　D.$P(\overline{B}|A)=1$

33.已知实数 x,y 满足 $\begin{cases}(x-1)(y^2+6)=x(y^2+1),\\(y-1)(x^2+6)=y(x^2+1),\end{cases}$ 则 （　　）

A.$\left(x-\dfrac{5}{2}\right)^2+\left(y-\dfrac{5}{2}\right)^2=\dfrac{1}{2}$　　　　B.$x=y$

C.有 4 组解 (x,y)　　　　　　　　　　D.$x+y+5=0$

34.在 $\triangle ABC$ 中,$\sin^2A=\sin^2B+\sin B\sin C$,则 （　　）

A.$A<\dfrac{\pi}{3}$　　　　B.$B<\dfrac{\pi}{3}$　　　　C.$A<2\dfrac{\pi}{3}$　　　　D.$B<2\dfrac{\pi}{3}$

35. 已知 $Q(x)=a_{2017}x^{2017}+a_{2016}x^{2016}+\cdots+a_1x+a_0$,对任意 $x\in R^+$ 均有 $Q(x)>0$ 成立.若 $a_i\in\{-1,1\}(i=0,1,2,\cdots,2017)$,则 $a_0,a_1,a_2,\cdots,a_{2017}$ 中取值为 -1 的项数最多为 （　　）

A.1006　　　　B.1007　　　　C.1008　　　　D.1009

参考答案

2009 年南大自主招生(基地班)数学试题参考解答

一、填空题

1.已知 n 为一正整数,并且 2^n-1 能被 7 整除,则 n 的所有取值为_____.

1.**解**:由 2^n 模 3 的周期性易知,n 的所有取值为 $3k,k\in \mathbf{N}^*$.

2.不等式 $(x-1)(x-2)(x-3)(x-4)\geqslant 24$ 的解集是_____.

2.**解**:原不等式等价于 $[(x-1)(x-4)][(x-2)(x-3)]\geqslant 24$,即 $(x^2-5x+4)(x^2-5x+6)\geqslant 24$,

即 $(x^2-5x)^2+10(x^2-5x)\geqslant 0$,亦即 $(x^2-5x)(x^2-5x+10)\geqslant 0$,考虑 $x^2-5x+10=\left(x-\dfrac{5}{2}\right)^2+$

$\dfrac{15}{4}>0$,故要求 $x^2-5x\geqslant 0$,即 $x\leqslant 0$ 或 $x\geqslant 5$.

3.设 z 是模大于 1 的复数,并且满足 $\bar{z}+\dfrac{1}{z}=\dfrac{5\cos\theta}{2}-i\dfrac{5\sin\theta}{2}$,则 $z=$_____.

3.**解**:设 $z=r(\cos\alpha+i\sin\alpha)$,则 $\bar{z}+\dfrac{1}{z}=r(\cos\alpha-i\sin\alpha)+\dfrac{1}{r}(\cos(-\alpha)+i\sin(-\alpha))=\dfrac{5\cos\theta}{2}-$

$i\dfrac{5\sin\theta}{2}$,即 $\left(r+\dfrac{1}{r}\right)(\cos\alpha-i\sin\alpha)=\dfrac{5}{2}(\cos\theta-i\sin\theta)$,所以 $r+\dfrac{1}{r}=\dfrac{5}{2}$.又 $|z|>1$,所以 $r>1$,所以

$r=2$.故 $\cos\alpha-i\sin\alpha=\cos\theta-i\sin\theta$,则 $\alpha=\theta+2k\pi,k\in Z$,所以 $z=2(\cos\theta+i\sin\theta)$.

4.已知 $x\in R$,$f(x)=\sqrt{x^2+x+1}-\sqrt{x^2-x+1}$,则 $f(x)$ 的值域为_____.

4.**解**:考虑 $f(x)=\sqrt{\left(x+\dfrac{1}{2}\right)^2+\left(\dfrac{\sqrt{3}}{2}\right)^2}-\sqrt{\left(x-\dfrac{1}{2}\right)^2+\left(\dfrac{\sqrt{3}}{2}\right)^2}$,即动点 $A(x,0)$ 到定点 B

$\left(-\dfrac{1}{2},\dfrac{\sqrt{3}}{2}\right)$ 和定点 $B\left(\dfrac{1}{2},\dfrac{\sqrt{3}}{2}\right)$ 的距离之差.在 $\triangle ABC$ 中,由三角形三边关系定理知,$|f(x)|=$

$||AB|-|AC||<|BC|=1$,所以 $f(x)$ 的值域为 $(-1,1)$.

5.方程 $3\log_x 4+2\log_{4x}4+3\log_{16x}4=0$ 的解集为_____.

5.**解**:运用换底公式,以 4 为底,得 $\dfrac{3}{\log_4 x}+\dfrac{2}{\log_4 4x}+\dfrac{3}{\log_4 16x}=0$.令 $t=\log_4 x$,则有 $\dfrac{3}{t}+\dfrac{2}{1+t}+$

$\dfrac{3}{2+t}=0$,即 $3(1+t)(2+t)+2t(2+t)+3t(1+t)=0$,为关于 t 的一元二次方程,解得 $t=-\dfrac{1}{2}$ 或

$-\dfrac{3}{2}$.对应于 $x=\dfrac{1}{2}$ 或 $\dfrac{1}{8}$,所以原方程的解集为 $\left\{\dfrac{1}{2},\dfrac{1}{8}\right\}$.

6.将 $1,2,3,4,5,6,7,8,9$ 进行排序,则 $1,2$ 不在原来位置上的概率 $p=$_____.

6.**解**:根据容斥原理,将 9 个数进行排序,$1,2$ 不在原来位置上的方法数有 $A_9^9-2A_8^8+A_7^7=$

287280 种,故 $p=\dfrac{287280}{A_9^9}=\dfrac{19}{24}$.

7.数列 $a_1,a_2,\cdots,a_n,\cdots$ 中相邻的两项 a_n,a_{n+1} 是二次多项式 $x^2-2nx+c_n=0(n=1,2,\cdots)$ 的两个根,并且已知 $a_1=1$,则 $c_{2k}=$ _____(用 k 表示).

7.解:根据韦达定理,$a_n+a_{n+1}=2n$,即 $a_{n+1}=-a_n+2n$,亦即 $a_{n+1}-(n+1)+\dfrac{1}{2}=$

$-\left(a_n-n+\dfrac{1}{2}\right)$,

而 $a_1-1+\dfrac{1}{2}=\dfrac{1}{2}$,故 $\left\{a_n-n+\dfrac{1}{2}\right\}$ 是以 $\dfrac{1}{2}$ 为首项,-1 为公比的等比数列,所以 $a_n-n+\dfrac{1}{2}=$

$(-1)^{n-1}\dfrac{1}{2}$,即 $a_n=(-1)^{n-1}\dfrac{1}{2}+n-\dfrac{1}{2}$.

则由韦达定理,$c_{2k}=a_{2k}a_{2k+1}=\left[(-1)^{2k-1}\dfrac{1}{2}+2k-\dfrac{1}{2}\right]\left[(-1)^{2k+1-1}\dfrac{1}{2}+2k+1-\dfrac{1}{2}\right]=(2k-1)(2k+1)=4k^2-1$.

8.圆柱形玻璃杯高 8cm,杯口周长 12cm,内壁距杯口 2cm 的点 A 处有一点蜜糖.A 点正对面的外壁(不是 A 点的外壁)距杯底 2cm 的点 B 处有一小虫,若小虫沿杯壁爬向蜜糖饱食一顿,最少要爬_____cm.(不计杯壁厚度与小虫尺寸)

8.解:将玻璃杯外壁和内壁展开,将小虫的爬行路径想象成平面矩形上的折线,易知最短路径长为 $\sqrt{(12\div2)^2+(2+8-2)^2}=10\text{cm}$.

9.在 $\triangle ABC$ 中,$AB=2\sqrt{2}$,$BC=\sqrt{5}+1$,$AC=\sqrt{5}-1$,则 AB 边上的高为_____.

9.解:由题意,$BC^2>AB^2+AC^2$,故 $\angle A$ 为钝角,设 AB 边上的高为 t,则根据勾股定理,有

$\sqrt{(\sqrt{5}+1)^2-t^2}-\sqrt{(\sqrt{5}-1)^2-t^2}=2\sqrt{2}$,即 $\sqrt{(\sqrt{5}+1)^2-t^2}=2\sqrt{2}+\sqrt{(\sqrt{5}-1)^2-t^2}$,两边平方,

得 $(\sqrt{5}+1)^2-t^2=8+(\sqrt{5}-1)^2-t^2+4\sqrt{2}\sqrt{(\sqrt{5}-1)^2-t^2}$,整理,得 $4\sqrt{5}-8=4\sqrt{2}$

$\sqrt{(\sqrt{5}-1)^2-t^2}$,再两边平方,得 $9-4\sqrt{5}=2((\sqrt{5}-1)^2-t^2)$,得 $t=\dfrac{\sqrt{6}}{2}$.

10.设 $|\overrightarrow{a}|=|\overrightarrow{b}|=1$,$\overrightarrow{a}$ 与 $\overrightarrow{b}$ 的夹角为 $\dfrac{\pi}{3}$,则以 $\overrightarrow{a}+\overrightarrow{b}$ 与 $3\overrightarrow{a}-\overrightarrow{b}$ 为邻边的平行四边形的面积为_____.

10.解:记 $\overrightarrow{a}+\overrightarrow{b}$ 与 $3\overrightarrow{a}-\overrightarrow{b}$ 的夹角为 θ,则 $\cos\theta=\dfrac{(\overrightarrow{a}+\overrightarrow{b})\cdot(3\overrightarrow{a}-\overrightarrow{b})}{|\overrightarrow{a}+\overrightarrow{b}||3\overrightarrow{a}-\overrightarrow{b}|}$,其中 $(\overrightarrow{a}+\overrightarrow{b})\cdot(3\overrightarrow{a}-\overrightarrow{b})=$

$3\overrightarrow{a}^2+2\overrightarrow{a}\cdot\overrightarrow{b}-\overrightarrow{b}^2=3+2\times\cos\dfrac{\pi}{3}-1=3$,$|\overrightarrow{a}+\overrightarrow{b}|=\sqrt{(\overrightarrow{a}+\overrightarrow{b})^2}=\sqrt{\overrightarrow{a}^2+2\overrightarrow{a}\cdot\overrightarrow{b}+\overrightarrow{b}^2}=\sqrt{3}$,$|3\overrightarrow{a}-\overrightarrow{b}|$

$=\sqrt{(3\overrightarrow{a}-\overrightarrow{b})^2}=\sqrt{9\overrightarrow{a}^2-6\overrightarrow{a}\cdot\overrightarrow{b}+\overrightarrow{b}^2}=\sqrt{7}$,

则 $\cos\theta=\dfrac{3}{\sqrt{3}\times\sqrt{7}}=\dfrac{\sqrt{21}}{7}$,

于是 $\sin\theta=\dfrac{2\sqrt{7}}{7}$,平行四边形面积为 $|\overrightarrow{a}+\overrightarrow{b}||3\overrightarrow{a}-\overrightarrow{b}|\sin\theta=2\sqrt{3}$.

二、简答题

11.已知 P 为 $\triangle ABC$ 内一点，$BC=a$，$CA=b$，$AB=c$，点 P 到 BC，CA，AB 的距离分别为 d_1，d_2，d_3，S 表示 $\triangle ABC$ 的面积，求证 $\dfrac{a}{d_1}+\dfrac{b}{d_2}+\dfrac{c}{d_3}\geqslant\dfrac{(a+b+c)^2}{2S}$.

11.证:依题意，有 $2S=ad_1+bd_2+cd_3$，由柯西不等式，有：

$$\left(\dfrac{a}{d_1}+\dfrac{b}{d_2}+\dfrac{c}{d_3}\right)(ad_1+bd_2+cd_3)\geqslant\left(\sqrt{\dfrac{a}{d_1}\cdot ad_1}+\sqrt{\dfrac{b}{d_2}\cdot bd_2}+\sqrt{\dfrac{c}{d_3}\cdot cd_3}\right)^2=(a+b+c)^2,$$

所以有 $\dfrac{a}{d_1}+\dfrac{b}{d_2}+\dfrac{c}{d_3}\geqslant\dfrac{(a+b+c)^2}{2S}$，证毕.

12.找出所有满足 $\tan A+\tan B+\tan C\leqslant[\tan A]+[\tan B]+[\tan C]$ 的非直角三角形 $\triangle ABC$，这里 $[x]$ 表示不大于 x 的最大整数.

12.解:为表示方便，记 $x=\tan A$，$y=\tan B$，$z=\tan C$，由条件知，$x+y+z\leqslant[x]+[y]+[z]$，而 $[x]\leqslant x$，故要使条件成立，x,y,z 必须都是整数.

而在 $\triangle ABC$ 中，由 $\tan C=\tan(\pi-(A+B))=-\tan(A+B)=-\dfrac{\tan A+\tan B}{1-\tan A\tan B}$，得 $\tan A+\tan B+\tan C=\tan A\tan B\tan C$，即 $x+y+z=xyz$.

若 $\triangle ABC$ 是钝角三角形，则不妨设 A 为钝角，则此时 B、C 为锐角，从而 y,z 为正整数，不妨设 $y\leqslant z$，于是有 $x<0<1\leqslant y\leqslant z$.此时有 $1\leqslant yz=\dfrac{x+y+z}{x}=1+\dfrac{y+z}{x}<1$，矛盾.故知 $\triangle ABC$ 只能是锐角三角形，不妨设 $1\leqslant x\leqslant y\leqslant z$.此时 $xy=\dfrac{x+y+z}{z}\leqslant\dfrac{3z}{z}=3$.故：

若 $xy=1$，则 $x=y=1$，代入 $x+y+z=xyz$，得 $2+z=z$，不成立；

若 $xy=2$，则 $x=1$，$y=2$，有 $3+z=2z$，得 $z=3$；

若 $xy=3$，则 $x=1$，$y=3$，有 $4+z=3z$，得 $z=2$(舍去).

从而只有 $x=1$，$y=2$，$z=3$，即 $A=\arctan 1$，$B=\arctan 2$，$C=\arctan 3$ 是满足条件的唯一三角形.

13.在 x 轴上方作圆与 x 轴相切，切点为 $A(\sqrt{3},0)$，分别从 $B(-3,0)$，$C(3,0)$ 作该圆的切线 BP 和 CP，并相交于 P.设点 C 在 $\angle BPC$ 的平分线上的投影为 Q.

(1)求点 P 的轨迹方程，并求其横坐标的取值范围；

(2)求点 Q 的轨迹方程，并求其横坐标的取值范围.

13.解:(1)由 BP 和 CP 是切线，易知 $|BP|-|CP|=|BA|-|AC|=2\sqrt{3}$.

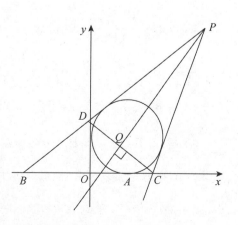

所以点 P 的轨迹是以 B，C 为焦点，A 为右顶点的双曲线，$a^2=3$，$b^2=3^2-a^2=6$，轨迹方程为 $\dfrac{x^2}{3}-\dfrac{y^2}{6}=1$，横坐标的取值范围为 $x>\sqrt{3}$.

(2)延长 CQ 交 BP 于 D，由于 $|BD|=|BP|-|DP|=|BP|-|CP|=2\sqrt{3}$，所以点 D 的轨迹是以 B 为圆心，半径为 $2\sqrt{3}$ 的圆，轨迹方程为 $(x+3)^2+y^2=12$.

令 $Q(x,y)$，$D(x_1,y_1)$，则由于 Q 是 CD 中点，知 $x=\dfrac{x_1+3}{2}$，$y=\dfrac{y_1}{2}$，即 $x_1=2x-3$，$y_1=2y$，代入 D 的轨迹方程得 $x^2+y^2=3$，故此即为点 Q 的轨迹方程.

再考虑设直线 BP 的倾斜角为 α，则由(1)的结果知，点 P 的坐标 (x,y) 满足 $y^2=2x^2-6$，故

知 $\tan\alpha=\dfrac{\sqrt{2x^2-6}}{x+3}=\dfrac{\sqrt{2-\dfrac{6}{x^2}}}{1+\dfrac{3}{x}}<\sqrt{2}$，即 $\cos\alpha>\dfrac{1}{\sqrt{3}}$，故知此时 D 的横坐标 $x_1=-3+2\sqrt{3}\cos\alpha>$

$-3+2\sqrt{3}\cdot\dfrac{1}{\sqrt{3}}=-1$，又易知 $x<2\sqrt{3}-3$，所以点 Q 的横坐标 x 满足 $\dfrac{3-1}{2}<x<\dfrac{2\sqrt{3}-3+3}{2}$，即 Q

的横坐标的取值范围为 $(1,\sqrt{3})$.

14.已知四面体 $ABCD$，平面 π 平行于直线 AB 和 CD，并且平面 π 与四面体 $ABCD$ 的截面为 $EFGH$（如图），平面 π 到直线 AB，CD 的距离分别为 d_1，d_2.设 $k=\dfrac{d_1}{d_2}$，计算五面体 $AEHBFG$ 的体积与四面体 $ABCD$ 的体积之比（用 k）表示.

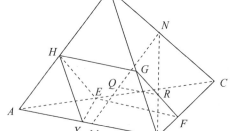

14.**解**：设 X 是 AB 上一点，使得 $HX\parallel DB$，则有 $V_{AEHBFG}=V_{AEHX}+V_{XEHBFG}$.又设 MN 是 AB 和 CD 的公垂线，$M\in AB$，$N\in CD$，再设 MN 和 BN 与平面 π 分别交于 Q 点和 R 点，则有 $\dfrac{BR}{RN}=\dfrac{MQ}{QN}=k$，进一步还有

$\dfrac{AX}{XB}=\dfrac{AE}{EC}=\dfrac{AH}{HD}=\dfrac{BG}{GD}=\dfrac{BF}{FC}=\dfrac{BR}{RN}=k$，所以有 $\dfrac{V_{AEHX}}{V_{ABCD}}=$

$\dfrac{k^3}{(1+k)^3}$ ①.用 h 表示四面体 $ABCD$ 以 $\triangle ABC$ 为底时的高，则 $h=\dfrac{3V_{ABCD}}{S_{ABC}}$，又 $V_{XEHBFG}=\dfrac{1}{2}S_{XBFE}\cdot\dfrac{k}{1+k}h$，其中

$S_{XBFE}=S_{\triangle ABC}-S_{\triangle AXE}-S_{\triangle EFC}=\left(1-\left(\dfrac{k}{1+k}\right)^2-\left(\dfrac{1}{1+k}\right)^2\right)S_{\triangle ABC}=\dfrac{2k}{(1+k)^2}S_{\triangle ABC}$，所以

$V_{XEHBFG}=\dfrac{1}{2}\dfrac{2k}{(1+k)^2}S_{\triangle ABC}\cdot\dfrac{k}{1+k}h=\dfrac{3k^2}{(1+k)^3}V_{ABCD}$ ②.则综合①和②有，

$\dfrac{V_{AEHBFG}}{V_{ABCD}}=\dfrac{k^3}{(1+k)^3}+\dfrac{3k^2}{(1+k)^3}=\dfrac{k^3+3k^2}{(1+k)^3}$.

15.解方程 $x^3-3x=\sqrt{x+2}$.

15.**解**：显然 $x\geqslant-2$.若 $x>2$，则容易验证 $x^3-3x=\dfrac{x^3+3x(x+2)(x-2)}{4}>\dfrac{x^3}{4}>\sqrt{x+2}$，此

时方程无解.故知若方程有解，则必位于区间 $[-2,2]$ 中，故可令 $x=2\cos\theta$，$0\leqslant\theta\leqslant\pi$，则有 $8\cos^3\theta-$

$6\cos\theta=\sqrt{2\cos\theta+2}$，即 $2\cos3\theta=2\cos\dfrac{\theta}{2}$，于是 $3\theta\pm\dfrac{\theta}{2}=2n\pi(n\in Z)$，又考虑 $0\leqslant\theta\leqslant\pi$，故 $3\theta\pm\dfrac{\theta}{2}\in$

$\left[0,\dfrac{7\pi}{2}\right]$，所以 $n=0$ 或 1，从而 $\theta=0,\dfrac{4\pi}{5},\dfrac{4\pi}{7}$，对应方程的解为 $x=2,2\cos\dfrac{4\pi}{5},2\cos\dfrac{4\pi}{7}$.

16.设 R 为实数集,找出所有定义在 R 上且使得

$$f(f(x+y))=f(x+y)+f(x)f(y)-xy$$

对所有实数 x,y 都成立的函数 $f(x)$.(没有推理过程不得分)

16.解: 依题意,

$$f(f(x+y))=f(x+y)+f(x)f(y)-xy \quad ①$$

在①中令 $y=0$,得

$$f(f(x))=(1+f(0))f(x) \quad ②$$

在②中用 $x+y$ 替代 x,得 $f(f(x+y))=(1+f(0))f(x+y)$,再结合①,即得

$$f(0)f(x+y)=f(x)f(y)-xy \quad ③$$

③中令 $y=1$,得

$$f(0)f(x+1)=f(1)f(x)-x \quad ④$$

再结合③,得

$$f(0)f(x)=f(0)f(x+1+(-1))=f(x+1)f(-1)+(1+x) \quad ⑤$$

联立④、⑤,消去 $f(x+1)$,得

$$((f(0))^2-f(-1)f(1))f(x)=(f(0)-f(-1))x+f(0)$$

则(1)若 $(f(0))^2-f(-1)f(1)=0$,则必须 $f(0)=f(-1)=0$,

在③中令 $y=-1$,得 $\forall x\in R,x=0$,这不可能.

(2)若 $(f(0))^2-f(-1)f(1)\neq0$,则 $f(x)$ 是 x 的线性函数,设 $f(x)=ax+b$,代入②,

得 $a(ax+b)+b=(1+b)(ax+b)$,展开比较 x 的同次幂,有 $\begin{cases} a^2=a(1+b) \\ b(a-b)=0 \end{cases}$,

解得 $a=1,b=0$ 或 $a=0,b=0$(与①矛盾).

故 $f(x)=x$.

2009 年浙江大学自主招生数学试题参考答案

1.已知 $a\geqslant\dfrac{1}{2}$,设二次函数 $f(x)=-a^2x^2+ax+c$,其中 a,c 均为实数,证明:对于任意 $x\in[0,1]$ 均有 $f(x)\leqslant1$ 成立的充要条件是 $c\leqslant\dfrac{3}{4}$.

1.证: 注意到 $f(x)$ 的图象开口向下,且对称轴 $x=-\dfrac{a}{-2a^2}=\dfrac{1}{2a}$.

由于 $a\geqslant\dfrac{1}{2}$,所以 $0<\dfrac{1}{2a}\leqslant1$,

因此 $f(x)$ 在 $[0,1]$ 上的最大值为

$$f\left(\dfrac{1}{2a}\right)=-a^2\cdot\left(\dfrac{1}{2a}\right)^2+a\cdot\dfrac{1}{2a}+c=\dfrac{1}{4}+c.$$

于是对于任意的 $x\in[0,1]$,都有 $f(x)\leqslant1$ 成立的充要条件是 $\dfrac{1}{4}+c\leqslant1$,即 $c\leqslant\dfrac{3}{4}$.

2.数列 $\{a_n\}$ 满足条件: $a_1=1,a_n=1+\dfrac{1}{a_{n-1}}(n\geq2)$,试证明:

$(1)1\leq a_n\leq2$; $(2)\dfrac{1}{3}\leq\dfrac{|a_{n+1}-a_n|}{|a_n-a_{n-1}|}\leq\dfrac{1}{2}(n\geq2)$.

2.证:(1)当 $n=1$ 时,显然有 $1\leq a_1\leq2$;

现在假设 $1\leq a_n\leq2$,此时 $1\leq a_{n+1}=1+\dfrac{1}{a_n}\leq1+\dfrac{1}{1}=2$,

因此由数学归纳法知 $1\leq a_n\leq2$.

(2)注意到

$$a_{n+1}-a_n=1+\frac{1}{a_n}-1-\frac{1}{a_{n-1}}=\frac{a_{n-1}-a_n}{a_na_{n-1}},$$

$$a_na_{n-1}=a_{n-1}\left(1+\frac{1}{a_{n-1}}\right)=1+a_{n-1},$$

因此由(1)知 $2\leq a_na_{n-1}\leq3$,于是

$$\frac{|a_{n+1}-a_n|}{|a_n-a_{n-1}|}=\frac{|a_{n-1}-a_n|}{a_na_{n-1}}\cdot\frac{1}{|a_n-a_{n-1}|}=\frac{1}{a_na_{n-1}},$$

因此 $\dfrac{1}{3}\leq\dfrac{|a_{n+1}-a_n|}{|a_n-a_{n-1}|}\leq\dfrac{1}{2}(n\geq2)$.

3.现有如下两个命题:

命题 p :函数 $f(x)=x^3+ax^2+ax-a$ 既有极大值,又有极小值.

命题 q :直线 $3x+4y-2=0$ 与曲线 $x^2-2ax+y^2+a^2-1=0$ 有公共点.

若命题"p 或 q"为真,且命题"p 且 q"为假,试求 a 的取值范围.

3.解:因为 $f'(x)=3x^2+2ax+a$,所以函数 $f(x)$ 既有极大植,又有极小值等价于 $3x^2+2ax+a=0$ 有两个不同的实数根,即 $\Delta=4a^2-12a>0$,因此当且仅当 $a<0$ 或 $a>3$ 时命题 p 为真.

曲线 $x^2-2ax+y^2+a^2-1=0$ 可写成 $(x-a)^2+y^2=1$,

即圆心为 $(a,0)$ 半径为1的圆,因此要求有公共点,即要求该圆与直线 $3x+4y-2=0$ 的距离不大于1,

即 $\dfrac{|3a+4\cdot0-2|}{\sqrt{3^2+4^2}}=\dfrac{|3a-2|}{5}\leq1$,于是可解得 $-1\leq a\leq\dfrac{7}{3}$,此时命题 q 为真.

由已知条件知命题 p,q 有且仅有一个成立,因此当命题 p 为真时,要求命题 q 为假,此时 a 的取值范围为 $(-\infty,-1)\bigcup(3,+\infty)$;当命题 q 为真时,要求命题 p 为假,此时 a 的取值范围为 $\left[0,\dfrac{7}{3}\right]$.故综上所述,满足题意的 a 的取值范围为 $(-\infty,-1)\bigcup\left[0,\dfrac{7}{3}\right]\bigcup(3,+\infty)$.

4.现有由数字 $1,2,3,4,5$ 排列而成的一个五位数组(没有重复数字),规定:前 i 个数不允许是 $1,2,\cdots,i$ 的一个排列 $(1\leq i\leq4)$ (如 32154 就不可以,因为前三个数是 $1,2,3$ 的一个排列).试求满足这种条件的数组有多少个.

4.解:如果第5个数字是1,那么前面4个数任意排列都是满足要求的,此时有 $4!=24$ 种;

如果第5个数字是2,那么前4个数只需要第1个数不为1即可,此时有 $3\cdot3!=18$ 种;

如果第5个数字是3,此时只需第1个数字不为1,或者前两个数字不为21即可,此时有 $4!-3!-2!=16$ 种;

　　如果第5个数字是4,此时只需第1个数字不为1,或者前两个数字不为21,或者前3个数字不为231,321,312,即可,此时有 $4!-3!-2!-3=13$ 种.

　　综上所述,这样的数组共有 $24+18+16+13=71$ 个.

5.双曲线 $\dfrac{x^2}{a^2}-\dfrac{y^2}{b^2}=1(a>0,b>0)$ 的离心率为 $\sqrt{2}$,$A(x_1,y_1)$,$B(x_2,y_2)$ 两点在双曲线上,且 $x_1\ne x_2$.

(1)若线段 AB 的垂直平分线经过点 $Q(4,0)$,且线段 AB 的中点坐标为 (x_0,y_0),试求 x_0 的值;

(2)双曲线上是否存在这样的点 A 与 B,满足 $OA\perp OB$?

5.解:(1)因为离心率为 $\sqrt{2}$,所以 $a=b$,因此 $x_1^2-y_1^2=a^2=x_2^2-y_2^2$.

由 $|QA|=|QB|$,$(x_1-4)^2+y_1^2=(x_2-4)^2+y_2^2$,

所以 $(x_2-4)^2-(x_1-4)^2=y_1^2-y_2^2=x_1^2-x_2^2$,

即 $(x_2-x_1)(x_1+x_2-8)=(x_1-x_2)(x_1+x_2)$.由 $x_1\ne x_2$,

知 $x_1+x_2-8=-(x_1+x_2)$,所以 $x_1+x_2=4$,故 $x_0=\dfrac{x_1+x_2}{2}=2$.

(2)假设存在这样的点 A 与 B,使 $\overrightarrow{OA}\perp\overrightarrow{OB}$,则 $x_1x_2+y_1y_2=0$,则 $x_1^2x_2^2=y_1^2y_2^2$.由 $x_1^2=a^2+y_1^2$,$x_2^2=a^2+y_2^2$,得 $(a^2+y_1^2)(a^2+y_2^2)=y_1^2y_2^2$,即 $a^2(a^2+y_1^2+y_2^2)=0$,故 $a=y_1=y_2=0$,矛盾,所以不存在这样的点 A 与 B.

2010年复旦千分考试题数学部分参考解答

1.设集合 A,B,C,D 是全集 X 的子集,$A\cap B\ne\varnothing$,$A\cap C\ne\varnothing$.则下列选项中正确的是（　　）

A.如果 $D\subseteq B$ 或 $D\subseteq C$,则 $D\cap A\ne\varnothing$

B.如果 $D\subseteq A$,则 $\complement_X D\cap B\ne\varnothing$,$\complement_X D\cap C\ne\varnothing$

C.如果 $D\supseteq A$,则 $\complement_X D\cap B=\varnothing$,$\complement_X D\cap C\ne\varnothing$

D.上述各项都不正确.

1.解:作集合间的韦恩图,容易对 A,B,C 三个选项所述的情况举出反例,此题选 D.

2.设 k,m,n 是整数,不定方程 $mx+ny=k$ 有整数解的必要条件是（　　）

A.m,n 都整除 k　　　　　　　　　　B.m,n 的最大公因子整除 k

C.m,n,k 两两互素　　　　　　　　　D.m,n,k 除 1 外没有其它共因子

2.解:由裴蜀定理容易知道,若方程有整数解,必有 $(m,n)\mid k$,选 B.

3.设函数 $y=f(x)=e^x+1$,则反函数 $y=f^{-1}(x)$ 在 xOy 坐标系中的大致图象是（　　）

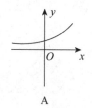
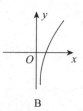
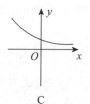
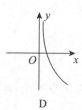

A　　　　　　　　B　　　　　　　　C　　　　　　　　D

3.解:反函数的图象和原函数关于直线 $y=x$ 对称,故此题选 B.

4.设 $f(x)$ 是区间 $[a,b]$ 上的函数,如果对任意满足 $a\le x<y\le b$ 的 x,y 都有 $f(x)\le f(y)$,则称 $f(x)$ 是 $[a,b]$ 上的递增函数,那么,$f(x)$ 是 $[a,b]$ 上的非递增函数应满足（　　）

A.存在满足 $x<y$ 的 $x,y\in[a,b]$,使得 $f(x)>f(y)$

B.不存在 $x,y\in[a,b]$ 满足 $x<y$ 且 $f(x)\leqslant f(y)$)

C.对任意满足 $x<y$ 的 $x,y\in[a,b]$ 都有 $f(x)>f(y)$

D.存在满足 $x<y$ 的 $x,y\in[a,b]$,使得 $f(x)\leqslant f(y)$

4.**解**:选 A.

5.设 $\alpha,\beta\in\left[-\dfrac{\pi}{2},\dfrac{\pi}{2}\right]$,且满足 $\sin\alpha\cos\beta+\sin\beta\cos\alpha=1$,则 $\sin\alpha+\sin\beta$ 的取值范围是 （ ）

A.$[-\sqrt{2},\sqrt{2}]$ 　　　B.$[-1,\sqrt{2}]$ 　　　C.$[0,\sqrt{2}]$ 　　　D.$[1,\sqrt{2}]$

5.**解**:依题意,$\sin(\alpha+\beta)=1$,又 $\alpha,\beta\in\left[-\dfrac{\pi}{2},\dfrac{\pi}{2}\right]$,知 $\alpha+\beta=\dfrac{\pi}{2}$,$\beta=\dfrac{\pi}{2}-\alpha\in\left[-\dfrac{\pi}{2},\dfrac{\pi}{2}\right]$,故知

$\alpha\in\left[0,\dfrac{\pi}{2}\right]$,则 $\sin\alpha+\sin\beta=\sin\alpha+\sin\left(\dfrac{\pi}{2}-\alpha\right)=\sqrt{2}\sin\left(\alpha+\dfrac{\pi}{4}\right)\in[1,\sqrt{2}]$,选 D.

6.设实数 $x,y\geqslant0$,且满足 $2x+y=5$,则函数 $f(x,y)=x^2+xy+2x+2y$ 的最大值是（ ）

A.$\dfrac{97}{8}$ 　　　B.$\dfrac{195}{16}$ 　　　C.$\dfrac{49}{4}$ 　　　D.$\dfrac{25}{2}$

6.**解**:依题意,$y=5-2x$,则 $f(x,y)=x^2+x(5-2x)+2x+2(5-2x)=-x^2$

$+3x+10=-\left(x-\dfrac{3}{2}\right)^2+\dfrac{49}{4}$,显然取 $x=\dfrac{3}{2}$ 符合题意,故最大值 $\dfrac{49}{4}$,选 C.

7.设一个多面体从前面、后面、左面、右面、上面看到的图形分别为:

其中从后面和左边看到的图形均是边长为 1 的正方形,则该多面体的体积为 （ ）

A.$\dfrac{2}{3}$ 　　　B.$\dfrac{3}{4}$ 　　　C.$\dfrac{4}{5}$ 　　　D.$\dfrac{5}{6}$

7.**解**:该多面体为一个正方体切去一个角所剩下的部分,如图所示,故体积为 $\dfrac{5}{6}$,选 D.

8.在一个底面半径为 $\dfrac{1}{2}$,高为 1 的圆柱内放入一个直径为 1 的实心球后,在圆柱内空余的地方

放入和实心球、侧面以及两个底面之一都相切的小球,最多可以放入这样的小球个数是 （ ）

A. 32 个 　　　B. 30 个 　　　C.28 个 　　　D.26 个

8.**解**:先看侧面图,计算小球的半径 r,由图中可知 $\sqrt{2}r+r+\dfrac{1}{2}=\dfrac{\sqrt{2}}{2}$,所以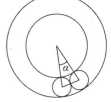

$r=\dfrac{3-2\sqrt{2}}{2}$.再看俯视图,有 $\left(\dfrac{1}{2}-r\right)\sin\dfrac{\alpha}{2}=r$,解出 $\alpha\approx23.9°$,则 $\dfrac{360°}{\alpha}\approx15.05$,

再考虑上下均可放,故最多放入 30 个,选 B.

9.给定平面向量 $(1,1)$,那么,平面向量 $\left(\dfrac{1-\sqrt{3}}{2},\dfrac{1+\sqrt{3}}{2}\right)$ 是将向量 $(1,1)$ 经过 （ ）

A.顺时针旋转 60°所得 　　　　　B.顺时针旋转 120°所得

C.逆时针旋转 60°所得 　　　　　D.逆时针旋转 120°所得

9.解:考虑 $\dfrac{1+\sqrt{3}}{1-\sqrt{3}}=-\tan 75°$,故从 x 轴逆时针旋转到向量 $\left(\dfrac{1-\sqrt{3}}{2},\dfrac{1+\sqrt{3}}{2}\right)$ 需经过 $180°-75°=$

$105°$,而转到向量 $(1,1)$ 显然需要经过 $45°$,故从 $(1,1)$ 到 $\left(\dfrac{1-\sqrt{3}}{2},\dfrac{1+\sqrt{3}}{2}\right)$ 需逆时针旋转 $60°$,选 C.

10.在直角坐标系 Oxy 中已知点 $A_1(1,0)$,$A_2\left(\dfrac{1}{2},\dfrac{\sqrt{3}}{2}\right)$,$A_3\left(-\dfrac{1}{2},\dfrac{\sqrt{3}}{2}\right)$,$A_4(-1,0)$,$A_5$

$\left(-\dfrac{1}{2},-\dfrac{\sqrt{3}}{2}\right)$,$A_6\left(\dfrac{1}{2},-\dfrac{\sqrt{3}}{2}\right)$,问在向量 $\overrightarrow{A_iA_j}(i,j=1,2,3,4,5,6,i\neq j)$ 中,不同向量的个数有　　(　　)

    A.9 个　　　　　　　B.15 个　　　　　　　C.18 个　　　　　　　D.30 个

10.解:这些点在平面中恰好构成一个正六边形,故易知由这些点构成的向量的模的大小只有

三种:$|A_1A_2|=1$,$|A_1A_3|=\sqrt{3}$,$|A_1A_4|=2$,而每种模长的向量均有 6 个不同的方向,所以共计

18 个,选 C.

11.对函数 $f:[0,1]\rightarrow[0,1]$,定义 $f^1(x)=f(x)$,$\cdots$,$f^n(x)=f(f^{n-1}(x))$,$n=1,2,3,\cdots$满足

$f^n(x)=x$ 的点 $x\in[0,1]$ 称为 f 的一个 n 周期点.现设 $f(x)=\begin{cases}2x,0\leqslant x\leqslant\dfrac{1}{2},\\ 2-2x,\dfrac{1}{2}\leqslant x\leqslant 1.\end{cases}$ 问 f 的 n 周期

点的个数是 (　　)

    A.$2n$ 个　　　　　　B.$2n^2$ 个　　　　　　C. 2^n 个　　　　　　D. $2(2^n-1)$ 个

11.解:$n=1$ 时,1 周期点有 2 个,$x=0$,$\dfrac{2}{3}$;当 $n=2$ 时,可以写出 $f^2(x)=$

$\begin{cases}4x,0\leqslant x\leqslant\dfrac{1}{4},\\ 2-4x,\dfrac{1}{4}\leqslant x\leqslant\dfrac{1}{2},\\ -2+4x,\dfrac{1}{2}\leqslant x\leqslant\dfrac{3}{4},\\ 4-4x,\dfrac{3}{4}\leqslant x\leqslant 1,\end{cases}$ 则可得此时 2 周期点有 4 个,$x=0$,$\dfrac{2}{5}$,$\dfrac{3}{5}$,$\dfrac{4}{5}$;作出函数图象容易知道,n 周

期点有 2^n 个,选 C.

12.已知复数 $z_1=1+\sqrt{3}i$,$z_2=-\sqrt{3}+\sqrt{3}i$,则复数 z_1z_2 的辐角 (　　)

    A. $\dfrac{13}{12}\pi$　　　　　　B. $\dfrac{11}{12}\pi$　　　　　　C. $-\dfrac{1}{4}\pi$　　　　　　D. $\dfrac{7}{12}\pi$

12.解:$z_1z_2=-(3+\sqrt{3})+(\sqrt{3}-3)i$,$\dfrac{\sqrt{3}-3}{-(3+\sqrt{3})}=2-\sqrt{3}=\tan\dfrac{13\pi}{12}$,故选 A.

13.设复数 $z=\cos\alpha+i\sin\beta$,$w=\sin\alpha+i\cos\beta$ 满足 $zw=\dfrac{\sqrt{3}}{2}$,则 $\sin(\beta-\alpha)=$ (　　)

    A. $\pm\dfrac{\sqrt{3}}{2}$　　　　　　B. $\dfrac{\sqrt{3}}{2}$,$-\dfrac{1}{2}$　　　　　　C. $\pm\dfrac{1}{2}$　　　　　　D. $\dfrac{1}{2}$,$-\dfrac{\sqrt{3}}{2}$

13.**解**：依题意，$z\omega=(\cos\alpha+i\sin\beta)(\sin\alpha-i\cos\beta)=\cos(\alpha-\beta)+i\sin(\alpha+\beta)=\dfrac{\sqrt{3}}{2}$，故 $\cos(\alpha-\beta)=$

$\dfrac{\sqrt{3}}{2}$，故 $\alpha-\beta=2k\pi\pm\dfrac{\pi}{6}$，所以 $\sin(\beta-\alpha)=\pm\dfrac{1}{2}$，选 C.

14.已知常数 k_1,k_2 满足 $0<k_1<k_2$，$k_1k_2=1$．设 C_1 和 C_2 分别是以 $y=\pm k_1(x-1)+1$ 和

$y=\pm k_2(x-1)+1$ 为渐近线且通过原点的双曲线．则 C_1 和 C_2 的离心率之比 $\dfrac{e_1}{e_2}$ 等于　　　　（　　）

A.$\dfrac{\sqrt{1+k_1^2}}{\sqrt{1+k_2^2}}$ B.$\dfrac{\sqrt{1+k_2^2}}{\sqrt{1+k_1^2}}$ C.1   D.$\dfrac{k_1}{k_2}$

14.**解**：由题意，可设 C_1 的方程是 $\pm\left(\dfrac{(x-1)^2}{a^2}-\dfrac{(y-1)^2}{k_1^2a^2}\right)=1$，$C_2$ 的方程是 $\pm$

$\left(\dfrac{(x-1)^2}{b^2}-\dfrac{(y-1)^2}{k_2^2b^2}\right)=1$，又由于两双曲线均过原点，所以 $\begin{cases}\pm\left(\dfrac{1}{a^2}-\dfrac{1}{k_1^2a^2}\right)=1,\\[2mm]\pm\left(\dfrac{1}{b^2}-\dfrac{1}{k_2^2b^2}\right)=1.\end{cases}$ 又因为 $0<k_1<k_2$，且

$k_1k_2=1$，故 $0<k_1<1<k_2$，故 $\dfrac{1}{a^2}<\dfrac{1}{k_1^2a^2}$，$\dfrac{1}{b^2}>\dfrac{1}{k_2^2b^2}$，从而 $\begin{cases}-\left(\dfrac{1}{a^2}-\dfrac{1}{k_1^2a^2}\right)=1,\\[2mm]\dfrac{1}{b^2}-\dfrac{1}{k_2^2b^2}=1,\end{cases}$ 则 $a^2=\dfrac{1-k_1^2}{k_1^2}$，$b^2=$

$\dfrac{k_2^2-1}{k_2^2}$，所以 $e_1=\dfrac{\sqrt{k_1^2+1}\,a}{k_1a}=\dfrac{\sqrt{k_1^2+1}}{k_1}$，$e_2=\dfrac{\sqrt{k_2^2+1}\,b}{b}=\sqrt{k_2^2+1}=\sqrt{\dfrac{1}{k_1^2}+1}=\dfrac{\sqrt{k_1^2+1}}{k_1}$，所以 $\dfrac{e_1}{e_2}=1$，

选 C.

15.参数方程 $\begin{cases}x=a(t-\sin t),\\ y=a(1-\cos t),\end{cases}$ $a>0$ 所表示的函数 $y=f(x)$　　　　（　　）

A.的图象关于原点对称   B.的图象关于直线 $x=\pi$ 对称

C.是周期为 $2a\pi$ 的周期函数   D.是周期为 2π 的周期函数

15.**解**：将 t 用 $-t$ 代换，易知选项 A 错误；

任取函数图象上一点 $M(a(t_0-\sin t_0),a(1-\cos t_0))$，其关于 $x=\pi$ 的对称点为

$M'(2\pi-a(t_0-\sin t_0),a(1-\cos t_0))$，显然 M' 不一定在函数图象上，B 错误；

对于选项 C，由于 $2a\pi+a(t_0-\sin t_0)=a(2\pi+t_0-\sin(2\pi+t_0))$，$a(1-\cos t_0)=a(1-\cos(2\pi+$

$t_0))$，即用 $2\pi+t_0$ 替代 t_0 所得的点 $M'(a(2\pi+t_0-\sin(2\pi+t_0)),a(1-\cos(2\pi+t_0)))$ 也在函数图

象上，故 C 正确.

D 不正确.

本题选 C.

16.将同时满足不等式 $x-ky-2\leqslant0$，$2x+3y-6\geqslant0$，$x+6y-10\leqslant0(k>0)$ 的点 (x,y) 组成集

合 D 称为可行域，将函数 $\dfrac{y+1}{x}$（称为目标函数，所谓规划问题就是求解可行域中的点 (x,y) 使目

标函数达到在可行域上的最小值.如果这个规划问题有无穷多个解 (x,y)，则 k 的取值为　　　（　　）

A.$k\geqslant1$ B.$k\leqslant2$ C.$k=2$ D.$k=1$

16.**解**：目标函数可以看做是可行域中点 (x,y) 与点 $(0,-1)$ 所确定的直线的斜率，故若要求有

无穷多个解,则要求(0,−1)能落在可行域边界的延长线上,即直线 $x-ky-2=0$,所以 a,选 C.

17.某校有一个班级,设变量 x 是该班同学的姓名,变量 y 是该班同学的学号,变量 z 是该班同学的身高,变量 w 是该班同学某一门课程的考试成绩.则下列选项中错误的是 　　　　( )

A.y 是 x 的函数　　　　B.z 是 y 的函数　　　　C.w 是 z 的函数　　　　D.w 是 x 的函数

17.**解**:身高相同,可能成绩不同.选 C.

18.对于原命题"单调函数不是周期函数",下列陈述正确的是 　　　　　　　　( )

A.逆命题为"周期函数不是单调函数"　　　　B.否命题为"单调函数是周期函数"

C.逆否命题为"周期函数是单调函数"　　　　D.以上三者都不正确

18.**解**:逆命题是"不是周期函数的函数,就是单调函数",否命题是"不单调的函数是周期函数",逆否命题是"周期函数不是单调函数",故 A、B、C 均错误,选 D.

19.设集合 $A=\{(x,y)\,|\,\log_a x+\log_a y>0\}$,$B=\{(x,y)\,|\,y+x<a\}$.如果 $A\bigcap B=\varnothing$,则 a 的取值范围是 　　　　　　　　　　　　　　　　　　　　　　　　　　( )

A.$\varnothing$　　　　B.$a>0,a\neq 1$　　　　C.$0<a\leqslant 2,a\neq 1$　　　　D.$1<a\leqslant 2$

19.**解**:若 $a>1$,则集合 A 中点 (x,y) 所满足的要求为 $\begin{cases}x>0,\\y>0,\\xy>1,\end{cases}$ 其中 $y=\dfrac{1}{x}$ 为反比例函数,要求 $A\bigcap B=\varnothing$,则临界状态是 $x+y=a$ 与 $y=\dfrac{1}{x}$ 相切,易知切点 $(1,1)$,故临界状态下 $a=2$,故此时 a 的取值范围是 $(1,2]$;

若 $0<a<1$,则 A 中点 (x,y) 所满足的要求为 $\begin{cases}x>0,\\y>0,\\xy<1,\end{cases}$ 易知此时 $A\bigcap B\neq\varnothing$,故无解.

综上,a 的取值范围是 $(1,2]$,选 D.

20.设集合 X 是实数集 R 的子集,如果点 $x_0\in R$ 满足:对任意 $a>0$,都存在 $x\in X$ 使得 $0<|x-x_0|<a$,则称 x_0 为集合 X 的聚点.用 Z 表示整数集,则在下列集合

(1) $\left\{\dfrac{n}{n+1}\,\middle|\,n\in Z,n\geqslant 0\right\}$　　　　(2) $R/\{0\}$　　　　(3) $\left\{\dfrac{1}{n}\,\middle|\,n\in Z,n\neq 0\right\}$　　　　(4)整数集 Z

中,以 0 为聚点的集合有 　　　　　　　　　　　　　　　　　　　　　　　( )

A.(2),(3)　　　　B.(1),(4)　　　　C.(1),(3)　　　　D.(1),(2),(4)

20.**解**:显然,取 $a=\dfrac{1}{3}$,则(1)和(4)所表示的集合中均不存在元素 x 使得 $0<|x-0|<\dfrac{1}{3}$,故(1)和(4)不以 0 为聚点.而对任意的 $a>0$,在(2)所表示的集合中取 $x_1=\dfrac{a}{2}$,在(3)所表示的集合中取 $x_3=\dfrac{1}{\left[\dfrac{1}{a}\right]+1}$,均能满足要求,故选 A.

21.已知点 $A(-2,0)$,$B(1,0)$,$C(0,1)$,如果直线 $y=kx$ 将三角形 $\triangle ABC$ 分割为两个部分,那么当这两个部分的面积之积最大时,$k=$ 　　　　　　　　　　　　( )

A.$-\dfrac{3}{2}$　　　　B.$-\dfrac{3}{4}$　　　　C.$-\dfrac{4}{3}$　　　　D.$-\dfrac{2}{3}$

21.解:当两部分面积相等时,面积之积最大.故设该直线与 AC 的交点为 D,要求 $\dfrac{AD}{AC} \cdot \dfrac{AO}{AB} = \dfrac{1}{2}$,即 $AD = \dfrac{3}{4}AC$,则 $D\left(-\dfrac{1}{2}, \dfrac{3}{4}\right)$,则 $k = -\dfrac{3}{2}$,选 A.

22.已知 $f(x) = \sin x \cos x + \sqrt{3}\cos^2 x$,定义域 $D(f) = \left[\dfrac{1}{12}\pi, \dfrac{7}{12}\pi\right]$,则 $f^{-1}(x) =$ （　　）

A. $\dfrac{1}{2}\arccos\left(x - \dfrac{\sqrt{3}}{2}\right) + \dfrac{1}{12}\pi$ 　　　　B. $\dfrac{1}{2}\arccos\left(x - \dfrac{\sqrt{3}}{2}\right) - \dfrac{1}{6}\pi$

C. $-\dfrac{1}{2}\arcsin\left(x - \dfrac{\sqrt{3}}{2}\right) + \dfrac{1}{12}\pi$ 　　　D. $\dfrac{1}{2}\arcsin\left(x - \dfrac{\sqrt{3}}{2}\right) - \dfrac{1}{6}\pi$

22.解:$f(x) = \sin x \cos x + \sqrt{3}\cos^2 x = \dfrac{1}{2}\sin 2x + \dfrac{\sqrt{3}}{2}(\cos 2x + 1) = \cos\left(2x - \dfrac{\pi}{6}\right) + \dfrac{\sqrt{3}}{2}$,由于 $x \in \left[\dfrac{1}{12}\pi, \dfrac{7}{12}\pi\right]$,故 $2x - \dfrac{\pi}{6} \in \left[0, \dfrac{1}{2}\pi\right]$,故 $x = \dfrac{1}{2}\arccos\left(y - \dfrac{\sqrt{3}}{2}\right) + \dfrac{1}{12}\pi$,选 A.

23.设 l_1, l_2 是两条异面直线,则直线 l 和 l_1, l_2 都垂直的必要不充分条件是 （　　）

A. l 是过点 $P_1 \in l_1$ 和点 $P_2 \in l_2$ 的直线,这里 $|P_1 P_2|$ 等于直线 l_1 和 l_2 间的距离

B. l 上的每一点到 l_1 和 l_2 的距离都相等

C. 垂直于 l 的平面平行于 l_1 和 l_2

D. 存在与 l_1 和 l_2 都相交的直线与 l 平行

23.解:A 指公垂线,是充分条件,B 是既不充分又不必要条件,C 是充分不必要条件,因为该平面有可能包含 l_1 或 l_2,选 D.

24.设 $ABC - A'B'C'$ 是正三棱柱,底面边长和高都为 1,P 是侧面 $ABB'A'$ 的中心,则 P 到侧面 $ACC'A'$ 的对角线的距离是 （　　）

A. $\dfrac{1}{2}$ 　　　B. $\dfrac{\sqrt{3}}{4}$ 　　　C. $\dfrac{\sqrt{14}}{8}$ 　　　D. $\dfrac{3\sqrt{2}}{8}$

24.解:在 $\triangle A'BC$ 中,过 P 作 $PH \perp A'C$,垂足为 H,则 $A'B = A'C = \sqrt{2}$,$AB = 1$,由余弦定理易知 $\cos\angle BA'C = \dfrac{3}{4}$,则 $\sin\angle BA'C = \dfrac{\sqrt{7}}{4}$,从而 $PH = A'P \cdot \sin\angle BA'C = \dfrac{\sqrt{14}}{8}$,选 C.

25.在一个球面上画一组三个互不相交的圆,成为球面上的一个三圆组.如果可以在球面上通过移动和缩放将一个三圆组移动到另外一个三圆组,并且在移动过程中三个圆保持互不相交,则称这两个三圆组有相同的位置关系,否则就称有不同的位置关系.那么,球面上具有不同的位置关系的三圆组有 （　　）

A. 2 种   　　　B. 3 种   　　　C. 4 种   　　　D. 5 种

25.解:将球面及三圆组投影到平面,只有如右图所示的两种,选 A.

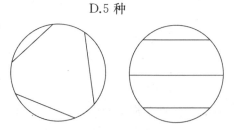

26.设非零向量 $\vec{a} = (a_1, a_2, a_3)$,$\vec{b} = (b_1, b_2, b_3)$,$\vec{c} = (c_1, c_2, c_3)$ 为共面向量,$\vec{x} = (x_1, x_2, x_3)$ 是未知向量,则满足 $\vec{a} \cdot \vec{x} = 0$,$\vec{b} \cdot \vec{x} = 0$,$\vec{c} \cdot \vec{x} = 0$ 的向量 $\vec{x}$ 的个数为 （　　）

A. 1 个   　　　B. 无穷多个   　　　C. 0 个   　　　D. 不能确定

26.**解**:依题意,向量$\vec{x}$只需与$\vec{a},\vec{b},\vec{c}$所在平面垂直即可,故有无穷多个,选 B.

27.在 xOy 坐标平面内给定点 $A(1,2),B(2,3),C(2,1)$,矩阵 $\begin{bmatrix} 2 & k \\ -1 & 1 \end{bmatrix}$ 将向量$\overrightarrow{OA},\overrightarrow{OB},\overrightarrow{OC}$分别变换成向量$\overrightarrow{OA'},\overrightarrow{OB'},\overrightarrow{OC'}$,如果它们的终点 A',B',C' 连线构成直角三角形,斜边为 $B'C'$,则 k 的取值为 ( )

  A.± 2 B.2   C.0   D.$0,-2$

27.**解**:在矩阵作用下,$A'(2+2k,1),B'(4+3k,1),C'(4+k,-1)$,依题意,有$\overrightarrow{B'A'}\cdot\overrightarrow{B'C'}=0$,其中$\overrightarrow{B'A'}=(-2-k,0),\overrightarrow{B'C'}=(-2k,-2)$,故 $2k(2+k)=0$,即 $k=0$ 或 -2,但 $k=-2$ 时,A' 与 B' 重合,不符合要求,故选 C.

28.已知 C 是以 O 为圆心 r 为半径的圆周,二点 P,P^* 在以 O 为起点的射线上,并且满足$|OP|\cdot|OP^*|=r^2$,则称 P,P^* 关于圆周 C 对称.那么双曲线 $x^2-y^2=1$ 上的点 $P(x,y)$ 关于单位圆周 $C:x^2+y^2=1$ 的对成点 P^* 所满足的方程是 ( )

  A.$x^2-y^2=x^4+y^4$ B.$x^2-y^2=(x^2+y^2)^2$

  C.$x^2-y^2=2(x^4+y^4)$ D.$x^2-y^2=(x^2+y^2)^2$

28.**解**:任取双曲线上一点 (x_0,y_0),设其关于圆周 C 的对称点为 (x_0t,y_0t),则有 $\sqrt{x_0^2+y_0^2}\cdot\sqrt{x_0^2t^2+y_0^2t^2}=1$,则 $|t|=\dfrac{1}{x_0^2+y_0^2}$,令 $x=x_0t,y=y_0t$,代入选项中验算易得 $x^2-y^2=(x^2+y^2)^2=\dfrac{1}{(x_0^2+y_0^2)^2}$,故选 B.

29.复平面内圆周 $\dfrac{|z-1|}{|z-1+i|}=\dfrac{\sqrt{2}}{2}$ 的圆心是 ( )

  A.$3+i$ B.$3-i$ C.$1+i$ D.$1-i$

29.**解**:设 $z=a+bi$,则 $\sqrt{2}|a-1+bi|=|a-1+(b+1)i|$,则 $2[(a-1)^2+b^2]=(a-1)^2+(b+1)^2$,整理即得 $(a-1)^2+(b-1)^2=2$,所以圆心为 $1+i$,选 C.

30.已知数列 $\{a_n\}$ 满足 $a_1=2$ 且 $\{a_n/n\}$ 是公比为 2 的等比数列,则 $\sum_{k=1}^{n}a_k=$ ( )

  A.$n2^{n+1}-2$ B.$(n-1)2^{n+1}+2$

  C.$n2^n+2(n-1)$ D.$(n-1)2^n+2n$

30.**解**:依题意,易得 $a_n=n\cdot 2^n$,则记 $S_n=\sum_{k=1}^{n}a_k=\sum_{k=1}^{n}k\cdot 2^k$①,于是 $2S_n=\sum_{k=1}^{n}k\cdot 2^{k+1}$②,②减①,得 $S_n=n\cdot 2^{n+1}-\sum_{k=1}^{n}2^k=(n-1)2^{n+1}+2$,选 B.

31.经过坐标变换 $\begin{cases} x'=x\cos\theta+y\sin\theta, \\ y'=-x\sin\theta+y\cos\theta \end{cases}$ 将二次曲线 $3x^2-2\sqrt{3}xy+5y^2-6=0$ 转化为形如 $\dfrac{x'^2}{a^2}\pm\dfrac{y'^2}{b^2}=1$ 的标准方程,则 θ 的取值及二次曲线的类型为 ( )

  A.$\theta=k\pi+\dfrac{\pi}{6}(k\in Z)$,为椭圆   B.$\theta=\dfrac{k\pi}{2}+\dfrac{\pi}{6}(k\in Z)$,为椭圆

C. $\theta = k\pi - \dfrac{\pi}{6}(k\in Z)$，为双曲线   D. $\theta = \dfrac{k\pi}{2} - \dfrac{\pi}{6}(k\in Z)$，为双曲线

31.解: 由 $\begin{cases} x' = x\cos\theta + y\sin\theta, \\ y' = -x\sin\theta + y\cos\theta. \end{cases}$ 知 $\begin{cases} x = x'\cos\theta - y'\sin\theta, \\ y = x'\sin\theta + y'\cos\theta. \end{cases}$ 代入 $3x^2 - 2\sqrt{3}xy + 5y^2 - 6 = 0$，得

$3(x'\cos\theta - y'\sin\theta)^2 - 2\sqrt{3}(x'\cos\theta - y'\sin\theta)(x'\sin\theta + y'\cos\theta) + 5(x'\sin\theta + y'\cos\theta)^2 - 6 = 0$，

由于 $x'y'$ 前的系数为零，故知 $-6\sin\theta\cos\theta - 2\sqrt{3}(\cos^2\theta - \sin^2\theta) + 10\sin\theta\cos\theta = 0$，解得 $\theta = \dfrac{k\pi}{2} + \dfrac{\pi}{6}(k\in Z)$，再代回曲线的方程，易知此时二次曲线为椭圆，选 B.

32. 单位圆 $D = \{(x,y)\,|\,x^2 + y^2 < 1\}$ 内连接单位圆 $C = \{(x,y)\,|\,x^2 + y^2 = 1\}$ 上两不同点且与 C 在这两点处垂直的圆弧或直线段称为单位圆 D 内的双曲直线(这里两条圆弧在交点处垂直是指这两条圆弧在交点处的切线垂直).给定内一条双曲直线 L，则下列选项中正确的是   (   )

  A.存在 D 内一点，使得过该点的双曲直线都不与 L 垂直

  B.存在与 L 相切于 D 内某一点的双曲直线

  C.如选取合适的 L，则另可找到一条 D 内的双曲直线与 L 恰好有两个交点

  D.对 D 内任意不在 L 上的点，都存在过该点的且与 L 不相交的双曲直线

32.解: 如图所示为由同一个点所引出的若干条双曲直线，由图容易判断，只有选项 D 正确.

2012年清华大学保送生考试数学试题参考答案

一、填空题

1.复数 z 为虚数且 $|z| = 1$，若 $z(1 - 2i)$ 的实部为 1，则 $z = $ _____.

1.解: 设 $z = x + yi(x,y\in R)$，则 $z(1 - 2i) = (x + yi)(1 - 2i) = (x + 2y) + (y - 2x)i$.

则依题意，有 $\begin{cases} x^2 + y^2 = 1, \\ x + 2y = 1, \end{cases}$ 解得 $\begin{cases} x = 1, \\ y = 0 \end{cases}$ 或 $\begin{cases} x = -\dfrac{3}{5}, \\ y = \dfrac{4}{5}. \end{cases}$ 又因为 z 为虚数，所以 $y\neq 0$，

所以 $z = -\dfrac{3}{5} + \dfrac{4}{5}i$.

2.在数列 $\{a_n\}$ 中，$a_1 = 1$，$a_{n+1} = a_n + 2$，若数列 $\left\{\dfrac{1}{a_n a_{n+1}}\right\}$ 的前 n 项的和为 $\dfrac{18}{37}$，则 $n = $ _____.

2.解: 易知 $a_n = 2n - 1$，$\therefore \left\{\dfrac{1}{a_n a_{n+1}}\right\}$ 的前 n 项和为 $\dfrac{1}{1\times 3} + \dfrac{1}{3\times 5} + \cdots \dfrac{1}{(2n-1)\times(2n+1)} = \dfrac{1}{2}$

$\left(1 - \dfrac{1}{2n+1}\right) = \dfrac{n}{2n+1}$，令 $\dfrac{n}{2n+1} = \dfrac{18}{37}$，得 $n = 18$.

3.现有 6 人会英语，4 人会日语，2 人都会(共 12 人)，从其中选出 3 人做翻译，要求两种语言都有人翻译，则符合条件的选法共 _____种.

3.解: 用集合 A 表示会英语的人，B 表示会日语的人，则依题意，有 $|A| = 8$，$|B| = 6$，$|A\cap B| = 2$.

任意选出 3 个人，有 C_{12}^3 种选法，若这 3 个人来自于只会英语的 6 人，或来自于只会日语的 4

人,则不符合要求,故共有 $C_{12}^3 - C_6^3 - C_4^3 = 196$ 种.

4.有一人进行投篮训练,投篮 5 次,失误一次扣 1 分,进一次得 1 分,连进 2 次得 3 分,连进 3 次得 5 分,且投篮命中率为 $\frac{2}{5}$,则投 3 次恰好得 2 分的概率是_____.

4.解: 若要投 3 次恰得 2 分,则只能是第一次失误,然后连进 2 球,或者先连进 2 球然后第三次失误,所以概率为 $2 \times \left(\frac{2}{5}\right)^2 \times \frac{3}{5} = \frac{24}{125}$.

5.求方程 $\frac{1}{x} + \frac{1}{y} + \frac{1}{z} = 1$ 所有正整数解 (x, y, z) 为_____.

5.解: 由对称性,不妨设 $x \geqslant y \geqslant z \geqslant 1$,则考虑 $1 = \frac{1}{x} + \frac{1}{y} + \frac{1}{z} \leqslant \frac{3}{z}$,故 $z \leqslant 3$,所以 z 只能取 1,2,3,

(1)当 $z = 1$ 时,$\frac{1}{x} + \frac{1}{y} = 0$,显然无解;

(2)当 $z = 2$ 时,$\frac{1}{x} + \frac{1}{y} = \frac{1}{2}$,即 $(x-2)(y-2) = 4$,考虑到 x, y 均为正整数,且 $x \geqslant y$,故只有 $x-2 = 4, y-2 = 1$ 或 $x-2 = y-2 = 2$,即 $\begin{cases} x = 6, \\ y = 3, \end{cases}$ 或 $\begin{cases} x = 4, \\ y = 4. \end{cases}$

(3)当 $z = 3$ 时,因为 $x \geqslant y \geqslant z = 3$,而 $\frac{1}{3} + \frac{1}{3} + \frac{1}{3} = 1$,故只有 $x = y = z = 3$.

综上,本题所有的正整数解 (x, y, z) 为 $(3,3,3)$,$(6,3,2)$ 及其交换(共 6 组),$(4,4,2)$ 及其交换(共 3 组),共 10 组.

6.某一几何体,下图为其三视图,α, β, γ 分别为三视图中主视图、左视图、俯视图,其中主视图为等腰直角三角形,设 $S_\alpha, S_\beta, S_\gamma$ 为在实际几何体中能看到的面积,则 S_α、S_β、S_γ 的大小关系是_____.

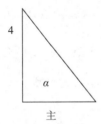 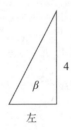 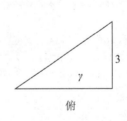

6.解: 如图,在长方体中考虑这个模型,则易知,图中的三棱锥 $A'-ABC$ 就是满足要求的几何体,其中 $AB = A'A = 4, BC = 3$.

则 $S_\alpha = S_{\triangle A'AB} = \frac{1}{2}AA' \times AB = 8$;

$S_\beta = S_{\triangle A'AC} = \frac{1}{2}AA' \times AC = 2\sqrt{AB^2 + 9} = 10$;

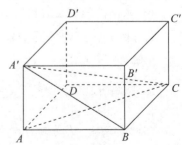

$S_\gamma = S_{\triangle A'BC} = \frac{1}{2}A'B \times AC = \frac{3}{2}\sqrt{16 + AB^2} = 6\sqrt{2}$.

故有 $S_\beta > S_\gamma > S_\alpha$.

二、解答题

7.$y=\dfrac{1}{2}x^2$ 与 $y=x+4$ 围成区域中有矩形 $ABCD$,且 A、B 在抛物线上,D 在直线上,其中 B 在 y 轴右侧,且 AB 长为 $2t(t>0)$.

(1)当 AB 与 x 轴平行时,求矩形 $ABCD$ 面积 $S(t)$ 的函数表达式;

(2)当边 CD 与 $y=x+4$ 重合时,求矩形 $ABCD$ 面积的最大值.

7.**解**:(1)如图,设 $A\left(-t,\dfrac{1}{2}t^2\right)$,$D(-t,4-t)(t>0)$,且

因为点 D 在点 A 上方,故有 $4-t>\dfrac{1}{2}t^2$,解得 $0<t<2$.

则 $S(t)=2t\cdot\left(4-t-\dfrac{1}{2}t^2\right)=-t^3-2t^2+8t,t\in(0,2)$.

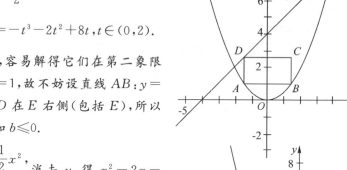

(2)如图,联立抛物线与直线,容易解得它们在第二象限交于点 $E(-2,2)$.由于 $k_{AB}=k_{EC}=1$,故不妨设直线 $AB:y=x+b$.又因为 $k_{OE}=k_{AD}=-1$,而 D 在 E 右侧(包括 E),所以知 A 必在点 O 右侧(包括 O),故知 $b\leqslant 0$.

联立 AB 与抛物线,得 $\begin{cases}y=\dfrac{1}{2}x^2\\y=x+b\end{cases}$,消去 y,得 $x^2-2x-2b=0$,则有 $|AB|=\sqrt{2}\Delta=\sqrt{2}\sqrt{4+8b}=2t$,解得 $b=\dfrac{t^2-2}{4}$.由 $b\leqslant 0$,得 $t\in(0,\sqrt{2}]$.又由平行线之间的距离公式,知 $|AD|=\dfrac{|4-b|}{\sqrt{2}}=\dfrac{4-\dfrac{t^2-2}{4}}{\sqrt{2}}=\dfrac{18-t^2}{4\sqrt{2}}$,所以 $S_{矩形ABCD}=2t\cdot\dfrac{18-t^2}{4\sqrt{2}}=\dfrac{\sqrt{2}}{4}(18t-t^3)$.

令 $f(t)=\dfrac{\sqrt{2}}{4}(18t-t^3),t\in(0,\sqrt{2}]$,则有 $f'(t)=\dfrac{3\sqrt{2}}{4}(6-t^2)>0$,故 $f(t)$ 在 $t\in(0,\sqrt{2}]$ 时单调递增,所以 $f(t)_{\max}=f(\sqrt{2})=8$,即矩形 $ABCD$ 面积的最大值为 8,此时有 $t=\sqrt{2}$,$b=0$,即 A 与原点 O 重合.

8.函数 $f(x)=2\left(\sin 2x+\dfrac{\sqrt{3}}{2}\right)\cos x-\sin 3x$,且 $x\in[0,2\pi]$.

(1)求函数的最大值和最小值;

(2)求方程 $f(x)=\sqrt{3}$ 的解.

8.**解**:(1)考察

$f(x)=2\left(\sin 2x+\dfrac{\sqrt{3}}{2}\right)\cos x-\sin(2x+x)=2\sin 2x\cos x+\sqrt{3}\cos x-\sin 2x\cos x-\cos 2x\sin x$

$=\sin 2x\cos x-\cos 2x\sin x+\sqrt{3}\cos x$

$=\sin x+\sqrt{3}\cos x=2\sin\left(x+\dfrac{\pi}{3}\right)$.

因为 $x\in[0,2\pi]$，所以 $f(x)_{\max}=f\left(\dfrac{\pi}{6}\right)=2$，$f(x)_{\min}=f\left(\dfrac{7\pi}{6}\right)=-2$．

(2)令 $2\sin\left(x+\dfrac{\pi}{3}\right)=\sqrt{3}$，因为 $x\in[0,2\pi]$，所以容易解得 $x=0$ 或 $\dfrac{\pi}{3}$ 或 2π．

9.$f(x)=\ln\dfrac{e^x-1}{x}$，$a_1=1$，$a_{n+1}=f(a_n)$．

(1)求证：$e^x x-e^x+1\geqslant0$ 恒成立；

(2)试求 $f(x)$ 的单调区间；

(3)求证：$\{a_n\}$ 为递减数列，且 $a_n>0$ 恒成立．

9.证：(1)令 $g(x)=e^x x-e^x+1$，则有 $g'(x)=e^x x$，则当 $x<0$ 时，$g'(x)<0$；当 $x>0$ 时，$g'(x)>0$，所以 $g(x)$ 在 $(-\infty,0)$ 内为减函数，在 $(0,+\infty)$ 内为增函数，所以 $g(x)\geqslant g(0)=0$，即 $e^x x-e^x+1\geqslant0$ 恒成立，结论得证．

(2)对 $f(x)=\ln\dfrac{e^x-1}{x}$ 求导，得 $f'(x)=\dfrac{x}{e^x-1}\cdot\dfrac{e^x x-e^x+1}{x^2}$．

又由(1)的结论，知当 $x\neq0$ 时，$e^x x-e^x+1>0$，又显然 $\dfrac{x}{e^x-1}>0$，所以 $f'(x)>0$ 恒成立，所以 $f(x)$ 的单调增区间为 $(-\infty,0)$ 和 $(0,+\infty)$．

(3)用数学归纳法证明：对任意 $n\in\mathbf{N}^*$，都有 $0<a_{n+1}<a_n$．

①当 $n=1$ 时，$a_1=1$，$a_2=f(a_1)=f(1)=\ln(e-1)$，由于 $1<e-1<e$，所以 $0<\ln(e-1)<1$，即 $0<a_2<a_1$，结论成立．

②假设当 $n=k(k\in\mathbf{N}^*)$ 时结论成立，即 $0<a_{k+1}<a_k$．

因为 $f(x)$ 在 $(0,+\infty)$ 内为增函数，所以 $a_{k+2}=f(a_{k+1})<f(a_k)=a_{k+1}$．

又考虑函数 $h(x)=e^x-1-x(x\geqslant0)$，

因为 $h'(x)=e^x-1$，所以在 $x>0$ 时，$h'(x)>0$，

所以 $x>0$ 时，$h(x)>h(0)=0$，即 $e^x-1>x>0$，亦即 $\dfrac{e^x-1}{x}>1$．

考虑到 $a_{k+1}>0$，所以 $\dfrac{e^{a_{k+1}}-1}{a_{k+1}}>1$，所以 $a_{k+2}=f(a_{k+1})=\ln\dfrac{e^{a_{k+1}}-1}{a_{k+1}}>0$．

则综上，有 $0<a_{k+2}<a_{k+1}$，即当 $n=k+1(k\in\mathbf{N}^*)$ 时结论也成立．

则由归纳法原理知，$0<a_{k+1}<a_k$ 对任意 $n\in\mathbf{N}^*$ 都成立．

所以数列 $\{a_n\}$ 为递减数列，且 $a_n>0$ 恒成立，结论得证．

10.在 $\triangle AOB$ 内(含边界)，其中 O 为坐标原点，A 在 y 轴正向，B 在 x 轴正向，且有 $OA=OB=2$．

(1)用不等式组表示 $\triangle AOB$ 的区域；

(2)求证：在 $\triangle AOB$ 内的任意的 11 个点，总可以分成两组，使一组的横坐标之和不大于 6，使另一组的纵坐标之和不大于 6．

10.解：(1)$\begin{cases}0\leqslant x\leqslant2,\\0\leqslant y\leqslant2,\\x+y\leqslant2.\end{cases}$

(2)证：设这 11 个点为 $(x_i,y_i)(i=1,2,\cdots,11)$，

则有 $0\leqslant x_i+y_i\leqslant2$，$i=1,2,\cdots,11$，又不妨设 $x_1\leqslant x_2\leqslant\cdots\leqslant x_{11}$．

若 $x_1+x_2+\cdots+x_{11}\leqslant 6$,则直接把这 11 个点全部分入一组中,其横坐标之和不大于 6,结论成立;

若不然,则存在正整数 p,满足 $x_1+x_2+\cdots+x_p\leqslant 6$ 且 $x_1+x_2+\cdots+x_p+x_{p+1}>6$,下面我们证明,此时有 $y_{p+1}+y_{p+2}+\cdots+y_{11}\leqslant 6$.

考虑 $y_{p+1}+y_{p+2}+\cdots+y_{11}\leqslant(2-x_{p+1})+(2-x_{p+2})+\cdots+(2-x_{11})=2(11-p)-(x_{p+1}+x_{p+2}+\cdots+x_{11})$,而因为 $x_1\leqslant x_2\leqslant\cdots\leqslant x_{11}$,所以 $x_{p+1}+x_{p+2}+\cdots+x_{11}\geqslant(11-p)x_{p+1}$.

又因为 $6<x_1+x_2+\cdots+x_p+x_{p+1}\leqslant(p+1)x_{p+1}$,所以 $x_{p+1}>\dfrac{6}{p+1}$.

所以 $x_{p+1}+x_{p+2}+\cdots+x_{11}\geqslant(11-p)x_{p+1}>\dfrac{6(11-p)}{p+1}$,

所以 $y_{p+1}+y_{p+2}+\cdots+y_{11}\leqslant 2(11-p)-(x_{p+1}+x_{p+2}+\cdots+x_{11})<2(11-p)-\dfrac{6(11-p)}{p+1}$.

而考虑 $2(11-p)-\dfrac{6(11-p)}{p+1}=2(11-p)\dfrac{p-2}{p+1}=2[12-(p+1)]\dfrac{p+1-3}{p+1}=2[12-\dfrac{36}{p+1}-(p+1)+3]\leqslant 2(15-2\sqrt{36})=6$,所以 $y_{p+1}+y_{p+2}+\cdots+y_{11}\leqslant 6$,所以此时也可以把这 11 个点分为两组,前 p 个点为一组,横坐标之和不大于 6,后 $(11-p)$ 个点为一组,纵坐标之和不大于 6.

则综上,结论得证.

2012 年北京大学保送生考试数学试题参考

(文科选作 1—4 题,理科选作 2—5 题.)

1.已知 $\{a_n\}$ 为正项等比数列,公比 $q>0$,且 $a_3+a_4-a_1-a_2=5$,求 a_5+a_6 的最小值.

1.解:依题意,$(a_1+a_2)(q^2-1)=5$,则 $a_1+a_2=\dfrac{5}{q^2-1}>0$,所以 $q>1$,考虑 $a_5+a_6=q^4(a_1+a_2)=\dfrac{5q^4}{q^2-1}=5\left(q^2+1+\dfrac{1}{q^2-1}\right)=5\left(q^2-1+\dfrac{1}{q^2-1}+2\right)\geqslant 5(2+2)=20$(当且仅当 $q^2-1=1$,即 $q=\sqrt{2}$ 时取等).

故 a_5+a_6 的最小值为 20.

2.已知 $f(x)$ 为实系数一元二次函数,$a,f(a),f(f(a)),f(f(f(a)))$ 为正项等比数列,求证:$f(a)=a$.

2.证:依题意,有 $\dfrac{f(a)}{a}=\dfrac{f(f(a))}{f(a)}=\dfrac{f(f(f(a)))}{f(f(a))}=q$.

若 $q\neq 1$,则有:$\dfrac{f(f(a))-f(a)}{f(a)-a}=\dfrac{f(f(f(a)))-f(f(a))}{f(f(a))-f(a)}=q$,

故知 $A(a,f(a)),B(f(a),f(f(a))),C(f(f(a)),f(f(f(a))))$ 三点共线,但这三点都在抛物线上,一条直线不可能与抛物线有三个交点,故矛盾,所以 $q=1$,所以 $f(a)=a$,原题得证.

3.已知锐角 $\triangle ABC$ 的三边长为 a,b,c,且 $a>b>c$,求证:顶点都在该三角形三边上的最大内接正方形的边长为 $\dfrac{ac\sin B}{c+a\sin B}$.

3.证:考虑内接正方形的顶点都在三角形三边上,故必有两相邻顶点位于同一边上,则由对称性,我们不妨先考虑相邻两顶点在边

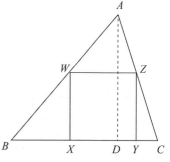

BC 边上的情形,如图.则设正方形 $XYZW$ 的边长为 x,过 A 作 $AD \perp BC$ 于 D,则 $AD = c\sin B$.考虑 $WX // AD$,故有 $\dfrac{BW}{BA} = \dfrac{WX}{AD} = \dfrac{x}{c\sin B}$,同理因为 $WZ // BC$,故有 $\dfrac{AW}{AB} = \dfrac{WZ}{BC} = \dfrac{x}{a}$,于是有 $1 = \dfrac{BW}{BA} + \dfrac{AW}{AB} = \dfrac{x}{c\sin B} + \dfrac{x}{a}$,解得 $x = \dfrac{ac\sin B}{a + c\sin B}$.

则同理可得另外两种情况下的内接正方形的边长分别为 $\dfrac{ba\sin C}{b + a\sin C}$,$\dfrac{cb\sin A}{c + b\sin A}$.由正弦定理易知,$ac\sin B = ba\sin C = cb\sin A$,故为了比较这三个边长的分母的大小,设 $\triangle ABC$ 的外接圆半径为 R,则 $a, b, c \leqslant 2R$,根据正弦定理,有

$$(a + c\sin B) - (b + a\sin C) = a + \frac{bc}{2R} - b - \frac{ac}{2R} = \frac{(a-b)(2R-c)}{2R} \geqslant 0,$$

$$(b + a\sin C) - (c + b\sin A) = b + \frac{ca}{2R} - c - \frac{ba}{2R} = \frac{(b-c)(2R-a)}{2R} \geqslant 0,$$

故 $a + c\sin B \geqslant b + a\sin C \geqslant c + b\sin A$,则 $\dfrac{ac\sin B}{a + c\sin B} \leqslant \dfrac{ba\sin C}{b + a\sin C} \leqslant \dfrac{cb\sin A}{c + b\sin A}$,

则知三角形的最大内接正方形边长为 $\dfrac{cb\sin A}{c + b\sin A}$,

又 $b\sin A = a\sin B$,故知三角形的最大内接正方形的边长 $\dfrac{ac\sin B}{c + a\sin B}$,原题得证.

4.从点 O 引发两条射线 L_1,L_2,动直线 L 分别交 L_1,L_2 于 A,B 两点,射线 L_1,L_2 及直线 L 围成的三角形 OAB 的面积为定值 c,记线段 AB 中点为 D,动点 D 的轨迹为 Γ,求证:

(1)轨迹 Γ 关于 L_1,L_2 夹角的角平分线反射对称;

(2)轨迹 Γ 为双曲线的一支.

4.证:(1)如图,以 L_1,L_2 夹角的角平分线为 x 轴,O 为原点建立直角坐标系,设 L_1,L_2 的夹角为 $2\theta\left(\theta < \dfrac{\pi}{2}\right)$,则直线 L_1 的斜率为 $\tan\theta$,直线 L_2 的斜率为 $-\tan\theta$.

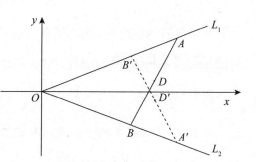

设 A,B 的坐标分别为 $(x_1, x_1\tan\theta)$,$(x_2, -x_2\tan\theta)$,则有 $OA = \dfrac{x_1}{\cos\theta}$,$OB = \dfrac{x_2}{\cos\theta}$,于是有 $S_{\triangle AOB} = \dfrac{1}{2} \cdot \dfrac{x_1}{\cos\theta} \cdot \dfrac{x_2}{\cos\theta} \cdot \sin 2\theta = c$,解得 $x_1 x_2 = \dfrac{c}{\tan\theta}$.

又因为此时 $D\left(\dfrac{x_1 + x_2}{2}, \dfrac{(x_1 - x_2)\tan\theta}{2}\right)$,故若此时 A、B 的坐标满足 $S_{\triangle AOB} = c$,

即满足 $x_1 x_2 = \dfrac{c}{\tan\theta}$,那么考虑 $A'(x_1, -x_1\tan\theta)$,$B'(x_2, x_2\tan\theta)$ 必也满足 $S_{\triangle A'OB'} = c$,

而此时 $D'\left(\dfrac{x_1 + x_2}{2}, \dfrac{(x_2 - x_1)\tan\theta}{2}\right)$ 与 D 关于 x 轴,即 L_1,L_2 夹角的角平分线反射对称.

所以轨迹 Γ 关于 L_1,L_2 夹角的角平分线反射对称,结论得证.

(2)考虑 $A(x_1, x_1\tan\theta)$,$B(x_2, -x_2\tan\theta)$ 时,$D\left(\dfrac{x_1 + x_2}{2}, \dfrac{(x_1 - x_2)\tan\theta}{2}\right)$,记 $x_D = \dfrac{x_1 + x_2}{2}$,

$$y_D = \frac{(x_1 - x_2)\tan\theta}{2},$$

则有 $x_D^2 - \dfrac{y_D^2}{\tan^2\theta} = x_1 x_2 = \dfrac{c}{\tan\theta}$，即 $\dfrac{x_D^2}{c/\tan\theta} - \dfrac{y_D^2}{c\tan\theta} = 1$，

即点 D 必在双曲线 $\dfrac{x^2}{c/\tan\theta} - \dfrac{y^2}{c\tan\theta} = 1$ 上.

再考虑对于双曲线 $\dfrac{x^2}{c/\tan\theta} - \dfrac{y^2}{c\tan\theta} = 1$ 右支上的所有点，即横坐标为 $t \geqslant \sqrt{\dfrac{c}{\tan\theta}}$，是否都有相应的 D 点.

亦即考虑关于 x_1, x_2 的方程组 $\begin{cases} \dfrac{x_1 + x_2}{2} = t, \\ x_1 x_2 = \dfrac{c}{\tan\theta} \end{cases}$ 是否有大于 0 的解 x_1, x_2. 由韦达定理，易知，此时

x_1, x_2 为方程 $x^2 - 2tx + \dfrac{c}{\tan\theta} = 0$ 的两根，因为 $\begin{cases} \Delta = 4t^2 - 4\dfrac{c}{\tan\theta} \geqslant 0, \\ x_1 + x_2 = 2t > 0, \\ x_1 x_2 = \dfrac{c}{\tan\theta} > 0, \end{cases}$

故该方程必有两个大于 0 的实数根，所以对于双曲线 $\dfrac{x^2}{c/\tan\theta} - \dfrac{y^2}{c\tan\theta} = 1$ 右支上的所有点，必有相应的 x_1, x_2 与之对应，亦即存在满足要求的 A、B 两点.

则综上知，轨迹 Γ 就是双曲线 $\dfrac{x^2}{\lambda/\tan\theta} - \dfrac{y^2}{\lambda\tan\theta} = 1$ 的右支，原题得证.

5.已知 $a_1, a_2, \cdots, a_{10}$ 为正实数，且满足 $\sum\limits_{i=1}^{10} a_i = 30$，$\prod\limits_{i=1}^{10} a_i < 21$，求证：$a_i$ 中至少有一个小于 1.

5.证：用反证法，若 $a_1, a_2, \cdots, a_{10}$ 全部不小于 1，

则令 $b_i = a_1 - 1, i = 1, 2, \cdots, 10$，于是有 $b_i \geqslant 0$ 且 $\sum\limits_{i=1}^{10} b_i = 20$，$\prod\limits_{i=1}^{10} (1 + b_i) < 21$.

而另一方面，因为 $b_i \geqslant 0$，所以有 $21 > \prod\limits_{i=1}^{10} (1 + b_i) \geqslant 1 + \sum\limits_{i=1}^{10} b_i = 21$，矛盾，故假设不成立，所以 $a_1, a_2, \cdots, a_{10}$ 中至少有一个小于 1.

2013 年华约自主招生数学试题参考答案

1.已知集合 $A = \{x \in Z \mid x \geqslant 10\}$，$B$ 是 A 的子集，且 B 中元素满足下列条件：

（i）数字两两不等；

（ii）任意两个数字之和不等于 9.

试求：

(1)B 中有多少个两位数？多少个三位数？

(2)B 中是否有五位数？是否有六位数？

(3)将 B 中元素从小到大排列，第 1081 个元素是多少？

1.解：解法一：我们将和为 9 的数字两两配对：$\{0,9\}$、$\{1,8\}$、$\{2,7\}$、$\{3,6\}$、$\{4,5\}$.

显然,B 中元素不能同时含有任意一对数字中的两个数字.

(1)B 中两位数,十位数字有 1、2、3、$\cdots$、9,共 9 种选择;十位数字选定后,个位数字有 8 种选择.所以,B 中的两位数共有 $9 \times 8 = 72$ 个.

B 中三位数,百位数字有 1、2、3、$\cdots$、9,共 9 种选择;百位数字选定后,十位数字有 8 种选择;百、十位数字选定后,个位数字还有 6 种选择.所以,B 中的三位数共有 $9 \times 8 \times 6 = 432$ 个.

(2)B 中存在五位数,比如 12340 即满足条件,为 B 中的一个元素.

B 中不存在六位数.因为 $\{0,9\}$、$\{1,8\}$、$\{2,7\}$、$\{3,6\}$、$\{4,5\}$,每对中的两个数字之和为 9,所以 B 中元素在每对中最多只能取一个数字,即最多只能取五个数字,因此最多为五位数,不可能为六位数.

(3)B 中两位数、三位数共有 $72 + 432 = 504$ 个.

B 中的四位数,千位数字有 1、2、3、$\cdots$、9,共 9 种选择;千位数字选定后,百位数字有 8 种选择;千、百位数字选定后,十位数字有 6 种选择;千、百、十位数字选定后,个位数字还有 4 种选择.所以,B 中的四位数共有 $9 \times 8 \times 6 \times 4 = 1728$ 个.

所以 B 中元素从小到大排列,第 1081 个元素为四位数,且在四位数中第 $1081 - 504 = 577$ 个.

B 中四位数,千位数字为 1 的共有 $8 \times 6 \times 4 = 192$ 个;千位数字为 2 的共有 $8 \times 6 \times 4 = 192$ 个;千位数字为 3 的共有 $8 \times 6 \times 4 = 192$ 个.而 $192 + 192 + 192 = 576$,所以 B 中第 1081 个元素为千位数字是 4 的满足题设条件的最小四位数,显然为 4012.

解法二:这道题也可以从排除法的角度来计算,即从 0 不能在最高位的角度考虑.我们同样将 $0,1,\cdots,9$ 这 10 个数字按照和为 9 进行配对:$(0,9)$、$(1,8)$、$(2,7)$、$(3,6)$、$(4,5)$,B 中元素的每个数位只能从上面五对数中每对至多取一个数构成.

(1)考虑两位数,先从 5 组中选两组,有 C_5^2 种,每组两个数,要乘以 2^2,再考虑两个数的顺序,又要乘以 A_2^2,故有 $C_5^2 \times 2^2 \times A_2^2$ 个,但要除去首位为 0 的情况,0 为首位时,个位有 $C_4^1 \times 2$ 种选择,所以两位数有 $C_5^2 \times 2^2 \times A_2^2 - C_4^1 \times 2 = 72$ 个.

同理可以计算,三位数有 $C_5^3 \times 2^3 \times A_3^3 - C_4^2 \times 2^2 \times A_2^2 = 432$ 个.

(2)存在五位数,只需从上述五对数中每对取一个数即可构成符合条件的五位数,如 12340.

不存在六位数,由抽屉原理易知,若存在,则至少要从一个数对中取出两个数,则该两个数字之和为 9,与 B 中任意一个元素的任意两个数位的数字之和不等于 9 矛盾,因此不存在六位数.

(3)四位数共有 $C_5^4 \times 2^4 \times A_4^4 - C_4^3 \times 2^3 \times A_3^3 = 1728$ 个,

因此第 1081 个元素是四位数,且是第 577 个四位数,

我们考虑千位,千位为 1,2,3 的四位数有 $3 \times C_4^3 \times 2^3 \times A_3^3 = 576$ 个,

因此第 1081 个元素是 4012.

2.已知 $\sin x + \sin y = \dfrac{1}{3}$,$\cos x - \cos y = \dfrac{1}{5}$,求 $\sin(x-y)$、$\cos(x+y)$ 的值.

2.**解**:解法一:根据条件知:

$$(\sin x + \sin y)^2 + (\cos x - \cos y)^2 = \dfrac{1}{3^2} + \dfrac{1}{5^2} = \dfrac{24}{225}$$

$$= (\sin^2 x + \cos^2 x) + (\sin^2 y + \cos^2 y) - 2(\cos x \cos y - \sin x \sin y)$$

$$= 2 - 2\cos(x+y).$$

解得 $\cos(x+y)=\dfrac{208}{225}$.

又根据条件知：

$$\dfrac{1}{15}=(\sin x+\sin y)(\cos x-\cos y)$$

$$=(\sin x\cos x-\sin y\cos y)-(\sin x\cos y-\cos x\sin y)$$

$$=\dfrac{1}{2}(\sin 2x-\sin 2y)-\sin(x-y)$$

$$=\cos(x+y)\sin(x-y)-\sin(x-y)$$

$$=[\cos(x+y)-1]\sin(x-y).$$

所以 $\sin(x-y)=\dfrac{1}{15[\cos(x+y)-1]}$.

又因为 $\cos(x+y)=\dfrac{208}{225}$,

所以 $\sin(x-y)=\dfrac{1}{15\left(\dfrac{208}{225}-1\right)}=-\dfrac{15}{17}$.

解法二：由 $\sin x+\sin y=\dfrac{1}{3}$ ①, $\cos x-\cos y=\dfrac{1}{5}$ ②,

平方相加得 $\cos(x+y)=\dfrac{208}{225}$.

另一方面由①得 $2\sin\left(\dfrac{x+y}{2}\right)\cos\left(\dfrac{x-y}{2}\right)=\dfrac{1}{3}$ ③,

由②得 $2\sin\left(\dfrac{x+y}{2}\right)\sin\left(\dfrac{x-y}{2}\right)=-\dfrac{1}{5}$ ④,

④除以③即得 $\tan\dfrac{x-y}{2}=-\dfrac{3}{5}$,

因此由万能公式知, $\sin(x-y)=\dfrac{2\tan\dfrac{x-y}{2}}{1+\tan^2\dfrac{x-y}{2}}=-\dfrac{15}{17}$.

3.设 $k>0$,从直线 $y=kx$ 和 $y=-kx$ 上分别取点 $A(x_A,y_A)$, $B(x_B,y_B)$,使得 $x_A\cdot x_B>0$, $|OA|\cdot|OB|=1+k^2$, O 为坐标原点, AB 中点 M 的轨迹为 C.

(1)求 C 的轨迹方程;

(2)抛物线 $x^2=2py(p>0)$ 与 C 相切于两点,求证:两点在两条定直线上,并求出两条切线方程.

3.解:(1)根据条件知: $|OA|=\sqrt{1+k^2}\cdot|x_A|$, $|OB|=\sqrt{1+k^2}\cdot|x_B|$.

所以 $|OA|\cdot|OB|=(1+k^2)\cdot|x_A\cdot x_B|=(1+k^2)\cdot(x_A\cdot x_B)$.

又 $|OA|\cdot|OB|=1+k^2$,所以 $x_A\cdot x_B=1$.又 $y_A=kx_A$, $y_B=-kx_B$,

所以点 M 横坐标 $x_M=\dfrac{x_A+x_B}{2}$,纵坐标 $y_M=\dfrac{y_A+y_B}{2}=\dfrac{k(x_A-x_B)}{2}$.

则知 $x_M^2 - \dfrac{y_M^2}{k^2} = \left(\dfrac{x_A + x_B}{2}\right)^2 - \left(\dfrac{x_A - x_B}{2}\right)^2 = x_A \cdot x_B = 1.$

所以点 C 的轨迹方程为: $x^2 - \dfrac{y^2}{k^2} = 1.$

(2)根据对称性,知两切线的纵坐标相同,即结合方程组 $\begin{cases} x^2 - \dfrac{y^2}{k^2} = 1, \\ x^2 = 2py, \end{cases}$

得方程 $2py - \dfrac{y^2}{k^2} = 1 \Rightarrow y^2 - 2pk^2y + k^2 = 0,$ 有两个相等实根.

于是知 $\Delta = 4p^2k^4 - 4k^2 = 4k^2(p^2k^2 - 1) = 0 \Rightarrow pk = 1,$ 且切点纵坐标 $y = pk^2 = k.$

将 $y = k$ 代入方程 $x^2 = 2py,$ 知切点横坐标为 $x = \pm\sqrt{2pk} = \pm\sqrt{2}.$

从而知两个切点坐标分别为 $(\sqrt{2}, k)$ 和 $(-\sqrt{2}, k),$ 分别在定直线 $x = \sqrt{2}$ 和 $x = -\sqrt{2}$ 上.

对方程 $x^2 = 2py$ 求导知: $y' = \dfrac{x}{p} = kx.$

于是在点 $(\sqrt{2}, k)$ 处的切线方程为: $y - k = \sqrt{2}k(x - \sqrt{2}),$ 即 $y = \sqrt{2}kx - k;$

在点 $(-\sqrt{2}, k)$ 处的切线方程为: $y - k = \sqrt{2}k(x + \sqrt{2}),$ 即 $y = -\sqrt{2}kx - k.$

4.有 7 个红球和 8 个黑球,从中任取 4 个.

(1)求恰有一个红球的概率;

(2)设四个球中黑球的个数为 $X,$ 求 X 的分布列及数学期望 $EX;$

(3)求当四个球均为一种颜色时,这种颜色为黑色的概率.

4.**解:**(1)所有取球的方式有 C_{15}^4 种,其中一个红球、三个黑球的取球方式有 $C_7^1 \cdot C_8^3$ 种,

所以恰有一个红球的概率为 $\dfrac{C_7^1 \cdot C_8^3}{C_{15}^4} = \dfrac{56}{195}.$

(2)显然,X 的所有可能值为 0、1、2、3、4.

当 $X = k$ 时,所有取球的方式有 C_{15}^4 种,其中 k 个黑球、$(4-k)$ 个红球的取球方式有 $C_7^{4-k} \cdot C_8^k$ 种,

所以 $P(X = k) = \dfrac{C_7^{4-k} \cdot C_8^k}{C_{15}^4}.$

于是知,$P(X = 0) = \dfrac{C_7^4 \cdot C_8^0}{C_{15}^4} = \dfrac{1}{39};$

$P(X = 1) = \dfrac{C_7^3 \cdot C_8^1}{C_{15}^4} = \dfrac{8}{39}; P(X = 2) = \dfrac{C_7^2 \cdot C_8^2}{C_{15}^4} = \dfrac{28}{65};$

$P(X = 3) = \dfrac{C_7^1 \cdot C_8^3}{C_{15}^4} = \dfrac{56}{195}; P(X = 4) = \dfrac{C_7^0 \cdot C_8^4}{C_{15}^4} = \dfrac{2}{39}.$

即 X 的分布列为:

X	0	1	2	3	4
P	$\dfrac{1}{39}$	$\dfrac{8}{39}$	$\dfrac{28}{65}$	$\dfrac{56}{195}$	$\dfrac{2}{39}$

从而 $EX = 0 \times \dfrac{1}{39} + 1 \times \dfrac{8}{39} + 2 \times \dfrac{28}{65} + 3 \times \dfrac{56}{195} + 4 \times \dfrac{2}{39} = \dfrac{32}{15}.$

(事实上由超几何分步期望公式可以直接得出期望为 $EX=4\times\dfrac{8}{15}=\dfrac{32}{15}$,无需繁杂计算.)

(3)四个球同色的取球方式有 $C_7^4+C_8^4$ 种,其中四个球均为黑色的取球方式有 C_8^4 种,

所以四个球均为黑色的概率为 $\dfrac{C_8^4}{C_7^4+C_8^4}=\dfrac{2}{3}$.

5.已知 $a_{n+1}=a_n+ca_n^2,n=1,2,3,\cdots,a_1>0,c>0$.

(1)证明:对任意的 $M>0$,存在正整数 N,使得对于 $n>N$,恒有 $a_n>M$;

(2)设 $b_n=\dfrac{1}{ca_n+1}$,S_n 为 $\{b_n\}$ 前 n 项的和.证明:$\{S_n\}$ 有界,且对 $d>0$,存在正整数 K,当 $n>K$ 时,恒有 $0<\left|S_n-\dfrac{1}{ca_1}\right|<d$.

5.证:证明一:(1)因为 $a_{n+1}-a_n=ca_n^2>0$,所以数列 $\{a_n\}$ 单调递增.

假设结论不成立,则存在一个 $M>0$,对任意正整数 n,都有 $a_n\leqslant M$,

从而 M 为数列 $\{a_n\}$ 的上界.

由于数列 $\{a_n\}$ 单调递增,且有上界,所以有极限,设为 m.

因为 $a_1>0$,所以 $m>0$.

对 $a_{n+1}=a_n+ca_n^2$ 两边同时取极限,有 $m=m+cm^2\Rightarrow m=0$,与 $m>0$ 矛盾.

所以假设不成立,即对任意的 $m>0$,都存在正整数 N,使得对于 $n>N$,恒有 $a_n>M$.

(2)显然 $S_{n+1}-S_n=b_{n+1}=\dfrac{1}{ca_{n+1}+1}>0$,所以数列 $\{S_n\}$ 单调递增.

因为 $a_{n+1}=a_n+ca_n^2$,所以 $\dfrac{1}{a_{n+1}}=\dfrac{1}{a_{n+1}+ca_n^2}=\dfrac{(ca_n+1)-ca_n}{a_n(ca_n+1)}=\dfrac{1}{a_n}-\dfrac{c}{ca_n+1}$,

得 $b_n=\dfrac{1}{ca_n+1}=\dfrac{1}{c}\left(\dfrac{1}{a_n}-\dfrac{1}{a_{n+1}}\right)$,

于是知 $S_n=\sum\limits_{i=1}^{n}\dfrac{1}{c}\left(\dfrac{1}{a_i}-\dfrac{1}{a_{i+1}}\right)=\dfrac{1}{ca_1}-\dfrac{1}{ca_{n+1}}$.

由于 $S_n=\dfrac{1}{ca_1}-\dfrac{1}{ca_{n+1}}<\dfrac{1}{ca_1}$,所以数列 $\{S_n\}$ 有界.

根据(1)中的结论知,$\lim\limits_{n\to\infty}a_n\to+\infty$,所以 $\lim\limits_{n\to\infty}\dfrac{1}{ca_{n+1}}=0$,

于是知 $\lim\limits_{n\to\infty}S_n=\lim\limits_{n\to\infty}\left(\dfrac{1}{ca_1}-\dfrac{1}{ca_{n+1}}\right)=\dfrac{1}{ca_1}$.

所以对 $d>0$,都存在正整数 K,当 $n>K$ 时,恒有 $0<\left|S_n-\dfrac{1}{ca_1}\right|<d$.

证明二:

(1)因为 $c>0$,所以根据 $a_{n+1}=a_n+ca_n^2$ 知对任意 $n\in\mathbf{N}^*$,$a_n>0$,又进一步知 $a_{n+1}>a_n$,

所以 $a_{n+1}-a_n=ca_n^2-ca_{n-1}^2+a_n-a_{n-1}>a_n-a_{n-1}$,

所以 $a_{n+1}-a_n>a_n-a_{n-1}>\cdots>a_2-a_1$,

所以 $a_n=a_n-a_{n-1}+a_{n-1}-a_{n-2}+\cdots+a_2-a_1+a_1>(n-1)(a_2-a_1)=(n-1)ca_1^2$.

则对任意正数 M,只要令 $N=\left[\dfrac{M}{ca_1^2}\right]+2$,就有当 $n>N$ 时有 $a_n>M$,结论得证.

（注：$\left[\dfrac{M}{ca_1^2}\right]$表示不超过$\dfrac{M}{ca_1^2}$的最大整数.）

(2) 显然 $S_{n+1}-S_n=b_{n+1}=\dfrac{1}{ca_{n+1}+1}>0$，所以数列 $\{S_n\}$ 单调递增.又由

$a_{n+1}=a_n+ca_n^2=a_n(ca_n+1)$，得

$$\dfrac{1}{ca_n+1}=\dfrac{a_n}{a_{n+1}}=\dfrac{ca_n^2}{ca_na_{n+1}}=\dfrac{a_{n+1}-a_n}{ca_na_{n+1}}=\dfrac{1}{ca_n}-\dfrac{1}{ca_{n+1}},$$

所以 $S_n=\sum_{i=1}^{n}b_i=\sum_{i=1}^{n}\left(\dfrac{1}{ca_i}-\dfrac{1}{ca_{i+1}}\right)=\dfrac{1}{ca_1}-\dfrac{1}{ca_{n+1}}<\dfrac{1}{ca_1}=$常数，即 $\{S_n\}$ 有界.

又 $\left|S_n-\dfrac{1}{ca_1}\right|=\dfrac{1}{ca_{n+1}}>0$，且由(1)知 $a_{n+1}>na_1^2$，所以 $\dfrac{1}{ca_{n+1}}<\dfrac{1}{nca_1^2}$，

则对任意 $d>0$，令 $N=\left[\dfrac{1}{dca_1^2}\right]+2$，就有 $n>N$ 时，恒有 $0<\left|S_n-\dfrac{1}{ca_1}\right|<d$.结论得证.

6.已知 x、y、z 是三个大于1的正整数，且 xyz 整除 $(xy-1)(yz-1)(zx-1)$，求 x、y、z 的所有可能值.

6.**解**：根据对称性，不妨设 $2\leqslant x\leqslant y\leqslant z$.

因为 $\dfrac{(xy-1)(yz-1)(zx-1)}{xyz}=xyz-(x+y+z)+\dfrac{xy+yz+zx-1}{xyz}$，

所以 $xyz\mid xy+yz+zx-1$.令 $k=\dfrac{xy+yz+zx-1}{xyz}$，

则 $k=\dfrac{xy+yz+zx-1}{xyz}=\dfrac{1}{x}+\dfrac{1}{y}+\dfrac{1}{z}-\dfrac{1}{xyz}<\dfrac{1}{x}+\dfrac{1}{y}+\dfrac{1}{z}\leqslant\dfrac{3}{2}$，

所以只有 $k=1$，即 $xy+yz+zx-1=xyz$.

又有 $xyz=xy+yz+zx-1\leqslant 3yz-1<3yz\Rightarrow x<3$.故知 $x=2$，

将 $x=2$ 代入 $xy+yz+zx-1=xyz$，

得 $2(y+z)+yz-1=2yz\Rightarrow(y-2)(z-2)=3$.从而解得 $y=3,z=5$.

综上所述，又根据 (x,y,z) 的轮换性知，满足条件的数组有 $(2,3,5)$、$(2,5,3)$、$(3,2,5)$、$(5,2,3)$、$(3,5,2)$ 和 $(5,3,2)$，共 6 组.

（注：该题与 2011 年福建省高一数学竞赛试题类似.）

7.已知 $f(x)=(1-x)e^x-1$.

(1)证明：当 $x>0$ 时，$f(x)<0$；

(2)若 $x_ne^{x_{n+1}}=e^{x_n}-1$，$x_1=1$，证明：数列 $\{x_n\}$ 递减，且 $x_n>\dfrac{1}{2^n}$.

7.**证**：(1)对 $f(x)$ 求导知，$f'(x)=-xe^x<0$，

所以 $f(x)$ 在 $(0,+\infty)$ 上单调递减.又 $f(x)$ 连续，且 $f(x)=0$，

所以当 $x>0$ 时，$f(x)<f(0)=0$，结论得证.

(2)我们先证明两个引理.

引理一：当 $x>0$ 时，$e^x>x+1$.

证明：令 $g(x)=e^x-x-1$，则 $g'(x)=e^x-1>0$，

所以 $g(x)$ 在 $(0,+\infty)$ 上单调递增；又 $g(x)$ 连续，且 $g(0)=0$，

所以当 $x>0$ 时,$g(x)>g(0)=0$,即 $e^x>x+1$,引理一得证.

引理二:当 $x>0$ 时,$e^x>x \cdot e^{\frac{x}{2}}+1$.

证明:令 $h(x)=e^x-x \cdot e^{\frac{x}{2}}-1$,则 $h'(x)=e^x-\left(e^{\frac{x}{2}}+\frac{x}{2} \cdot e^{\frac{x}{2}}\right)=e^{\frac{x}{2}}\left(e^{\frac{x}{2}}-\frac{x}{2}-1\right)$.

根据引理一知 $e^{\frac{x}{2}}-\frac{x}{2}-1>0$,所以 $h'(x)>0$,所以 $h(x)$ 在 $(0,+\infty)$ 上单调递增.

又 $h(x)$ 连续,且 $h(0)=0$;所以 $h(x)>h(0)=0$,即 $e^x>x \cdot e^{\frac{x}{2}}+1$,引理二得证.

下面,我们借助引理,用数学归纳法证明原命题.

由 $x_n e^{x_{n+1}}=e^{x_n}-1$,知 $e^{x_{n+1}}=\dfrac{e^{x_n}-1}{x_n}$.

首先,我们证明 $x_n>0$.

当 $n=1$ 时,$x_1=1>0$,结论成立.

假设当 $n=k$ 时结论成立,即 $x_k>0$,则当 $n=k+1$ 时,有 $e^{x_{k+1}}=\dfrac{e^{x_k}-1}{x_k}$.则根据引理一知 $e^{x_k}>$

$x_k+1 \Rightarrow \dfrac{e^{x_k}-1}{x_k}>1$,所以 $e^{x_{k+1}}>1$,即得 $x_{k+1}>0$.

根据数学归纳法知,$x_n>0$.

下面,我们证明数列 $\{x_n\}$ 递减.

根据(1)中的结论知:$f(x_n)=(1-x_n)e^{x_n}-1<0 \Rightarrow e^{x_n}-1<x_n e^{x_n}$,

所以 $x_n e^{x_{n+1}}=e^{x_n}-1<x_n e^{x_n} \Rightarrow e^{x_{n+1}}<e^{x_n} \Rightarrow x_{n+1}<x_n$,所以数列 $\{x_n\}$ 递减.

最后,我们证明 $x_n>\dfrac{1}{2^n}$.

根据引理二知 $e^{x_n}>x_n e^{\frac{x_n}{2}}+1$,即 $\dfrac{e^{x_n}-1}{x_n}>e^{\frac{x_n}{2}}$.所以 $e^{x_{n+1}}=\dfrac{e^{x_n}-1}{x_n}>e^{\frac{x_n}{2}}$,即得 $x_{n+1}>\dfrac{x_n}{2}$.

考虑 $x_1=1>\dfrac{1}{2}$,而当 $n \geqslant 2$ 时,$x_n>x_1 \cdot \dfrac{1}{2^{n-1}}=\dfrac{1}{2^{n-1}}>\dfrac{1}{2^n}$.所以 $x_n>\dfrac{1}{2^n}$.

综上所述,数列 $\{x_n\}$ 递减,且 $x_n>\dfrac{1}{2^n}$,原题得证.

(注:此题的函数模型与 2012 年清华大学保送生考试试题的函数模型相似.)

2013 年北约自主招生数学试题参考答案

一、选择题

1.以 $\sqrt{2}$ 和 $1-\sqrt[3]{2}$ 为两根的有理系数多项式的次数最小是 　　　　　　　　　　(　)

A.2 　　　　　　　B.3 　　　　　　　C.5 　　　　　　　D.6

1.**解**:显然,多项式 $f(x)=(x^2-2)[(1-x)^3-2]$ 的系数均为有理数,

且有两根分别为 $\sqrt{2}$ 和 $1-\sqrt[3]{2}$.

于是知,以 $\sqrt{2}$ 和 $1-\sqrt[3]{2}$ 为两根的有理系数多项式的次数最小可能值不大于 5.

若存在一个次数不超过 4 的有理系数多项式 $g(x)=ax^4+bx^3+cx^2+dx+e$,

其两根分别为 $\sqrt{2}$ 和 $1-\sqrt[3]{2}$,其中 a、b、c、d、e 不全为 0,

则 $g(\sqrt{2})=(4a+2c+e)+(2b+d)\sqrt{2}=0\Rightarrow\begin{cases}4a+2c+e=0,\\2b+d=0,\end{cases}$

$g(1-\sqrt[3]{2})=-(7a+b-c-d-e)-(2a+3b+2c+d)\sqrt[3]{2}+(6a+3b+c)\sqrt[3]{4}=0$

$\Rightarrow\begin{cases}7a+b-c-d-e=0,\\2a+3b+2c+d=0,\\6a+3b+c=0.\end{cases}$

即方程组

$\begin{cases}4a+2c+e=0, & (1)\\2b+d=0, & (2)\\7a+b-c-d-e=0, & (3)\\2a+3b+2c+d=0, & (4)\\6a+3b+c=0, & (5)\end{cases}$ 有非 0 有理数解.

由(1)+(3)得:$11a+b+c-d=0,$　(6)

由(6)+(2)得:$11a+3b+c=0,$　(7)

由(6)+(4)得:$13a+4b+3c=0.$　(8)

由(7)与(5)得:$a=0$,代入(7)、(8)得:$b=c=0$,代入(1)、(2)知:$d=e=0.$

于是知 $a=b=c=d=e=0$,与 a、b、c、d、e 不全为 0 矛盾.

所以不存在一个次数不超过 4 的有理系数多项式 $g(x)$,其两根分别为 $\sqrt{2}$ 和 $1-\sqrt[3]{2}$.

综上所述知,以 $\sqrt{2}$ 和 $1-\sqrt[3]{2}$ 为两根的有理系数多项式的次数最小为 5,选 C.

解法 2:直接猜测方程 $(x^2-2)((1-x)^3-2)=0$ 的次数最小,其次数为 5.

所以以 $\sqrt{2}$ 和 $1-\sqrt[3]{2}$ 为两根的多次项整系数方程的最高次的次数最小是 5.

2.在 6×6 的表中停放 3 辆完全相同的红色车和 3 辆完全相同的黑色车,每一行、每一列都只有一辆车,每辆车占一格,共有(　　)种停放方法

A.720　　　　　　B.20　　　　　　C.518400　　　　　　D.14400

2.解:先从 6 行中选取 3 行停放红色车,共有 C_6^3 种选择.

最上面一行的红色车位置有 6 种选择;

最上面一行的红色车位置选定后,中间一行的红色车位置有 5 种选择;

上面两行的红色车位置选定后,最下面一行的红色车位置有 4 种选择.

三辆红色车的位置选定后,黑色车的位置有 3!=6 种选择.

所以共有 $C_6^3\times6\times5\times4\times6=14400$ 种停放汽车的方法,选 D.

3.已知 $x^2=2y+5,y^2=2x+5(x\neq y)$,则 $x^3-2x^2y^2+y^3$ 的值为　　　　　　(　　)

A.−10　　　　　　B.−12　　　　　　C.−14　　　　　　D.−16

3.解:根据条件知:

$x^2-y^2=(2y+5)-(2x+5)=2(y-x)\Rightarrow x+y=-2,$

于是 $x^2+y^2=(2y+5)+(2x+5)=2(x+y)+10=6,$

进而知 $xy=\dfrac{(x+y)^2-(x^2+y^2)}{2}=-1.$

于是知:$x^3-2x^2y^2+y^3=-4xy-15(x+y)-50=-16$,选 D.

4.数列 $\{a_n\}$ 满足 $a_1=1$，前 n 项和为 S_n，$S_{n+1}=4a_n+2$，则 a_{2013} 的值为 （　　）

A.$3019 \cdot 2^{2012}$　　　　　B.$3019 \cdot 2^{2013}$　　　　　C.$3018 \cdot 2^{2012}$　　　　　D.无法确定

4.**解**：根据条件知：

$$4a_{n+1}+2=S_{n+2}=a_{n+2}+S_{n+1}=a_{n+2}+4a_n+2$$

$$\Rightarrow a_{n+2}=4a_{n+1}-4a_n.$$

又根据条件知：$a_1=1$，$S_2=a_1+a_2=4a_1+2 \Rightarrow a_2=5$.

所以数列 $\{a_n\}$：$a_1=1$，$a_2=5$，$a_{n+2}=4a_{n+1}-4a_n$.

又 $a_{n+2}=4a_{n+1}-4a_n \Leftrightarrow a_{n+2}-2a_{n+1}=2(a_{n+1}-2a_n)$.

令 $b_n=a_{n+1}-2a_n$，则 $b_{n+1}=2b_n$，$b_1=a_2-2a_1=3$，

所以 $b_n=3 \cdot 2^{n-1}$. 即 $a_{n+1}-2a_n=3 \cdot 2^{n-1}$.

对 $a_{n+1}-2a_n=3 \cdot 2^{n-1}$，两边同除以 2^{n+1}，

有 $\dfrac{a_{n+1}}{2^{n+1}}-\dfrac{a_n}{2^n}=\dfrac{3}{4}$，即 $\dfrac{a_{n+1}}{2^{n+1}}=\dfrac{a_n}{2^n}+\dfrac{3}{4}$.

令 $c_n=\dfrac{a_n}{2^n}$，则 $c_{n+1}=c_n+\dfrac{3}{4}$，$c_1=\dfrac{a_1}{2}=\dfrac{1}{2}$，

于是知 $c_n=\dfrac{1}{2}+\dfrac{3}{4}(n-1)=\dfrac{3n-1}{4}$.

所以 $a_n=\dfrac{3n-1}{4} \cdot 2^n=(3n-1) \cdot 2^{n-2}$.

于是知：$a_{2013}=(3 \times 2013-1) \cdot 2^{2011}=3019 \cdot 2^{2012}$，选 A.

（注：本题也可以直接用特征根法求解.）

5.如图，$\triangle ABC$ 中，AD 为 BC 边上中线，DM、DN 分别为 $\angle ADB$、$\angle ADC$ 的角平分线，则 $BM+CN$ 与 MN 的关系为 （　　）

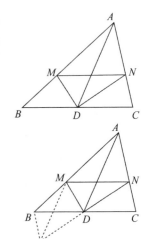

A.$BM+CN>MN$　　　　　　　　B.$BM+CN<MN$

C.$BM+CN=MN$　　　　　　　　D.无法确定

5.**解**：解法1：如图，延长 ND 到 E，使得 $DE=DN$，连接 BE、ME.

易知 $\triangle BDE \cong \triangle CDN$，

所以 $CN=BE$.

又因为 DM、DN 分别为 $\angle ADB$、$\angle ADC$ 的角平分线，

所以 $\angle MDN=90°$，

知 MD 为线段 EN 的垂直平分线，

所以 $MN=ME$.

所以 $BM+CN=BM+BE>ME=MN$，选 A.

解法2：

如图，在线段 AD 上取点 P 使得 $DP=DB=DC$，

则易证 $\triangle BMD \cong \triangle PMD$，$\triangle CND \cong \triangle PND$，

所以 $BM+CN=PM+PN \geqslant MN$.

等号当 P，M，N 共线时成立，但 P，M，N 不可能共线.

若 P，M，N 共线，则 $\angle B+\angle C=\angle MPD=\angle NPD=180°$，

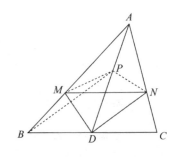

与 $\angle B+\angle C=180°-\angle A<180°$ 矛盾,因此不共线,

即等号不成立,所以 $BM+CN>MN$.

6.模长为1的复数 $A、B、C$,满足 $A+B+C\neq0$,则 $\dfrac{AB+BC+CA}{A+B+C}$ 的模长为   (   )

A. $-\dfrac{1}{2}$ B.1   C.2   D.无法确定

6.解:根据公式 $|z|=\sqrt{z\cdot\bar{z}}$ 知,$A\cdot\bar{A}=1,B\cdot\bar{B}=1,C\cdot\bar{C}=1$.

又由 $|\bar{z}|=|z|$,知 $|\bar{A}|=|\bar{B}|=|\bar{C}|=1$,则有 $|\bar{A}\bar{B}\bar{C}|=1$.

于是知:原式 $=\dfrac{|AB+BC+CA|\cdot|\bar{A}\bar{B}\bar{C}|}{|A+B+C|}=\dfrac{|A\bar{A}\cdot B\bar{B}\cdot\bar{C}+B\bar{B}\cdot C\bar{C}\cdot\bar{A}+C\bar{C}\cdot A\bar{A}\cdot\bar{B}|}{|A+B+C|}=$

$\dfrac{|\bar{C}+\bar{A}+\bar{B}|}{|A+B+C|}=\dfrac{\overline{A+B+C}}{|A+B+C|}=1$.

所以 $\dfrac{AB+BC+CA}{A+B+C}$ 的模长为1,选 B.

二、解答题

7.最多能取多少个两两不等的正整数,使得其中任意三个数之和都为素数?并证明你的结论.

7.解:至多取四个.

证:例如取 $1,3,7,9$ 这四个数,三个数之和分别为 $11,13,17,19$ 均为质数.

而若取了五个或五个以上的正整数,则将整数按照除以三的余数分为三类:
$A=\{1,4,7,10,\cdots\},B=\{2,5,8,11,\cdots\},C=\{3,6,9,12,\cdots\}$.

若取出的五个或五个以上的整数在 $A、B、C$ 三类中都有分布,则从每类中各取1个,这三个数的和大于3,且是3的倍数,不是质数;若不然,则取出来的数至多在两类中有分布,则由于 $5=2\times2+1$,则由抽屉原理知,必有3个数来自同一类,则这三个数之和大于3且是3的倍数,不是质数,故而不能取出五个或以上的正整数,使得其中任意三个数之和都是素数,即最多取四个,结论得证.

8.已知 $a_1,a_2,a_3,\cdots,a_{2013}\in R$,满足 $a_1+a_2+a_3+\cdots+a_{2013}=0$,且 $|a_1-2a_2|=|a_2-2a_3|=|a_3-2a_4|\cdots=|a_{2012}-2a_{2013}|=|a_{2013}-2a_1|$,求证:$a_1=a_2=a_3=\cdots=a_{2013}=0$.

8.证:根据条件知:

$(a_1-2a_2)+(a_2-2a_3)+(a_3-2a_4)+\cdots+(a_{2013}-2a_1)=-(a_1+a_2+a_3+\cdots+a_{2013})=0$.   (1)

另一方面,令 $|a_1-2a_2|=|a_2-2a_3|=|a_3-2a_4|=\cdots=|a_{2013}-2a_1|=m$,

则 $a_1-2a_2、a_2-2a_3、a_3-2a_4、\cdots、a_{2013}-2a_1$ 中每个数或为 m,或为 $-m$.

设其中有 k 个 m,$(2013-k)$ 个 $-m$,则:

$(a_1-2a_2)+(a_2-2a_3)+(a_3-2a_4)+\cdots+(a_{2013}-2a_1)=k\times m+(2013-k)\times(-m)=(2k-2013)m$.   (2)

由(1)、(2)知:$(2k-2013)m=0$.   (3)

而 $2k-2013$ 为奇数,不可能为0,所以 $m=0$.

于是知:$a_1=2a_2,a_2=2a_3,a_3=2a_4,\cdots,a_{2012}=2a_{2013},a_{2013}=2a_1$.

从而知:$a_1=2^{2013}\cdot a_1$,即得 $a_1=0$,由 $a_1=0$ 则知 $a_2=a_3=\cdots=a_{2013}=0$.原题得证.

9.对任意的 θ,求 $32\cos^6\theta-\cos6\theta-6\cos4\theta-15\cos2\theta$ 的值.

85

9.解：

解法一：

根据二倍角和三倍角公式知：

$32\cos^6\theta-\cos6\theta-6\cos4\theta-15\cos2\theta=32\cos^6\theta-(2\cos^23\theta-1)-6(2\cos^22\theta-1)-15(2\cos^2\theta-1)$

$=32\cos^6\theta-[2(4\cos^3\theta-3\cos\theta)^2-1]-6[2(2\cos^2\theta-1)^2-1]-15(2\cos^2\theta-1)$

$=32\cos^6\theta-(32\cos^6\theta-48\cos^4\theta+18\cos^2\theta-1)-(48\cos^4\theta-48\cos^2\theta+6)-(30\cos^2\theta-15)$

$=10.$

解法二：

由 $\cos6\theta=4\cos^32\theta-3\cos2\theta$，$32\cos^6\theta=4(2\cos^2\theta)^3=4(1+2\cos2\theta)^3$ 知：

$32\cos^6\theta-\cos6\theta-6\cos4\theta-15\cos2\theta=4(1+2\cos2\theta)^3-4\cos^32\theta-3\cos2\theta-6\cos4\theta-15\cos2\theta$

$=4[(1+2\cos2\theta)^2+(1+\cos2\theta)\cos2\theta+\cos^22\theta]+3\cos2\theta-6\cos4\theta-15\cos2\theta$

$=4[3\cos^22\theta+3\cos2\theta+1]+3\cos2\theta-6\cos4\theta-15\cos2\theta$

$=12\cos^22\theta-6\cos4\theta+4=6\cos4\theta+6-6\cos4\theta+4$

$=10.$

10.已知有 mn 个实数，排列成 $m\times n$ 阶数阵，记作 $\{a_{ij}\}_{m\times n}$，使得数阵中的每一行从左到右都是递增的，即对任意的 $i=1、2、3、\cdots、m$，当 $j_1<j_2$ 时，都有 $a_{ij_1}\leqslant a_{ij_2}$．现将 $\{a_{ij}\}_{m\times n}$ 的每一列原有的各数按照从上到下递增的顺序排列，形成一个新的 $m\times n$ 阶数阵，记作 $\{a'_{ij}\}_{m\times n}$，即对任意的 $j=1、2、3、\cdots、n$，当 $i_1<i_2$ 时，都有 $a'_{i_1j}\leqslant a'_{i_2j}$．试判断 $\{a'_{ij}\}_{m\times n}$ 中的每一行的 n 个数的大小关系，并说明理由．

10.解：数阵 $\{a'_{ij}\}_{m\times n}$ 中的每一行的 n 个数从左到右都是递增的．理由如下：

显然，我们要证数阵 $\{a'_{ij}\}_{m\times n}$ 中的每一行的 n 个数从左到右都是递增的，我们只需证明，

对于任意的 $i=1、2、3、\cdots、m$，都有 $a'_{ij}\leqslant a'_{i(j+1)}$，其中 $j=1、2、3、\cdots、n-1$．

若存在一组 $a'_{pq}>a'_{p(q+1)}$．令 $a'_{k(q+1)}=a_{ik(q+1)}$，其中 $k=1、2、3、\cdots、m$，

$\{i_1,i_2,i_3,\cdots,i_m\}=\{1,2,3,\cdots,m\}$．

则当 $t\leqslant p$ 时，都有 $a_{i_tq}\leqslant a_{i_t(q+1)}=a'_{t(q+1)}\leqslant a'_{p(q+1)}<a'_{pq}$．

也即在 $a_{iq}(i=1、2、3、\cdots、m)$ 中，至少有 p 个数小于 a'_{pq}，

也即 a'_{pq} 在数阵 $\{a'_{ij}\}_{m\times n}$ 的第 q 列中，至少排在第 $p+1$ 行，与 a'_{pq} 排在第 p 行矛盾．

所以对于任意 $i=1、2、3、\cdots、m$，都有 $a'_{ij}\leqslant a'_{i(j+1)}$，即数阵 $\{a'_{ij}\}_{m\times n}$ 中的每一行的 n 个数从左到右都是递增的．

2013 年卓越联盟自主招生数学试题参考答案

一、选择题

1.已知 $f(x)$ 是定义在实数集上的偶函数，且在 $(0,+\infty)$ 上递增，则　　　　　　（　　）

A.$f(2^{0.7})<f(-\log_25)<f(-3)$ 　　　　B.$f(-3)<f(2^{0.7})<f(-\log_25)$

C.$f(-3)<f(-\log_25)<f(2^{0.7})$ 　　　　D.$f(2^{0.7})<f(-3)<f(-\log_25)$

1.解：因为 $f(x)$ 是偶函数，所以 $f(-3)=f(3)$，$f(-\log_25)=f(\log_25)$，又其在 $(0,+\infty)$ 上递增，且 $2^{0.7}<\log_25<3$，故选 A．

2.已知函数 $f(x)=\sin(\omega x+\varphi)\left(\omega>0,0<\varphi<\dfrac{\pi}{2}\right)$ 的图象经过点 $B\left(-\dfrac{\pi}{6},0\right)$，且 $f(x)$ 的相邻

两个零点的距离为 $\frac{\pi}{2}$,为得到 $y=f(x)$ 的图象,可将 $y=\sin x$ 图象上所有点 （ ）

　　A.先向右平移 $\frac{\pi}{3}$ 个单位长度,再将所得点的横坐标变为原来的 $\frac{1}{2}$ 倍,纵坐标不变

　　B. 先向左平移 $\frac{\pi}{3}$ 个单位长度,再将所得点的横坐标变为原来的 $\frac{1}{2}$ 倍,纵坐标不变

　　C. 先向左平移 $\frac{\pi}{3}$ 个单位长度,再将所得点的横坐标变为原来的 2 倍,纵坐标不变

　　D. 先向右平移 $\frac{\pi}{3}$ 个单位长度,再将所得点的横坐标变为原来的 2 倍,纵坐标不变

2.**解**:因为 $f(x)$ 两个零点的距离为 $\frac{\pi}{2}$,故其最小正周期为 π,则 $\omega=2$,则 $f(x)=\sin(2x+\varphi)$,又根据 $f\left(-\frac{\pi}{6}\right)=0$,得 $\varphi=\frac{\pi}{3}$,则 $f(x)=\sin\left(2x+\frac{\pi}{3}\right)$,可由 $y=\sin x$ 先向左平移 $\frac{\pi}{3}$,再将所得点的横坐标变为原来的 $\frac{1}{2}$ 倍得到,选 B.

3.如图,在 A,B,C,D,E 五个区域中栽种 3 种植物,要求同一区域中只种一种植物,相邻两区域所种植物不同,则不同的栽种方法的总数为（ ）

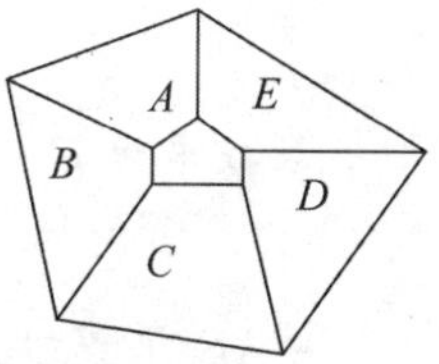

　　A.21　　　　　　　B.24　　　　　　　C.30　　　　　　　D.48

3.**解**:本题为一道经典的染色问题(将种植物看做染色),有 3 种颜色,假设有 n 个区域时染色数目为 a_n,则显然 $a_2=a_3=6$,考虑 $n>3$ 的情况,若第一个和倒数第二个同色,则前 $n-1$ 个相当于构成一个长度为 $n-2$ 的环,有 a_{n-2} 种,此时最后一个有 2 种;若第一个和倒数第二个异色,则前 $n-1$ 个相当于构成一个长度为 $n-2$ 的环,有 a_{n-1} 种,此时最后一个有 1 种,故 $a_n=2a_{n-2}+a_{n-1}$,则 $a_4=2a_2+a_3=18$,$a_5=2a_3+a_4=30$,本题选 C.

4.设函数 $f(x)$ 在 R 上存在导数 $f'(x)$,对任意的 $x\in R$,有 $f(-x)+f(x)=x^2$,且在 $(0,+\infty)$ 上 $f'(x)>x$.若 $f(2-a)-f(a)\geqslant 2-2a$,则实数 a 的取值范围为 （ ）

　　A.$[1,+\infty)$　　　　B.$(-\infty,1]$　　　　C.$(-\infty,2]$　　　　D.$[2,+\infty)$

4.**解**:令 $g(x)=f(x)-\frac{1}{2}x^2$,则 $g(-x)+g(x)=0$,即 $g(x)$ 为奇函数,又 $g'(x)=f'(x)-x$ 知在 $x>0$ 时,$g'(x)>0$,即 $g(x)$ 在 $x>0$ 时递增,又因为其是奇函数,所以 $g(x)$ 在 R 上单调递增:考虑 $f(2-a)-f(a)\geqslant 2-2a$ 等价于 $f(2-a)-\frac{1}{2}(2-a)^2\geqslant f(a)-\frac{1}{2}a^2$,即 $g(2-a)\geqslant g(a)$,故只要 $2-a\geqslant a$,即 $a\leqslant 1$,选 B.

二、填空题

5.已知抛物线 $y^2=2px(p>0)$ 的焦点是双曲线 $\frac{x^2}{8}-\frac{y^2}{p}=1$ 的一个焦点,则双曲线的渐近线方程为_____.

5.**解**:抛物线焦点 $\left(\frac{p}{2},0\right)$,则 $8+p=\left(\frac{p}{2}\right)^2$,解得 $p=-4$(舍去)或 $p=8$,则双曲线 $\frac{x^2}{8}-\frac{y^2}{8}=1$,渐近线方程为 $y=\pm x$.

6.设点 O 在 $\triangle ABC$ 的内部,点 D,E 分别为边 AC,BC 的中点,且 $|\overrightarrow{OD}+2\overrightarrow{OE}|=1$,则

$|\overrightarrow{OA}+2\overrightarrow{OB}+3\overrightarrow{OC}|=$ _____.

6.解：由于 D、E 分别是所在边中点，所以 $\overrightarrow{OD}=\dfrac{1}{2}(\overrightarrow{OA}+\overrightarrow{OC})$，$\overrightarrow{OE}=\dfrac{1}{2}(\overrightarrow{OB}+\overrightarrow{OC})$，

则 $\overrightarrow{OD}+2\overrightarrow{OE}=\dfrac{1}{2}(\overrightarrow{OA}+2\overrightarrow{OB}+3\overrightarrow{OC})$，则 $|\overrightarrow{OA}+2\overrightarrow{OB}+3\overrightarrow{OC}|=2|\overrightarrow{OD}+2\overrightarrow{OE}|=2$.

7.设曲线 $y=\sqrt{2x-x^2}$ 与 x 轴所围成的区域为 D，向区域 D 内随机投一点，则该点落入域 $\{(x,y)\in D\,|\,x^2+y^2<2\}$ 内的概率为 _____.

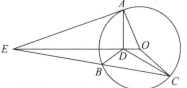

7.解：整理 $y=\sqrt{2x-x^2}$，得 $(x-1)^2+y^2=1(y\geqslant 0)$，是半径为 1 的半圆，面积为 $\dfrac{\pi}{2}$. 考虑 $x^2+y^2=2$ 表示的是半径为 $\sqrt{2}$ 的圆，联立容易解出其与 $(x-1)^2+y^2=1(y\geqslant 0)$ 交于 $A(1,1)$，与 x 轴交于 $B(\sqrt{2},0)$，又记 $C(1,0)$，则符合条件的部分面积为 $S=S_{扇形OAB}+(S_{扇形CAO}-S_{\triangle OAC})=\dfrac{1}{8}\times 2\pi+\left(\dfrac{1}{2}\times\dfrac{\pi}{2}-\dfrac{1}{2}\right)=\dfrac{\pi}{2}-\dfrac{1}{2}$.

故概率为 $P=\dfrac{\dfrac{\pi}{2}-\dfrac{1}{2}}{\dfrac{\pi}{2}}=1-\dfrac{1}{\pi}$.

8.AE 是圆 O 的切线，A 是切点，AD 与 OE 垂直，垂足是 D，割线 EC 交圆 O 于 B，C，且 $\angle ODC=\alpha$，$\angle DBC=\beta$，则 $\angle OEC=$ _____.

8.解：根据圆幂定理，$EA^2=EB\times EC$，在 $Rt\triangle AEO$ 中，根据射影定理，$OA^2=OD\times OE$，$EA^2=ED\times EO$，故 $ED\times EO=EB\times EC$，即 D、O、B、C 四点共圆，则 $\angle EDB=\angle ECO$. 又因为 $OC^2=OA^2=OD\times OE$，故 $\triangle ODC\backsim\triangle OCE$，则 $\angle ODC=\angle OCE$，则 $\angle EDB=\angle OCE=\angle ODC=\alpha$，则 $\angle OEC=\angle DBC-\angle EDB=\beta-\alpha$.

三、解答题

9.在 $\triangle ABC$ 中，已知 $(a-c)(\sin A+\sin C)=(a-b)\sin B$.

（Ⅰ）求角 C 的大小；

（Ⅱ）求 $\sin A\cdot\sin B$ 的最大值.

9.解：（Ⅰ）由 $(a-c)(\sin A+\sin C)=(a-b)\sin B$，得 $(a-c)(a+c)=(a-b)b$，即 $a^2+b^2-c^2=ab$，则 $\cos C=\dfrac{a^2+b^2-c^2}{2ab}=\dfrac{1}{2}$，$C=60°$.

（Ⅱ）考虑 $\sin A\sin B=\dfrac{1}{2}[\cos(A-B)-\cos(A+B)]=\dfrac{1}{2}\cos(A-B)+\dfrac{1}{4}\leqslant\dfrac{3}{4}$，所以当且仅当 $A=B=\dfrac{\pi}{3}$ 时，有 $(\sin A\sin B)_{\max}=\dfrac{3}{4}$.

10.设椭圆 $\dfrac{x^2}{a^2}+\dfrac{y^2}{4}=1(a>2)$ 的离心率为 $\dfrac{\sqrt{3}}{3}$，斜率为 k 的直线 l 过点 $E(0,1)$ 且与椭圆交于 C，D 两点.

（Ⅰ）求椭圆方程；

（Ⅱ）若直线 l 与 x 轴相交于点 G，且 $\overrightarrow{GC}=\overrightarrow{DE}$，求 k 的值；

（Ⅲ）设 A 为椭圆的下顶点，k_{AC}，k_{AD} 分别为直线的斜率，证明对任意的 k，恒有 $k_{AC}\cdot k_{AD}=-2$.

10.解：（Ⅰ）依题意，$\dfrac{a^2-4}{a^2}=\left(\dfrac{\sqrt{3}}{3}\right)^2$，解得 $a=\sqrt{6}$，故椭圆 $\dfrac{x^2}{6}+\dfrac{y^2}{4}=1$.

（Ⅱ）直线 $l:y=kx+1$，则 $G\left(-\dfrac{1}{k},0\right)$，设 $C(x_1,y_1)$，$D(x_2,y_2)$，由 $\overrightarrow{GC}=\overrightarrow{DE}$ 知，$\left(x_1+\dfrac{1}{k},y_1\right)=$

$(-x_2,1-y_2)$，即 $x_1+x_2=-\dfrac{1}{k}$. 将直线与椭圆联立，$\begin{cases}\dfrac{x^2}{6}+\dfrac{y^2}{4}=1,\\ y=kx+1,\end{cases}$ 消去 y 得 $(3k^2+2)x^2+6kx-9=0$，

则 $x_1x_2=-\dfrac{9}{3k^2+2}$，$x_1+x_2=-\dfrac{6k}{3k^2+2}=-\dfrac{1}{k}$，解得 $k=\pm\dfrac{\sqrt{6}}{3}$.

（Ⅲ）证：$A(0,-2)$，则

$k_{AC}\cdot k_{AD}=\dfrac{y_1+2}{x_1}\dfrac{y_2+2}{x_2}=\dfrac{(kx_1+3)(kx_2+3)}{x_1x_2}=\dfrac{k^2x_1x_2+3k(x_1+x_2)+9}{x_1x_2}=k^2+$

$\dfrac{3k(x_1+x_2)+9}{x_1x_2}$，代入（Ⅱ）中韦达定理的结果，得 $k_{AC}\cdot k_{AD}=k^2+\dfrac{\dfrac{-3k\times 6k}{3k^2+2}+9}{-\dfrac{9}{3k^2+2}}=-2$ 为常数，结

论得证.

11.设 $x>0$.

（Ⅰ）证明：$e^x>1+x+\dfrac{1}{2}x^2$；

（Ⅱ）若 $e^x=1+x+\dfrac{1}{2}x^2e^y$，证明 $0<y<x$.

11.证：（Ⅰ）令 $f(x)=e^x-(1+x+\dfrac{1}{2}x^2)$，则 $f'(x)=e^x-(1+x)$，$f''(x)=e^x-1$，所以 $x>$

0 时，$f''(x)>0$，所以 $f'(x)$ 单调递增，则 $f'(x)>f'(0)=0$，所以 $f(x)$ 单调递增，所以 $f(x)>$

$f(0)=0$，所以 $x>0$ 时，$e^x>1+x+\dfrac{1}{2}x^2$，结论得证.

（Ⅱ）由（Ⅰ）$e^x=1+x+\dfrac{1}{2}x^2e^y>1+x+\dfrac{1}{2}x^2$，所以 $e^y>1$，所以 $y>0$.

令 $g(x)=\left(\dfrac{1}{2}x^2-1\right)e^x+1+x$，则 $g'(x)=(x+\dfrac{1}{2}x^2-1)e^x+1$，$g''(x)=(2x+\dfrac{1}{2}x^2)e^x$.

在 $x>0$ 时，$g''(x)>0$，所以 $g'(x)$ 单调递增，$g'(x)>g'(0)=0$，则 $g(x)$ 单调增，

$g(x)>g(0)=0$，即 $\left(\dfrac{1}{2}x^2-1\right)e^x+1+x>0$，亦即 $\dfrac{1}{2}x^2e^x+1+x>e^x=1+x+\dfrac{1}{2}x^2e^y$，

则 $e^x>e^y$，则 $x>y$. 所以 $0<y<x$，原题得证.

12.已知数列 $\{a_n\}$ 中，$a_1=3$，$a_{n+1}=a_n^2-na_n+\alpha$，$n\in\mathbf{N}^*$，$\alpha\in R$.

（Ⅰ）若 $a_n\geqslant 2n$ 对 $\forall n\in\mathbf{N}^*$ 都成立，求 α 的取值范围；

（Ⅱ）当 $\alpha=-2$ 时，证明 $\dfrac{1}{a_1-2}+\dfrac{1}{a_2-2}+\cdots+\dfrac{1}{a_n-2}<2(n\in\mathbf{N}^*)$.

12.解: (Ⅰ)由 $a_2=3^2-1\times3+\alpha\geqslant2\times2$ 得 $\alpha\geqslant-2$，又 $n\geqslant2$ 时，$a_{n+1}=a_n(a_n-n)+\alpha\geqslant2n(2n-n)-2=2(n+1)+2(n+1)(n-2)\geqslant2(n+1)$，得 α 的取值范围是 $[-2,+\infty)$.

(Ⅱ)证:若 $\alpha=-2$，则 $\dfrac{1}{a_1-2}=1$，$\dfrac{1}{a_2-2}=\dfrac{1}{2}$，

当 $n\geqslant2$ 时，由 $a_{n+1}=a_n^2-na_n-2$，

得 $a_{n+1}-2=a_n^2-na_n-4\geqslant na_n-4\geqslant2(a_n-2)>0$，

则 $a_n-2\geqslant2^{n-2}(a_2-2)>2^{n-1}$，

则 $\dfrac{1}{a_n-2}<\dfrac{1}{2^{n-1}}$. 所以，$\dfrac{1}{a_1-2}+\dfrac{1}{a_2-2}+\cdots+\dfrac{1}{a_n-2}<1+\dfrac{1}{2}+\cdots+\dfrac{1}{2^{n-1}}=2-\dfrac{1}{2^{n-1}}<2$. 结论得证.

(注:本题与 2002 全国卷理科 22 题类似.)

2013 年清华大学保送生考试数学试题参考答案

1.求证: $\displaystyle\sum_{i=0}^{\left[\frac{n}{3}\right]}\left[\dfrac{n-3i}{2}\right]=\left[\dfrac{n^2+2n+4}{12}\right]$，其中 $n\in\mathbf{N}^*$，$[x]$ 表示不超过 x 的最大整数.

1.证:

证法一:

因为考虑到求和是从 0 到 $\dfrac{n}{3}$，取整函数中又包含除以 2 的分式，故常规的思路是对 n 除以 6 的余数进行分类讨论:

(1)当 $n=6t(t\in\mathbf{N}^*)$ 时，$\displaystyle\sum_{i=0}^{\left[\frac{n}{3}\right]}\left[\dfrac{n-3i}{2}\right]=\sum_{i=0}^{2t}\left(3t-2i+\left[\dfrac{i}{2}\right]\right)=\sum_{i=0}^{2t}(3t-2i)+\sum_{i=0}^{2t}\left[\dfrac{i}{2}\right]=$
$2t^2+t+2\displaystyle\sum_{i=1}^{t-1}i+t=3t^2+t$，而 $\left[\dfrac{n^2+2n+4}{12}\right]=\left[\dfrac{36t^2+12t+4}{12}\right]=3t^2+t$，结论成立;

(2)当 $n=6t+1(t\in\mathbf{N}^*)$ 时，$\displaystyle\sum_{i=0}^{\left[\frac{n}{3}\right]}\left[\dfrac{n-3i}{2}\right]=\sum_{i=0}^{2t}\left(3t-2i+\left[\dfrac{i+1}{2}\right]\right)=\sum_{i=0}^{2t}(3t-2i)+$
$\displaystyle\sum_{i=0}^{2t}\left[\dfrac{i+1}{2}\right]=2t^2+t+2\sum_{i=1}^{t}i=3t^2+2t$，而此时也有 $\left[\dfrac{n^2+2n+4}{12}\right]=\left[\dfrac{36t^2+12t+12t+2+4}{12}\right]=$
$3t^2+2t$，故结论成立;

(3)当 $n=6t+2(t\in\mathbf{N}^*)$ 时，$\displaystyle\sum_{i=0}^{\left[\frac{n}{3}\right]}\left[\dfrac{n-3i}{2}\right]=\sum_{i=0}^{2t}\left(3t-2i+1+\left[\dfrac{i}{2}\right]\right)=\sum_{i=0}^{2t}(3t-2i+1)+$
$\displaystyle\sum_{i=0}^{2t}\left[\dfrac{i}{2}\right]=3t^2+3t+1$，而此时 $\left[\dfrac{n^2+2n+4}{12}\right]=\left[\dfrac{36t^2+24t+4+12t+12+4}{12}\right]=3t^2+3t+1$，结论成立;

(4)当 $n=6t+3(t\in\mathbf{N}^*)$ 时，$\displaystyle\sum_{i=0}^{\left[\frac{n}{3}\right]}\left[\dfrac{n-3i}{2}\right]=\sum_{i=0}^{2t+1}\left(3t-2i+1+\left[\dfrac{i+1}{2}\right]\right)=\sum_{i=0}^{2t+1}(3t-2i+1)+$
$\displaystyle\sum_{i=0}^{2t+1}\left[\dfrac{i+1}{2}\right]=3t^2+4t+1$，而 $\left[\dfrac{n^2+2n+4}{12}\right]=\left[\dfrac{36t^2+36t+9+12t+6+4}{12}\right]=3t^2+4t+1$，结论

成立;

(5) 当 $n = 6t + 4 (t \in \mathbf{N}^*)$ 时，$\displaystyle\sum_{i=0}^{\left[\frac{n}{3}\right]} \left[\frac{n - 3i}{2}\right] = \sum_{i=0}^{2t+1} \left(3t - 2i + 2 + \left[\frac{i}{2}\right]\right) = \sum_{i=0}^{2t+1}(3t - 2i + 2) +$

$\displaystyle\sum_{i=0}^{2t+1}\left[\frac{i}{2}\right] = 3t^2 + 5t + 2$，而 $\left[\dfrac{n^2 + 2n + 4}{12}\right] = \left[\dfrac{36t^2 + 48t + 16 + 12t + 8 + 4}{12}\right] = 3t^2 + 5t + 2$，结论

成立;

(6) 当 $n = 6t + 5 (t \in \mathbf{N}^*)$ 时，$\displaystyle\sum_{i=0}^{\left[\frac{n}{3}\right]} \left[\frac{n - 3i}{2}\right] = \sum_{i=0}^{2t+1} \left(3t - 2i + 2 + \left[\frac{i+1}{2}\right]\right) = \sum_{i=0}^{2t+1}(3t - 2i + 2) +$

$\displaystyle\sum_{i=0}^{2t+1}\left[\frac{i+1}{2}\right] = 3t^2 + 6t + 3$，而 $\left[\dfrac{n^2 + 2n + 4}{12}\right] = \left[\dfrac{36t^2 + 60t + 25 + 12t + 10 + 4}{12}\right] = 3t^2 + 6t + 3$，结论成立.

则综上知，$n \in \mathbf{N}^*$ 时，$\displaystyle\sum_{i=0}^{\left[\frac{n}{3}\right]} \left[\frac{n - 3i}{2}\right] = \left[\dfrac{n^2 + 2n + 4}{12}\right]$，原题得证.

证法二：

本题若采用数学归纳法，则相对直接进行分类而言会显得更加简单，简要思路如下：

(1) 容易验证，当 $n = 1, 2, 3, 4, 5, 6$ 时，结论成立;

(2) 若 $n = k$ 时，结论成立，即有 $\displaystyle\sum_{i=0}^{\left[\frac{k}{3}\right]} \left[\frac{k - 3i}{2}\right] = \left[\dfrac{k^2 + 2k + 4}{12}\right]$;

则考虑 $n = k + 6$ 的情况，即要证 $\displaystyle\sum_{i=0}^{\left[\frac{k+6}{3}\right]} \left[\frac{k + 6 - 3i}{2}\right] = \left[\dfrac{(k+6)^2 + 2(k+6) + 4}{12}\right]$，考虑

$$\sum_{i=0}^{\left[\frac{k+6}{3}\right]} \left[\frac{k + 6 - 3i}{2}\right] - \left[\dfrac{(k+6)^2 + 2(k+6) + 4}{12}\right] = \sum_{i=0}^{\left[\frac{k}{3}\right]+2} \left[\frac{k + 6 - 3i}{2}\right] - \left[\dfrac{k^2 + 2k + 4}{12} + k + 4\right]$$

$$= \sum_{i=0}^{\left[\frac{k}{3}\right]} \left[\frac{k - 3i}{2}\right] + \sum_{i=0}^{\left[\frac{k}{3}\right]} 3 + \left[\frac{k + 6 - 3(\left[k/3\right]+1)}{2}\right] + \left[\frac{k + 6 - 3(\left[k/3\right]+2)}{2}\right] - \left[\dfrac{k^2 + 2k + 4}{12}\right] - (k +$$

$4)$，由归纳假设，

知 $\displaystyle\sum_{i=0}^{\left[\frac{k}{3}\right]} \left[\frac{k - 3i}{2}\right] = \left[\dfrac{k^2 + 2k + 4}{12}\right]$，所以有 $\displaystyle\sum_{i=0}^{\left[\frac{k+6}{3}\right]} \left[\frac{k + 6 - 3i}{2}\right] - \left[\dfrac{(k+6)^2 + 2(k+6) + 4}{12}\right]$

$$= \sum_{i=0}^{\left[\frac{k}{3}\right]} 3 + \left[\frac{k + 6 - 3(\left[k/3\right]+1)}{2}\right] + \left[\frac{k + 6 - 3(\left[k/3\right]+2)}{2}\right] - (k + 4).$$

再令 $k = 3t + r, r = 0, 1, 2$.

则有 $\displaystyle\sum_{i=0}^{\left[\frac{k}{3}\right]} 3 + \left[\frac{k + 6 - 3(\left[k/3\right]+1)}{2}\right] + \left[\frac{k + 6 - 3(\left[k/3\right]+2)}{2}\right] - (k + 4) = 3(t+1) +$

$\left[\dfrac{r+3}{2}\right] + \left[\dfrac{r}{2}\right] - (3t + r + 4) = \left[\dfrac{r+3}{2}\right] + \left[\dfrac{r}{2}\right] - r - 1$，此时对 $r = 0, 1, 2$ 三种情况讨论，则容易验

证 $\left[\dfrac{r+3}{2}\right] + \left[\dfrac{r}{2}\right] - r - 1 = 0$，故知 $n = k + 6$ 时，也有 $\displaystyle\sum_{i=0}^{\left[\frac{n}{3}\right]} \left[\frac{n - 3i}{2}\right] = \left[\dfrac{n^2 + 2n + 4}{12}\right]$.

则综上,由归纳法原理,知结论成立,原题得证.

2.定义:$[0]_{x!}=1,[m]_{x!}=\prod\limits_{i=1}^{m}(1-x^i)$.

求证:$\dfrac{[2m]_{x!}}{[m]_{x!}}\dfrac{[2n]_{x!}}{[n]_{x!}}\dfrac{1}{[m+n]_{x!}}$ 为 x 的整系数多项式.

2.证:依题意,只要证明 $\dfrac{\prod\limits_{k=1}^{2m}(x^k-1)\prod\limits_{k=1}^{2n}(x^k-1)}{\prod\limits_{k=1}^{m}(x^k-1)\prod\limits_{k=1}^{n}(x^k-1)\prod\limits_{k=1}^{m+n}(x^k-1)}$ 为关于 x 的整系数多项式.

我们考虑 k 次分圆多项式 $\varphi_k(x)=\prod\limits_{\substack{1\leqslant t\leqslant k\\(t,k)=1}}(x-e^{2\pi i\frac{t}{k}})$ 满足 $\varphi_k(x)$ 是实数范围内不可分解的

$\varphi(k)$ 次整系数多项式(φ 是欧拉函数),且 $f_n(x)=x^n-1=\prod\limits_{k|n}\varphi_k(x)$.

于是 $\prod\limits_{k=1}^{m}(x^k-1)=\prod\limits_{k=1}^{m}\prod\limits_{p|k}\varphi_p(x)=\prod\limits_{p=1}^{m}(\varphi_p(x))^{\left[\frac{m}{p}\right]}$,

其中 $\left[\dfrac{m}{p}\right]$ 表示用高斯函数对 $\dfrac{m}{p}$ 取整.

因而问题转化为,求证对任意正整数 p,分子所含的 $\varphi_p(x)$ 个数均不少于分母所含的 $\varphi_p(x)$

个数,即要求证明:$\forall p\in\mathbf{N}^*$,$\left[\dfrac{2m}{p}\right]+\left[\dfrac{2n}{p}\right]\geqslant\left[\dfrac{m}{p}\right]+\left[\dfrac{n}{p}\right]+\left[\dfrac{m+n}{p}\right]$.

令 $x=\dfrac{m}{p}$,$y=\dfrac{n}{p}$,且记 $\{x\}=x-[x]$,则考虑

$[2x]+[2y]\geqslant[x]+[y]+[x+y]$

$=[2[x]]+[2\{x\}]+[2[y]]+[2\{y\}]-[x]-[y]-[[x]+[y]]-[\{x+y\}]$

$=[2\{x\}]+[2\{y\}]-[\{x+y\}]$.

若 $\{x+y\}<1$,则 $[\{x+y\}]=0$,则 $[2\{x\}]+[2\{y\}]-[\{x+y\}]\geqslant0$;

若 $\{x+y\}\geqslant1$,则 $\{x\},\{y\}$ 中至少有一个不小于 $\dfrac{1}{2}$,不妨设为 $\{x\}$,此时

$[2\{x\}]=[\{x+y\}]=1$,则也有 $[2\{x\}]+[2\{y\}]-[\{x+y\}]=1+[2\{y\}]-1\geqslant0$.

故综上,有 $[2x]+[2y]\geqslant[x]+[y]+[x+y]$,即有 $\left[\dfrac{2m}{p}\right]+\left[\dfrac{2n}{p}\right]\geqslant\left[\dfrac{m}{p}\right]+\left[\dfrac{n}{p}\right]+$

$\left[\dfrac{m+n}{p}\right]$,故原题得证.

3.已知 $abc=-1$,$\dfrac{a^2}{c}+\dfrac{b}{c^2}=1$,$a^2b+b^2c+c^2a=t$,求 $ab^5+bc^5+ca^5$ 的值.

3.解:

解法一:由 $a=-\dfrac{1}{bc}$,得 $b=-\dfrac{1}{ac}$①,代入 $\dfrac{a^2}{c}+\dfrac{b}{c^2}=1$,得 $a^3c^2=ac^3+1$②.

将①,②依次代入 $ab^5+bc^5+ca^5$,得

$ab^5+bc^5+ca^5=-\dfrac{1}{a^4c^5}-\dfrac{c^4}{a}+ca^5$

$=\dfrac{a^9c^6-1-a^3c^9}{a^4c^5}$

$$= \frac{(ac^3+1)^3-1-a^3c^9}{a^4c^5}$$

$$= \frac{3(a^2c^6+ac^3)}{a^4c^5}$$

$$= \frac{3(ac^3+1)}{a^3c^2}=3.$$

解法二：因为 $abc=-1$，所以可进行换元，令 $a=-\dfrac{x}{y}$，$b=-\dfrac{y}{z}$，$c=-\dfrac{z}{x}$，则由 $\dfrac{a^2}{c}+\dfrac{b}{c^2}=1$，知

$x^2y^3+y^2z^3+z^2x^3=0$①.这时考虑

$$ab^5+bc^5+ca^5=\frac{xy^4}{z^5}+\frac{yz^4}{x^5}+\frac{zx^4}{y^5}=\frac{x^6y^9+y^6z^9+z^6x^9}{x^5y^5z^5},$$

由①，结合恒等式 $u^3+v^3+w^3-3uvw=(u+v+w)(u^2+$

$v^2+w^2-uv-vw-wu)$

知，$x^6y^9+y^6z^9+z^6x^9-3x^5y^5z^5=0$，所以有

$$ab^5+bc^5+ca^5=\frac{x^6y^9+y^6z^9+z^6x^9}{x^5y^5z^5}=\frac{3x^5y^5z^5}{x^5y^5z^5}=3.$$

4.(Buffon 投针问题)平面内画有间距为 d 的平行线,证明:任意投放一根长为 $l(l<d)$ 的针,

与平行线相交的概率为 $P=\dfrac{2l}{\pi d}$.

4.证:如图,设针的中点距离最近的直线的距离为 x,与直线所

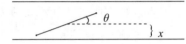

成的角度为 θ,则有 $x\in\left[0,\dfrac{d}{2}\right]$,$\theta\in\left[0,\dfrac{\pi}{2}\right]$.

要求针与直线相交,则要求 $\dfrac{l}{2}\sin\theta\geqslant x$,故知本题为如图所示的

一个几何概型,满足相交的点集为图中的阴影部分,故该针与平行

线相交的概率为 $P=\dfrac{S_{阴影}}{\dfrac{d}{2}\times\dfrac{\pi}{2}}=\dfrac{\displaystyle\int_0^{\frac{\pi}{2}}\dfrac{l}{2}\sin\theta d\theta}{\dfrac{d}{2}\times\dfrac{\pi}{2}}=\dfrac{2l}{\pi d}$,原题得证.

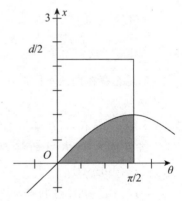

5.证明:$\gcd(a,b)=\dfrac{1}{a}\displaystyle\sum_{m=0}^{a-1}\sum_{n=0}^{a-1}e^{\frac{2\pi imnb}{a}}$,其中 $a,b\in\mathbf{N}^*$,$\gcd(a,b)$ 表示正整数 a,b 的最大公约数.

5.证:设 $d=\gcd(a,b)$,则有 $a=a_1d$,$b=b_1d$,其中 $(a_1,b_1)=1$.则设 $\omega=e^{\frac{2\pi ib}{a}}$,则有 $\omega=e^{\frac{2\pi ib_1d}{a_1d}}=$

$e^{\frac{2\pi ib_1}{a_1}}$,于是 $\omega^{a_1}=1$.

则有 $\dfrac{1}{a}\displaystyle\sum_{m=0}^{a-1}\sum_{n=0}^{a-1}e^{\frac{2\pi imnb}{a}}=\dfrac{1}{a}\sum_{m=0}^{a-1}\sum_{n=0}^{a-1}\omega^{mn}=\dfrac{1}{a}\sum_{m=0}^{a-1}(\omega^0+\omega^m+\omega^{2m}+\cdots+\omega^{(a-1)m})\cdots$①.

这时我们考察当 $m=0,a_1,\cdots,(d-1)a_1$ 时,$\omega^m=1$,此时 $\omega^0+\omega^m+\omega^{2m}+\cdots+\omega^{(a-1)m}=a$;

而当 m 为其他值时,$\omega^m\neq1$,所以有 $\omega^0+\omega^m+\omega^{2m}+\cdots+\omega^{(a-1)m}=\dfrac{1-\omega^{am}}{1-\omega^m}=0$.

故知①式中,当 m 从 0 取到 $a-1$ 时,$\omega^0+\omega^m+\omega^{2m}+\cdots+\omega^{(a-1)m}$ 有 d 次为 a,其余均为 0,所

以 $\dfrac{1}{a}\displaystyle\sum_{m=0}^{a-1}\sum_{n=0}^{a-1}e^{\frac{2\pi imnb}{a}}=\dfrac{1}{a}\sum_{m=0}^{a-1}(\omega^0+\omega^m+\omega^{2m}+\cdots+\omega^{(a-1)m})=\dfrac{1}{a}\times ad=d=\gcd(a,b)$,原题得证.

2013 年北京大学保送生考试数学试题参考答案

1.$\triangle ABC$ 内点 M 满足 $\angle CMB=100°$,线段 BM 的中垂线交边 AB 于 P 线段 CM 的中垂线交边 AC 于 Q,已知 P,M,Q 三点共线,求 $\angle CAB$ 的值.

1.**解**:∵ $\angle BMC=100°$,

∴ $\angle MBC+\angle MCB=80°$.

又∵ P,M,Q 三点共线,

∴ $\angle BMC+\angle PMB+\angle QMC=180°$,

∴ $\angle PMB+\angle QMC=80°$.

又因为 P 在线段 BM 的中垂线上,

∴ $\angle PMB=\angle PBM$.因为 Q 在线段 MC 的中垂线上,

∴ $\angle QMC=\angle QCM$.

所以 $\angle QCM+\angle PBM=\angle QMC+\angle PMB=80°$.

则在 $\triangle ABC$ 中,有 $\angle CAB=180°-(\angle QCM+\angle PBM)-(\angle MBC+\angle MCB)=20°$.

2.正数 a,b,c 满足 $a<b+c$,求证:$\dfrac{1}{1+a}<\dfrac{1}{1+b}+\dfrac{1}{1+c}$.

2.**证**:考虑函数 $f(x)=\dfrac{x}{1+x}$,则容易发现其在 $(0,+\infty)$ 上单调递增.∵ $a<b+c$,

∴ $f(a)<f(b+c)$,

即 $\dfrac{a}{1+a}<\dfrac{b+c}{b+c+1}=\dfrac{b}{b+c+1}+\dfrac{c}{b+c+1}<\dfrac{b}{b+1}+\dfrac{c}{c+1}$,原题得证.

3.是否存在两两不同的实数 a,b,c,使直角坐标系中的三条直线 $y=ax+b,y=bx+c,y=cx+a$ 共点.

3.**解**:不存在,用反证法说明.

若存在两两不同的实数 a,b,c,使三条直线共点,则不妨设交点为 (x_0,y_0),则有

$$\begin{cases} y_0=ax_0+b\cdots ① , \\ y_0=bx_0+c\cdots ② , \\ y_0=cx_0+a\cdots ③ . \end{cases}$$ 则因为 a,b,c 两两不同,所以①-②得

$x_0=-\dfrac{b-c}{a-b}\cdots ④$,②-③得 $x_0=-\dfrac{c-a}{b-c}\cdots ⑤$.

于是,联立④、⑤得 $\dfrac{b-c}{a-b}=\dfrac{c-a}{b-c}$,

整理得 $a^2+b^2+c^2=ab+bc+ca$,即 $(a-b)^2+(b-c)^2+(c-a)^2=0$.这与 a,b,c 两两不同矛盾,故假设不成立,即不存在符合要求的实数 a,b,c.

4.称 $\{1,2,3,\cdots,9\}$ 的某非空子集为奇子集,如果其中所有数的和为奇数,问共有几个奇子集?

4.**解**:不妨记 $A=\{1,3,5,7,9\}$,$B=\{2,4,6,8\}$,则易知奇子集必由 A 中的奇数个元素加上 B 中任意个元素构成,从 A 中选奇数个元素共有 $C_5^1+C_5^3+C_5^5=16$ 种选择,从 B 中选任意个元素共有 $2^4=16$ 种选择,所以共 $16\times 16=256$ 个奇子集.

5.有个 2013×2013 规格的数表,每行都成等差数列,每列平方后都成等差数列,求证:左上角

的数×右下角的数＝左下角的数×右上角的数.

5.证:设 a_{ij} 表示第 i 行第 j 列的数字.先考虑 3×3 规格的情况,由于每行成等差数列,所以该数表可以表示成如右的形式;又由每列平方以后成等差数列,所以考虑第 1,3 列,

得 $\begin{cases} a_{1,1}^2+a_{3,1}^2=2a_{2,1}^2\cdots① \\ a_{1,3}^2+a_{3,3}^2=2a_{2,3}^2\cdots② \end{cases}$

再考虑第二列,得: $\left(\dfrac{a_{1,1}+a_{1,3}}{2}\right)^2+\left(\dfrac{a_{3,1}+a_{3,3}}{2}\right)^2=$

$a_{1,1}$	$\dfrac{a_{1,1}+a_{1,3}}{2}$	$a_{1,3}$
$a_{2,1}$	$\dfrac{a_{2,1}+a_{2,3}}{2}$	$a_{2,3}$
$a_{3,1}$	$\dfrac{a_{3,1}+a_{3,3}}{2}$	$a_{3,3}$

$2\left(\dfrac{a_{2,1}+a_{2,3}}{2}\right)^2$,展开整理,得: $a_{1,1}^2+a_{3,1}^2+2a_{1,1}a_{1,3}+a_{1,3}^2+a_{3,3}^2+2a_{3,1}a_{3,3}=2(a_{2,1}^2+a_{2,3}^2+2a_{2,1}a_{2,3})$,将①、②的结果代入该式左边,整理得 $a_{1,1}a_{1,3}+a_{3,1}a_{3,3}=2a_{2,1}a_{2,3}$,再两边平方,得

$(a_{1,1}a_{1,3}+a_{3,1}a_{3,3})^2=2a_{2,1}^2\cdot2a_{2,3}^2$,再将①、②的结果代入该式右边,得:

$(a_{1,1}a_{1,3}+a_{3,1}a_{3,3})^2=(a_{1,1}^2+a_{3,1}^2)(a_{1,3}^2+a_{3,3}^2)$,展开整理即得 $(a_{1,1}a_{3,3}-a_{1,3}a_{3,1})^2=0$,即 $a_{1,1}a_{3,3}=a_{1,3}a_{3,1}$,即在 3×3 的规格下,左上角的数×右下角的数＝左下角的数×右上角的数.

再来考虑 2013×2013 规格的数表,只考虑第 1、1007、2013 行的第 1、1007、2013 列,它们构成 3×3 的数表如下所示:显然这九个数构成的 3×3 规格的数表仍满足每行成等差数列,每列平方后成等差数列.因此,由前面的结论,必满足 $a_{1,2013}a_{2013,1}=a_{1,1}a_{2013,2013}$,故结论得证.

$a_{1,1}$	$\cdots$	$\dfrac{a_{1,1}+a_{1,2013}}{2}$	$\cdots$	$a_{1,2013}$
$\vdots$	$\cdots$	$\vdots$	$\cdots$	$\vdots$
$a_{1007,1}$	$\cdots$	$\dfrac{a_{1007,1}+a_{1007,2013}}{2}$	$\cdots$	$a_{1007,2013}$
$\vdots$	$\cdots$	$\vdots$	$\cdots$	$\vdots$
$a_{2013,1}$	$\cdots$	$\dfrac{a_{2013,1}+a_{2013,2013}}{2}$	$\cdots$	$a_{2013,2013}$

2014 年华约自主招生数学试题参考解答

1.已知正整数 x_1,x_2,x_3,x_4,x_5 满足任取四个数求和构成的集合为 $\{44,45,46,47\}$,求正整数 x_1,x_2,x_3,x_4,x_5 的值.

1.解:5 个数任取 4 个,应该有 $C_5^4=5$ 个和,而现在只有 4 个数,故而必定有且仅有一个和重复出现,而这 5 个和的和应为 $4\sum\limits_{i=1}^{5}x_i$ 必定为 4 的倍数,即要求 $44+45+46+47+A=182+A$ 能被 4 整除(A 为重复的那个和),则只有 $A=46$,此时 $\sum\limits_{i=1}^{5}x_i=\dfrac{182+46}{4}=57$,则这五个数为 $57-44=13$, $57-45=12,57-46=11,57-46=1,57-47=10$,即 $10,11,11,12,13$.

2.一场比赛在甲乙之间进行,采取五局三胜制,已知甲赢一局的概率为 $p\left(p>\dfrac{1}{2}\right)$,设甲赢得比赛的概率是 q,求 $q-p$ 最大时 p 的值.

2.**解**:甲三局内取胜的概率为 p^3,四局内取胜(此时最后一局必为甲胜)的概率为 $C_3^1(1-p)p^3$,五局内取胜(此时最后一局必为甲胜)的概率为 $C_4^2(1-p)^2p^3$,故而

$$q-p=p^3+C_3^1(1-p)p^3+C_4^2(1-p)^2p^3-p=10p^3-15p^4+6p^5-p=f(p),$$

则 $f'(p)=30p^4-60p^3+30p^2-1$.令 $f'(p)=0$,得 $30p^2(p-1)^2-1=0$.又考虑到 $\frac{1}{2}<p<$

1,故可得 $f'(p)=0$ 的唯一解为 $p=\frac{1}{2}+\sqrt{\frac{1}{4}-\frac{1}{\sqrt{30}}}$.易知当

$p\in\left(\frac{1}{2},\frac{1}{2}+\sqrt{\frac{1}{4}-\frac{1}{\sqrt{30}}}\right)$ 时;$f'(p)>0$,$p\in\left(\frac{1}{2}+\sqrt{\frac{1}{4}-\frac{1}{\sqrt{30}}},1\right)$ 时,$f'(p)<0$.故知当 $p=$

$\frac{1}{2}+\sqrt{\frac{1}{4}-\frac{1}{\sqrt{30}}}$ 时,$q-p$ 取最大值.

3.已知 $f(x)=\frac{\sqrt{2}}{2}(\cos x-\sin x)\sin\left(x+\frac{\pi}{4}\right)-2a\sin x+b(a>0)$ 的最大、最小值分别为 $1,-4$.求 a,b 的值.

3.**解**:$f(x)=\frac{1}{2}(\cos^2 x-\sin^2 x)-2a\sin x+b=-\sin^2 x-2a\sin x+b+\frac{1}{2}$.记 $t=\sin x$,则考虑

二次函数 $g(t)=-t^2-2at+b+\frac{1}{2}$ 在 $[-1,1]$ 上的最值.考虑其对称轴为 $t=-a$,下面进行分类

讨论:

①当 $t=-a<-1$,即 $a>1$ 时,$g(t)$ 在 $[-1,1]$ 上递减,有 $\begin{cases}g(-1)=1,\\g(1)=-4,\end{cases}$ 解得 $\begin{cases}a=\dfrac{5}{4};\\b=-1;\end{cases}$

②当 $-1\leqslant t=-a<0$,即 $0<a\leqslant 1$ 时,有 $\begin{cases}g(-a)=1,\\g(1)=-4,\end{cases}$ 解得 $a=-1\pm\sqrt{5}\notin(0,1]$ 舍去.

则综上所述,本题解为 $\begin{cases}a=\dfrac{5}{4},\\b=-1.\end{cases}$

4.已知函数 $f(x)$ 与 $g(x)$ 的定义域都是 R,设 f^{-1} 表示 f 的反函数,$f\circ g$ 表示函数 f 与函数 g 的符合函数,即 $(f\circ g)(x)=f(g(x))$.

(1)证明:$(f\circ g)^{-1}(x)=(g^{-1}\circ f^{-1})(x)$;

(2)已知 $F(x)=f(-x),G(x)=f^{-1}(-x)$,证明:若 $F(x)$ 是 $G(x)$ 的反函数,则 $f(x)$ 为奇函数.

4.**证**:(1)由反函数的定义知,$y=f(g(x))$ 的反函数为 $x=f(g(y))$,则有 $f^{-1}(x)=f^{-1}(f(g(y)))=g(y)$,则 $g^{-1}(f^{-1}(x))=g^{-1}(g(y))=y$,故 $y=f(g(x))$ 的反函数为 $y=g^{-1}(f^{-1}(x))$.

(2)由 $G(x)$ 的反函数是 $F(x)$ 知,$G(F(x))=x$,又根据 $G(x)=f^{-1}(-x)$,则有 $f(x)=f(G(F(x)))=f(f^{-1}(-F(x)))=-F(x)=-f(-x)$,所以 $f(x)$ 为奇函数,原题得证.

5.过椭圆 $\dfrac{x^2}{a^2}+\dfrac{y^2}{b^2}=1$ 上一点 M 作 $x^2+y^2=b^2$ 的两条切线,切点分别为 P、Q,直线 PQ 交 x、y 轴于 E、F,求 $S_{\triangle EOF}$ 的最小值.

5.**解**:设 $M(a\cos\theta,b\sin\theta)(0\leqslant\theta<2\pi)$,则由于 PQ 是 M 在圆上的切点弦,所以 PQ 的方程为 $a\cos\theta x+b\sin\theta y=b^2$,则 $E\left(\dfrac{b^2}{a\cos\theta},0\right)$,$F\left(0,\dfrac{b^2}{b\sin\theta}\right)$.所以

$$S_{\triangle EOF}=\dfrac{1}{2}\left|\dfrac{b^2}{a\cos\theta}\right|\left|\dfrac{b^2}{b\sin\theta}\right|=\dfrac{b^3}{a\,|\sin 2\theta|}\geqslant\dfrac{b^3}{a}(当且仅当\,|\sin 2\theta|=1\,时取等).$$

所以 $S_{\triangle EOF}$ 的最小值为 $\dfrac{b^3}{a}$.

6.已知数列 $\{a_n\}$ 满足 $a_1=0$,递推公式为 $a_{n+1}=n\cdot p^n+q\cdot a_n$.

(1)若 $q=1$,求 $\{a_n\}$ 的通项公式;

(2)若 $|p|<1$,$|q|<1$,证明 $\{a_n\}$ 有界.

6.**解**:(1)$q=1$ 时,$a_{n+1}=a_n+np^n$,则知 $n\geqslant 2$ 时,有

$a_n=(a_n-a_{n-1})+(a_{n-1}-a_{n-2})+\cdots(a_2-a_1)+a_1=(n-1)p^{n-1}+(n-2)p^{n-2}+\cdots+p$ $\cdots$①.

则当 $p=1$ 时,$a_n=(n-1)+(n-2)+\cdots+1=\dfrac{n(n-1)}{2}$,$a_1=0$ 也符合该通项公式;

当 $p\neq 1$ 时,①式 $\times p$,得 $pa_n=(n-1)p^n+(n-2)p^{n-1}+\cdots+p^2\cdots$②,②-①得:

$(p-1)a_n=(n-1)p^n-(p+p^2+\cdots p^{n-1})$,解得 $a_n=\dfrac{(n-1)p^{n+1}-np^n+p}{(1-p)^2}$,$a_1=0$ 也符合该

通项公式.故而综上,$a_n=\begin{cases}\dfrac{n(n-1)}{2},p=1,\\[2mm]\dfrac{(n-1)p^{n+1}-np^n+p}{(1-p)^2},p\neq 1.\end{cases}$

(2)**证**:考虑 $|a_{n+1}|=|n\cdot p^n+q\cdot a_n|\leqslant|np^n|+|qa_n|\leqslant|np^n|+|a_n|$,即 $|a_{n+1}|-|a_n|\leqslant|np^n|$,则知 $n\geqslant 2$ 时,

$|a_n|=(|a_n|-|a_{n-1}|)+(|a_{n-1}|-|a_{n-2}|)+\cdots+(|a_2|-|a_1|)+|a_1|$

$\leqslant|(n-1)p^{n-1}|+|(n-2)p^{n-2}|+\cdots+|p|$

$=\dfrac{(n-1)|p|^{n+1}-n|p|^n+|p|}{(1-|p|)^2}$

$=\dfrac{n|p|^n(|p|-1)+|p|-|p|^{n+1}}{(1-|p|)^2}$

$\leqslant\dfrac{|p|}{(1-|p|)^2}.$

又 $|a_1|=0<\dfrac{|p|}{(1-|p|)^2}$,所以对于所有的 n,$|a_n|\leqslant\dfrac{|p|}{(1-|p|)^2}$,即 $\{a_n\}$ 有界,结论得证.

7.已知 $n\in\mathbf{N}_+$,证明当 $x\leqslant n$ 时,$n-n\left(1-\dfrac{x}{n}\right)^n e^x\leqslant x^2$.

7.**证**:原不等式等价于证明 $n-x^2\leqslant n\left(1-\dfrac{x}{n}\right)^n e^x$,

①当 $x^2 \geq n$ 时, $n-x^2 \leq 0 < n\left(1-\dfrac{x}{n}\right)^n e^x$, 不等式成立.

②当 $x^2 < n$ 时, 首先求导容易证明当 $t > 0$ 时, $f(t) = e^t - (1+t) > 0$, 即 $e^t > 1+t$, 且又有伯努利不等式: $n \in \mathbf{N}_+$, $x > -1$ 时, $(1+x)^n \geq 1+nx$, 所以有:

$$n\left(1-\frac{x}{n}\right)^n e^x = n\left(\left(1-\frac{x}{n}\right)e^{\frac{x}{n}}\right)^n > n\left(\left(1-\frac{x}{n}\right)\left(1+\frac{x}{n}\right)\right)^n = n\left(1-\frac{x^2}{n^2}\right)^n \geq n\left(1-n\cdot\frac{x^2}{n^2}\right) = n - x^2.$$

故综上, 原题得证.

附: 伯努利不等式的简单证明:

我们证明当 $x > -1$, n 为正整数时, 有 $(1+x)^n \geq 1+nx$.

证: 用归纳法证明:

①当 $n=1$ 时, 结论成立;

②若 $n=k$ 时, 结论成立, 即 $(1+x)^k \geq 1+kx$, 则考虑 $n=k+1$ 时, 有
$(1+x)^{k+1} = (1+x)^k(1+x) \geq (1+kx)(1+x) = 1+(k+1)x+kx^2 \geq 1+(k+1)x.$

故, $n=k+1$ 时, 结论也成立.

则根据归纳法原理, 结论得证.

2014 年北约自主招生数学试题参考解答

一、选择题

1. 设扇形的圆心角为 $\dfrac{\pi}{3}$, 面积为 6π, 将它围成一个圆锥, 则此圆锥的表面积是 （　　）

　A. $\dfrac{13}{2}\pi$ 　　　　　 B. 7π 　　　　　 C. $\dfrac{15}{2}\pi$ 　　　　　 D. 8π

1. **解:** 设该扇形的半径为 r, 则扇形的弧长, 也即圆锥的底面周长为 $\dfrac{\pi r}{3}$, 于是扇形面积为 $\dfrac{1}{2} \times r \times \dfrac{\pi r}{3} = 6\pi$, 解得 $r=6$. 又设底面半径为 r_1, 则有 $2\pi r_1 = \dfrac{\pi r}{3}$, 解得 $r_1=1$. 于是底面积为 $\pi r_1^2 = \pi$, 围成圆锥表面积为 $6\pi + \pi = 7\pi$, 选 B.

2. 将 10 个人分成 3 组, 每组人数分别为 3, 3, 4, 则不同的分法有 _____ 种. （　　）
　A. 1050 　　　　 B. 2014 　　　　 C. 2100 　　　　 D. 4200

2. **解:** 首先取 4 个人, 有 C_{10}^4 种方法, 然后将剩下的 6 个人分为 2 组, 有 $C_6^3 C_3^3$ 种方法, 但考虑到这两个组本身并没有顺序, 所以要除以 2, 于是共 $\dfrac{1}{2} C_{10}^4 C_6^3 C_3^3 = 2100$ 种方法, 选 C.

3. 函数 $f(x)$ 满足: 对于任意实数 a 和 b 有 $f\left(\dfrac{a+2b}{3}\right) = \dfrac{f(a)+2f(b)}{3}$, 又已知 $f(1)=1$, $f(4)=7$, 则 $f(2014)$ 的值是 （　　）

　A. 4027 　　　　 B. 4028 　　　　 C. 4029 　　　　 D. 4030

3. **解:** 由题目条件得, $f(2) = f\left(\dfrac{1 \times 2 + 4}{3}\right) = \dfrac{2f(1)+f(4)}{3} = 3$,

$f(3) = f\left(\dfrac{1+4 \times 2}{3}\right) = \dfrac{f(1)+2f(4)}{3} = 5$, 于是作为选择题, 可以猜测 $f(x) = 2x-1$, 代入验证

参考答案

知 $f\left(\dfrac{a+2b}{3}\right)=2\times\dfrac{a+2b}{3}-1=\dfrac{2a-1+2(2b-1)}{3}=\dfrac{f(a)+2f(b)}{3}$，满足条件，故 $f(2014)=2\times$

$2014-1=4027$，选 A.

4.已知函数 $f(x)=\lg(x^2-2ax+a)$ 的值域为 R，则实数 a 的取值范围是 　　　（　　）

A.$0<a<1$　　　　　B.$0\leqslant a\leqslant1$　　　　　C.$a<0$ 或 $a>1$　　　　　D.$a\leqslant0$ 或 $a\geqslant1$

4.解：由 $f(x)$ 值域为 R，知 $g(x)=x^2-2ax+a$ 的值域包含 $(0,+\infty)$．则要求 $g(x)=0$ 的 $\Delta\geqslant$ 0，即 $\Delta=4a^2-4a\geqslant0$，解得 a 的取值范围为 $(-\infty,0)\bigcup(1,+\infty)$，选 C.

5.设 x,y 均为负数且 $x+y=-1$，则 $xy+\dfrac{1}{xy}$ 具有 　　　　　　　　　　　（　　）

A.最大值 $-\dfrac{17}{4}$　　　B. 最小值 $-\dfrac{17}{4}$　　　C. 最大值 $\dfrac{17}{4}$　　　D. 最小值 $\dfrac{17}{4}$

5.解：不妨设 $x'=-x,y'=-y$，则 $xy=x'y'$，且 $x',y'>0$，$x'+y'=1$，则由基本不等式，知 $1=x'+y'\geqslant2\sqrt{x'y'}$，即 $x'y'\leqslant\dfrac{1}{4}$．故 $xy=x'y'$ 的取值范围为 $\left(0,\dfrac{1}{4}\right]$.考虑函数 $xy+\dfrac{1}{xy}$ 当自变量 xy 在 $\left(0,\dfrac{1}{4}\right]$ 的性质，知其单调递减，不存在最小值，最大值 $\dfrac{1}{4}+\dfrac{1}{\frac{1}{4}}=\dfrac{17}{4}$，所以选 C.

6.能使得函数 $f(x)=\arctan\dfrac{2-2x}{1+4x}+C$ 在 $\left(-\dfrac{1}{4},\dfrac{1}{4}\right)$ 上为奇函数的常数 C 的值为 　（　　）

A.0　　　　　　B.$-\arctan2$　　　　　C.$\arctan2$　　　　　D.不存在

6.解：由于 $f(x)$ 为奇函数，且在 $x=0$ 处有定义，所以 $f(0)=\arctan2+C=0$，所以 $C=-\arctan2$，选 B.

二、解答题

7.(文科)求等差数列 $\{4n+1\}_{1\leqslant n\leqslant200}$ 与 $\{6m-3\}_{1\leqslant m\leqslant200}$ 的所有公共项的和.

7.解：考虑在 $1\leqslant m,n\leqslant200$ 的情况下，$4n+1=6m-3$，即 $m=\dfrac{2n+2}{3}$，由于 m 为正整数，故要求 $3\mid(2n+2)$，则知 $n\equiv2(\bmod\ 3)$，故 $n=2,5,8,\cdots,200$，此时对应有 $m=2,4,6,\cdots,134$，符合题目给的范围，故这两个数列所有公共项的和为 $(4\times2+1)+(4\times5+1)+(4\times8+1)+\cdots+(4\times200+1)=27135$.

8.(文科)设梯形两条对角线的长分别是 5 和 7，高为 3，求该梯形的面积.

8.解：如图，在梯形 $ABCD$ 中，$AC=5$，$BD=7$，高 $AE=BF=3$，则根据勾股定理知，$EC=\sqrt{5^2-3^2}=4$，$DC=\sqrt{7^2-3^2}=2\sqrt{10}$，则梯形的面积为

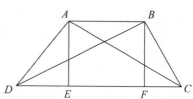

$$S=\dfrac{1}{2}AE(AB+DC)=\dfrac{1}{2}AE(EF+DE+EC)=\dfrac{1}{2}AE$$

$$(DF+EC)=\dfrac{1}{2}\times3\times(4+2\sqrt{10})=6+3\sqrt{10}.$$

9.(文理)证明 $\tan3°$ 是无理数.

9.证：用反证法，若 $\tan3°\in Q$，则根据有理数的四则运算封闭性，知 $\tan6°=\dfrac{2\tan3°}{1-\tan^23°}$ 也是有理

—— 99 ——

数，$\tan 9°=\dfrac{\tan 6°+\tan 3°}{1-\tan 6°\times \tan 3°}$ 也是有理数，从而以此类推，知 $\tan 12°$、$\tan 15°$、$\cdots$、$\tan 57°$、$\tan 60°$ 均为有

理数，但 $\tan 60°=\sqrt{3}$ 是无理数，矛盾，所以假设不成立，即 $\tan 3°\notin Q$，原题得证.

10.（文理）已知实系数二次函数 $f(x)$ 与 $g(x)$，满足 $f(x)=g(x)$ 和 $3f(x)+g(x)=0$ 都只有一对重根，已知 $f(x)$ 有两相异实根，求证：$g(x)=0$ 没有实根.

10. 证：

证法一：

由于 $f(x)=g(x)$ 和 $3f(x)+g(x)=0$ 均有 2 重根，故不妨假设：

$f(x)-g(x)=a_1(x-x_1)^2\cdots\cdots$①，

$3f(x)+g(x)=a_2(x-x_2)^2\cdots\cdots$②.

于是，$\dfrac{①+②}{4}$ 得：

$$f(x)=\dfrac{a_1(x-x_1)^2+a_2(x-x_2)^2}{4}=\dfrac{(a_1+a_2)x^2-(2a_1x_1+2a_2x_2)x+(a_1x_1^2+a_2x_2^2)}{4},$$

$\dfrac{②-3①}{4}$ 得：

$$g(x)=\dfrac{a_2(x-x_2)^2-3a_1(x-x_1)^2}{4}=\dfrac{(a_2-3a_1)x^2-(2a_2x_2-6a_1x_1)x+(a_2x_2^2-3a_1x_1^2)}{4}.$$

又 $f(x)$ 有两相异实根，知 $f(x)$ 的判别式 $\Delta>0$，即：

$$\Delta=\dfrac{1}{16}((2a_1x_1+2a_2x_2)^2-4(a_1+a_2)(a_1x_1^2+a_2x_2^2))$$

$$=\dfrac{1}{4}[a_1^2x_1^2+a_2^2x_2^2+2a_1x_1a_2x_2-a_1^2x_1^2-a_2^2x_2^2-a_1a_2(x_2^2+x_1^2)]$$

$$=-\dfrac{1}{4}a_1a_2(x_2-x_1)^2>0.$$

则 $a_1a_2(x_2-x_1)^2<0$.

这时我们考虑 $g(x)$ 的判别式：

$$\Delta=\dfrac{1}{4}((a_2x_2-3a_1x_1)^2-(a_2-3a_1)(a_2x_2^2-3a_1x_1^2))$$

$$=\dfrac{1}{4}[9a_1^2x_1^2+a_2^2x_2^2-6a_1x_1a_2x_2-9a_1^2x_1^2-a_2^2x_2^2+3a_1a_2(x_2^2+x_1^2)]$$

$$=\dfrac{3}{4}a_1a_2(x_2-x_1)^2.$$

由 $a_1a_2(x_2-x_1)^2<0$ 知，$g(x)$ 的判别式小于 0，故 $g(x)$ 无实根，原题得证.

证法二：

得到 $f(x)=\dfrac{a_1(x-x_1)^2+a_2(x-x_2)^2}{4}$ 之后，注意观察其形式，若 $x_2=x_1$，则 $f(x)=$

$\dfrac{(a_1+a_2)(x-x_1)^2}{4}$ 不可能有两相异实根（在 $a_1+a_2\neq 0$ 时，有 2 重根），故 $x_2\neq x_1$. 又必须有 a_1，a_2

异号，否则 $f(x)$ 必恒正或恒负，例如 a_1，$a_2>0$ 时，则 $a_1(x-x_1)^2\geqslant 0$，$a_2(x-x_2)^2\geqslant 0$，且等号不

能同时取到（$x_2\neq x_1$），故 $f(x)>0$.则再考虑

$g(x)=\dfrac{a_2(x-x_2)^2-3a_1(x-x_1)^2}{4}$，因为 a_1,a_2 异号，故 $a_2,-3a_1$ 同号，则同前面的分析知 $g(x)$ 必恒正或恒负，故无实根，原题得证.

11.（理科）设 $a_1,a_2,\cdots,a_{13}$ 是一个等差数列，定义集合 $M=\{a_i+a_j+a_k\,|\,1\leqslant i<j<k\leqslant 13\}$，问：$0,\dfrac{7}{2},\dfrac{16}{3}$ 是否可以同时属于 M？并证明你的结论.

11.**解**：不能.

证：不妨设 $a_n=a+nd$，显然 $d\neq 0$，则

$M=\{3a+(i+j+k)d\,|\,1\leqslant i<j<k\leqslant 13\}=\{3a+md\,|\,6\leqslant m\leqslant 36\}$.

用反证法，若 $0,\dfrac{7}{2},\dfrac{16}{3}$ 都在 M 中，则不妨设

$$\begin{cases}0=3a+id\cdots\textcircled{1},\\[2mm]\dfrac{7}{2}=3a+jd\cdots\textcircled{2},\\[2mm]\dfrac{16}{3}=3a+kd\cdots\textcircled{3},\end{cases}$$

其中，$6\leqslant i,j,k\leqslant 36$，则 $\dfrac{\textcircled{1}-\textcircled{2}}{\textcircled{1}-\textcircled{3}}$，得 $\dfrac{i-j}{i-k}=\dfrac{21}{32}$，由于 $21,32$ 互质，且 $|i-j|$、$|i-k|$ 均为正整数，所以 $|i-k|\geqslant 32$，但 $6\leqslant i,j,k\leqslant 36$，所以 $|i-k|\leqslant 36-6=30$，矛盾，故假设不成立. 所以 $0,\dfrac{7}{2},\dfrac{16}{3}$ 不能同时在 M 中，结论得证.

12.（理科）已知 $x_i>0(i=1,2,\cdots,n)$，$\prod\limits_{i=1}^{n}x_i=1$，证明：$\prod\limits_{i=1}^{n}(\sqrt{2}+x_i)\geqslant(\sqrt{2}+1)^n$.

12.**证**：

证法一（均值不等式）：

由均值不等式得

$$\dfrac{\sum\limits_{k=1}^{n}\dfrac{\sqrt{2}}{\sqrt{2}+x_k}}{n}\geqslant\sqrt[n]{\prod\limits_{k=1}^{n}\dfrac{\sqrt{2}}{\sqrt{2}+x_k}}=\dfrac{\sqrt{2}}{\sqrt[n]{\prod\limits_{k=1}^{n}\sqrt{2}+x_k}}\cdots\textcircled{1},$$

$$\dfrac{\sum\limits_{k=1}^{n}\dfrac{x_k}{\sqrt{2}+x_k}}{n}\geqslant\sqrt[n]{\prod\limits_{k=1}^{n}\dfrac{x_k}{\sqrt{2}+x_k}}=\dfrac{1}{\sqrt[n]{\prod\limits_{k=1}^{n}\sqrt{2}+x_k}}\cdots\textcircled{2}.$$

$\textcircled{1}+\textcircled{2}$，得 $1\geqslant\dfrac{\sqrt{2}+1}{\sqrt[n]{\prod\limits_{k=1}^{n}\sqrt{2}+x_k}}$，即 $\prod\limits_{i=1}^{n}(\sqrt{2}+x_i)\geqslant(\sqrt{2}+1)^n$，原题得证.

证法二（归纳法）：

①当 $n=1$ 时，$x_1=1$，$\sqrt{2}+x_1=\sqrt{2}+1$，结论成立.

②假设 $n=k$ 时，结论成立，即 $\prod\limits_{i=1}^{k}x_i=1$ 时，有 $\prod\limits_{i=1}^{k}(\sqrt{2}+x_i)\geqslant(\sqrt{2}+1)^k$，

那么考虑 $n=k+1$ 的情况,显然 $x_1,\cdots,x_{k+1}$ 不可能都大于1,也不能都小于1,故而存在一个数不大于1,也存在一个数不小于1,不妨设 $x_k\geqslant 1,x_{k+1}\leqslant 1$,则此时 $(1-x_k)(1-x_{k+1})\leqslant 0$,即 $x_k+x_{k+1}\geqslant 1+x_kx_{k+1}$.

此时就有:

$$\prod_{i=1}^{k+1}(\sqrt{2}+x_i)=\prod_{i=1}^{k-1}(\sqrt{2}+x_i)(\sqrt{2}+x_k)(\sqrt{2}+x_{k+1})=\prod_{i=1}^{k-1}(\sqrt{2}+x_i)(2+\sqrt{2}(x_k+x_{k+1})+x_kx_{k+1})$$

$$\geqslant\prod_{i=1}^{k-1}(\sqrt{2}+x_i)(2+\sqrt{2}(1+x_kx_{k+1})+x_kx_{k+1})=\prod_{i=1}^{k-1}(\sqrt{2}+x_i)(\sqrt{2}+x_kx_{k+1})(\sqrt{2}+1).$$

这时候由归纳假设,因为 $\prod_{i=1}^{k-1}x_i(x_kx_{k+1})=1$,所以 $\prod_{i=1}^{k-1}(\sqrt{2}+x_i)(\sqrt{2}+x_kx_{k+1})\geqslant(1+\sqrt{2})^k$,

所以:

$$\prod_{i=1}^{k+1}(\sqrt{2}+x_i)\geqslant\prod_{i=1}^{k-1}(\sqrt{2}+x_i)(\sqrt{2}+x_kx_{k+1})(\sqrt{2}+1)\geqslant(1+\sqrt{2})^{k+1}.$$

即 $n=k+1$ 时,结论也成立,则由归纳法原理,原题得证.

2014年卓越联盟自主招生数学试题参考答案

一、填空题(原题为选择题)

1.$|x^3|-2x^2+1<0$ 的解集是 _____.

1.**解:**容易看出 $|x^3|-2x^2+1=0$ 有根 $|x|=1$,所以可对不等式左边进行因式分解得:

$$|x^3|-2x^2+1=|x|^3-2|x|^2+1=(|x|-1)(|x|^2-|x|-1)$$

$$=(|x|-1)\left(|x|-\frac{1+\sqrt{5}}{2}\right)\left(|x|-\frac{1-\sqrt{5}}{2}\right),$$

即 $(|x|-1)\left(|x|-\frac{1+\sqrt{5}}{2}\right)\left(|x|-\frac{1-\sqrt{5}}{2}\right)<0$,又 $|x|\geqslant 0$,所以知 $|x|$ 的取值范围为 $\left(1,\frac{1+\sqrt{5}}{2}\right)$,所以 x 的取值范围为 $\left(-\frac{1+\sqrt{5}}{2},-1\right)\cup\left(1,\frac{1+\sqrt{5}}{2}\right)$.

2.在三棱锥 $P-ABC$ 中,$PA\perp$ 底面 ABC,$AC\perp BC$,$AC=2$,二面角 $P-BC-A$ 的大小为 $60°$,三棱锥 $P-ABC$ 的体积为 $\frac{4\sqrt{6}}{3}$,则直线 PB 与平面 PAC 所成的二面角的正弦值为 _____.

2.**解:**考虑二面角 $P-BC-A$,即 $\angle PCA=60°$,$AC=2$,所以 $PC=4$,$PA=2\sqrt{3}$.又

$$V_{P-ABC}=\frac{1}{3}PA\times S_{\triangle ABC}=\frac{1}{3}PA\times\frac{1}{2}AC\times BC=\frac{4\sqrt{6}}{3},$$

代入 PA,AC 解得 $BC=2\sqrt{2}$,则 $AB=2\sqrt{3}$,$AB=\sqrt{AC^2+BC^2}=2\sqrt{3}$,$PB=\sqrt{PA^2+BA^2}=2\sqrt{6}$,

设 B 到面 PAC 的距离为 h,则 $V_{P-ABC}=\frac{1}{3}h\times S_{\triangle APC}=\frac{1}{3}h\times\frac{1}{2}AC\times PA=\frac{4\sqrt{6}}{3}$,解得 $h=2\sqrt{2}$,则 PB 与 PAC 所成二面角的正弦为 $\frac{h}{PB}=\frac{\sqrt{3}}{3}$.

3.已知 $m\in R$,$P(x,y)$ 表示不在直线 $2mx+(1-m^2)y-4m-4=0$ 上的点,求 P 点形成的图

形的面积为_____.

3.解：考虑对于一点 $P(x,y)$，若其不在任何题述的直线上，则意味着对于任意的 m，$2mx+(1-m^2)y-4m-4=0$ 不成立，即关于 m 的方程 $ym^2-(2x-4)m-y+4=0$ 无解，即 $\Delta=(2x-4)^2-4y(4-y)<0$，即 $(x-2)^2+(y-2)^2<2^2$，即该区域为一个半径为 2 的圆，所以面积为 4π.

4.已知 $f(x)=\begin{cases}\dfrac{2x+1}{x^2},x\in\left(-\infty,-\dfrac{1}{2}\right),\\\ln(x+1),x\in\left[-\dfrac{1}{2},+\infty\right),\end{cases}$ $g(x)=x^2-4x-4$，若 $\exists a$ 使 $f(a)+g(b)=0$，则 b 的取值范围为_____.

4.解：考虑当 $x\in\left(-\infty,-\dfrac{1}{2}\right)$ 时，$f(x)=\dfrac{2x+1}{x^2}=\left(\dfrac{1}{x}+1\right)^2-1\in(-1,0)$；当 $x\in\left[-\dfrac{1}{2},+\infty\right)$ 时，$f(x)=\ln(x+1)\in[-\ln2,+\infty)$.故而 $f(x)$ 的取值范围是 $(-1,+\infty)$.则若要 $f(a)=-g(b)$ 对 a 有解，则只要 $g(b)=b^2-4b-4\in(-\infty,1)$，解得 b 的取值范围是 $(-1,5)$.

二、填空题

5.已知 $0<a<1$，分别在区间 $(0,a)$ 和 $(0,4-a)$ 内任取一个数，且取出的两个数之和小于 1 的概率为 $\dfrac{3}{16}$，则 a 的值为_____.

5.解：本题是一个基本的几何概型，记 $x\in(0,a),y\in(0,4-a)$，根据题目条件作图，则知 $x+y<1$ 的概率为图中梯形 $OABC$ 的面积比上矩形 $OAEF$ 的面积，易得 $B(a,1-a)$，所以概率为 $\dfrac{\dfrac{1}{2}a(1+1-a)}{a(4-a)}$，

于是有 $\dfrac{\dfrac{1}{2}a(1+1-a)}{a(4-a)}=\dfrac{3}{16}$，又 $a\in(0,1)$，故解得 $a=\dfrac{4}{5}$.

6.已知 $\overrightarrow{n_1},\overrightarrow{n_2}$ 是平面夹角为 $\theta\left(0\leqslant\theta\leqslant\dfrac{\pi}{2}\right)$ 的两个单位向量，O 为平面内的一个固定点，P 为平面内任意一点，当 $\overrightarrow{OP}=x\overrightarrow{n_1}+y\overrightarrow{n_2}$ 时，定义 (x,y) 为点 P 的斜坐标，现有 A、B 两点，斜坐标分别为 $A(x_1,y_1)$，$B(x_2,y_2)$，则 A、B 两点的距离为_____.

6.解：以 O 为原点，$\overrightarrow{n_1}$ 为 x 轴正方向建立平面直角坐标系，则 $\overrightarrow{n_1}=(1,0)$，$\overrightarrow{n_2}=(\cos\theta,\sin\theta)$.又考虑 $\overrightarrow{OA}=x_1\overrightarrow{n_1}+y_1\overrightarrow{n_2}$，$\overrightarrow{OB}=x_2\overrightarrow{n_1}+y_2\overrightarrow{n_2}$，所以 $A(x_1+y_1\cos\theta,y_1\sin\theta)$，$B(x_2+y_2\cos\theta,y_2\sin\theta)$.于是

$|AB|=\sqrt{(x_1+y_1\cos\theta-x_2-y_2\cos\theta)^2+(y_1\sin\theta-y_2\sin\theta)^2}$
$=\sqrt{(x_1-x_2)^2+(y_1-y_2)^2+2\cos\theta(x_1-x_2)(y_1-y_2)}$.

7.若函数 $y=\sin\left(\omega x+\dfrac{\pi}{4}\right)$ 的对称轴中与 y 轴距离最小的是 $x=\dfrac{\pi}{6}$，则 ω 的值为_____.

7.解：$y=\sin\left(\omega x+\dfrac{\pi}{4}\right)$ 的对称轴为 $\omega x+\dfrac{\pi}{4}=k\pi+\dfrac{\pi}{2}$，即 $x=\dfrac{k\pi+\dfrac{\pi}{4}}{\omega}$，若要求 $|x|=$

$\left|\dfrac{k\pi+\dfrac{\pi}{4}}{\omega}\right|$ 最小，则取 $k=0$，即 $\dfrac{\pi}{6}=\dfrac{\dfrac{\pi}{4}}{\omega}$，则 $\omega=\dfrac{3}{2}$.

8.已知 $A \cup B=\{1,2,3,\cdots,8\}$，$A \cap B=\varnothing$，又 $|A| \notin A$，$|B| \notin B$，则总分配数为_____.

8.解：题目数据规模不大，可以直接分类讨论.

①若 $|A|=0$，$|B|=8$，则 $8 \in B$，矛盾；

②若 $|A|=1$，$|B|=7$，则必须 $1 \in B$，$7 \in A$，有 1 种；

③若 $|A|=2$，$|B|=6$，则 $2 \in B$，$6 \in A$，对于 A 中剩下一个数，还有 $C_6^1=6$ 种选择；

④若 $|A|=3$，$|B|=5$，则 $3 \in B$，$5 \in A$，有 $C_6^2=15$ 种；

⑤若 $|A|=4$，$|B|=4$，则 4 既不能在 A 中，也不能在 B 中，矛盾.

综上，一共有 $2 \times(1+6+15)=44$ 种.

三、解答题

9.已知 $f(x)=\sqrt{2}\sin 2x\cos\alpha+\sqrt{2}\cos 2x\sin\alpha-\sqrt{2}\cos(2x+\alpha)+\cos\alpha$ $(x \in \mathbf{R})$.

(1)已知 $\alpha \in\left[\dfrac{\pi}{4}, \dfrac{\pi}{2}\right]$，求 $f(x)$ 在区间 $\left[0, \dfrac{\pi}{2}\right]$ 上的最大值；

(2)若 $f(x)=3$，求 α，x 的值.

9.解：(1) $f(x)=\sqrt{2}\sin(2x+\alpha)-\sqrt{2}\cos(2x+\alpha)+\cos\alpha=2\sin\left(2x+\alpha-\dfrac{\pi}{4}\right)+\cos\alpha$.

考虑由于 $x \in\left[0, \dfrac{\pi}{2}\right]$，则 $2x+\alpha-\dfrac{\pi}{4} \in\left[\alpha-\dfrac{\pi}{4}, \alpha+\dfrac{3\pi}{4}\right]$，又由于 $\alpha \in\left[\dfrac{\pi}{4}, \dfrac{\pi}{2}\right]$，故

$\dfrac{\pi}{2} \in\left[\alpha-\dfrac{\pi}{4}, \alpha+\dfrac{3\pi}{4}\right]$. 所以当 $2x+\alpha-\dfrac{\pi}{4}=\dfrac{\pi}{2}$，即 $x=\dfrac{3\pi}{8}-\dfrac{\alpha}{2}$，有 $f(x)_{\max}=2+\cos\alpha$.

(2)考虑 $f(x)=2\sin\left(2x+\alpha-\dfrac{\pi}{4}\right)+\cos\alpha \leqslant 2+1=3$，故当 $f(x)=3$ 时，

必有 $\sin\left(2x+\alpha-\dfrac{\pi}{4}\right)=1$ 且 $\cos\alpha=1$，则有 $\begin{cases}2x+\alpha-\dfrac{\pi}{4}=2k_1\pi+\dfrac{\pi}{2}, \\ \alpha=2k_2\pi\end{cases}(k_1,k_2 \in Z)$，

解得 $\begin{cases}x=k_1\pi+\dfrac{3\pi}{4}, \\ \alpha=2k_2\pi\end{cases}(k_1,k_2 \in Z)$.

10.已知双曲线 $\dfrac{x^2}{a^2}-\dfrac{y^2}{b^2}=1$ 的两条渐近线斜率之积为 -3.

(1)若 A，B 在双曲线上，且 AB 过点 $D(0,5a)$，$k_{AB}=1$，$\overrightarrow{AD}=\lambda\overrightarrow{DB}$，求 λ；

(2)A 关于 x 轴的对称点为 M，l_{AB} 与 x 轴交于 P，l_{MB} 与 x 轴交于 Q，求证：$|OP||OQ|=a^2$.

10.解：(1)渐近线斜率之积为 $\left(\dfrac{b}{a}\right)^2=3$，则 $b^2=3a^2$，即双曲线方程为 $\dfrac{x^2}{a^2}-\dfrac{y^2}{3a^2}=1$，直线 AB 方

程为 $y=x+5a$. 将两个方程联立：$\begin{cases}\dfrac{x^2}{a^2}-\dfrac{y^2}{3a^2}=1, \\ y=x+5a,\end{cases}$ 解得 $x_1=7a$，$x_2=-2a$. 于是 $\lambda=\dfrac{|\overrightarrow{AD}|}{|\overrightarrow{DB}|}=\dfrac{|x_A|}{|x_B|}=\dfrac{2}{7}$

或 $\dfrac{7}{2}$.

(2)证：若 $x_A=7a$，$x_B=-2a$，代入直线方程得 $A(7a,12a)$，$B(-2a,3a)$，则 $M(7a,-12a)$，

则直线 $l_{MB}:y=-\dfrac{5}{3}(x+2a)+3a$，于是解得 $P(-5a,0)$，$Q\left(-\dfrac{1}{5}a,0\right)$，则 $|OP||OQ|=a^2$；

若 $x_A = -2a$，$x_B = 7a$，则同理可以解得 $A(-2a, 3a)$，$B(7a, 12a)$，$M(-2a, -3a)$，直线 $l_{MB}: y = \dfrac{5}{3}(x + 2a) - 3a$，$P(-5a, 0)$，$Q(-\dfrac{1}{5}a, 0)$，也有 $|OP||OQ| = a^2$．结论得证．

11.设 $f(x)$ 在 $x \in R$ 上可导，且对于任意的 $x_0 \in R$ 有 $0 < f'(x+x_0) - f'(x_0) < 4x(x>0)$．

(1)证明：$f'(x_0) < \dfrac{f(x+x_0) - f(x_0)}{x}(x>0)$；

(2)若 $|f(x)| \leqslant 1$，则 $|f'(x)| \leqslant 4$．

11.证：(1)原不等式等价于证明在 $x>0$ 时，$f(x+x_0) - f(x_0) - xf'(x_0) > 0$，令
$g(x) = f(x+x_0) - f(x_0) - xf'(x_0)(x \geqslant 0)$，

则 $g'(x) = f'(x+x_0) - f'(x_0)$．考虑题目条件在 $x>0$ 时，有 $f'(x+x_0) - f'(x_0) > 0$，

即 $f'(x)$ 单调递增，所以知 $x>0$ 时，$g'(x) > 0$．又 $g(0) = 0$，

所以在 $x>0$ 时，$g(x) > 0$，即 $f'(x_0) < \dfrac{f(x+x_0) - f(x_0)}{x}$，结论得证．

(2)用反证法．

①若存在 x_0，使 $f'(x_0) > 4$，则由于 $f'(x)$ 单调递增，故 $x>x_0$ 时，$f'(x)>4$．则考虑 $g(x) = f(x) - f(x_0) - 4(x-x_0)$，在 $x>x_0$ 时，$g'(x) = f'(x) - 4 > 0$，即 $g(x)$ 在 $x>x_0$ 时候单调递增．又 $g(x_0) = 0$，则令 $x = x_0 + 1$，得 $g(x_0 + 1) = f(x_0 + 1) - f(x_0) - 4 > 0$，所以 $f(x_0 + 1) - f(x_0) > 4$．但因为 $|f(x)| \leqslant 1$，所以 $f(x_0 + 1) - f(x_0) < 1 - (-1) = 2$，故矛盾，假设不成立．

②若存在 x_0，使 $f'(x_0) < -4$，则由于 $f'(x)$ 单调递增，故 $x<x_0$ 时，$f'(x) < -4$．则考虑 $g(x) = f(x) - f(x_0) + 4(x-x_0)$，在 $x<x_0$ 时，$g'(x) = f'(x) + 4 < 0$，即 $g(x)$ 在 $x<x_0$ 时候单调递减．又 $g(x_0) = 0$，则令 $x = x_0 - 1$，得 $g(x_0 - 1) = f(x_0 - 1) - f(x_0) - 4 > 0$，所以 $f(x_0 - 1) - f(x_0) > 4$．但因为 $|f(x)| \leqslant 1$，所以 $f(x_0 - 1) - f(x_0) < 1 - (-1) = 2$，故矛盾，假设不成立．

综上，结论得证．

12.已知实数列 $\{a_n\}$ 满足 $|a_1| = 1$，$|a_{n+1}| = q|a_n|$，$q>1$，对任意的正整数 n，有 $\sum\limits_{k=1}^{n+1} |a_k| \leqslant 4|a_n|$，设 C 为所有满足上述条件的数列 $\{a_n\}$ 的集合．

(1)求 q；

(2)设 $\{a_n\}$，$\{b_n\} \in C$，$m \in \mathbf{N}_+$，且存在 $n_0 \leqslant m$，使 $a_{n_0} \neq b_{n_0}$，证明：$\sum\limits_{k=1}^{m} a_k \neq \sum\limits_{k=1}^{m} b_k$；

(3)设集合 $A_m = \{\sum\limits_{k=1}^{m} a_k | \{a_n\} \in C\}$，$m \in \mathbf{N}_+$，求 A_m 中所有正数之和．

12.解：(1)考虑 $\sum\limits_{k=1}^{n+1} |a_k| = |a_1| \dfrac{1 - q^{n+1}}{1 - q} \leqslant 4|a_n| = 4|a_1| q^{n-1}$ 恒成立，

即 $\dfrac{1 - q^{n+1}}{1 - q} \leqslant q^{n-1}$，即 $\dfrac{1}{q^{n-1}} \geqslant (q-2)^2$，

考虑左边在 n 无限大时会无限趋近于 0，故只有右边 $(q-2)^2 = 0$，即 $q = 2$．

(2)从同余的角度考虑，设 l 是 $1, 2, 3, \cdots, m$ 中满足 $a_n \neq b_n$ 的最小角标，即 a_l, b_l 中一个为 2^{l-1}，另一个为 -2^{l-1}，则考虑

$$\sum_{k=1}^{m} a_k - \sum_{k=1}^{m} b_k = \sum_{k=1}^{l-1}(a_k - b_k) + (a_l - b_l) + \sum_{k=l+1}^{m}(a_k - b_k)$$

$$= (a_l - b_l) + \sum_{k=l+1}^{m}(a_k - b_k)$$

$$\equiv (a_l - b_l) + a_{l+1} - b_{l+1} \pmod{2^{l+1}}$$

$$\equiv 2^l + 2^l + 2^l \pmod{2^{l+1}}$$

$$\equiv 2^l \pmod{2^{l+1}}.$$

即 $\sum_{k=1}^{m} a_k - \sum_{k=1}^{m} b_k$ 除以 2^{l+1} 的余数不为 0,

故必有 $\sum_{k=1}^{m} a_k - \sum_{k=1}^{m} b_k \neq 0$, 即 $\sum_{k=1}^{m} a_k \neq \sum_{k=1}^{m} b_k$, 结论得证.

(3) 考虑若 $\sum_{k=1}^{m} a_k > 0$, 则因为 $\sum_{k=1}^{m-1} |a_k| = 1 + 2 + 4 + \cdots + 2^{m-2} = 2^{m-1} - 1 < 2^{m-1} = |a_m|$,

故必有 $a_m = 2^{m-1}$, 此时 $a_1, a_2, \cdots, a_{m-1}$ 均可正可负, 故共有 2^{m-1} 组, 而当 $k \leqslant m-1$ 时, a_k 为正和为负的情况数一定一样多, 故求和时恰好抵消,

所以所有正数之和即为 $2^{m-1} a_m = 2^{2m-2}$.

2015 年北京大学生命科学冬令营试卷数学部分参考解答

1.已知函数 $f(x)$ 是偶函数,其图象与 x 轴有 4 个交点,则 $f(x)=0$ 的所有实根之和是   (   )

A.1   B.0   C.2   D.4

1.解:$f(x)$ 关于 y 轴对称,于是交点也是两两关于 y 轴对称,每一对对称的交点的横坐标之和均为 0,所以选 B.

2.若 $a+b=2$,则 $(a^2-b^2)^2-8(a^2+b^2)$ 的值是   (   )

A.-16 B.0   C.6   D.8

2.解:由题意,$(a^2-b^2)^2-8(a^2+b^2)=[2(a-b)]^2-8(4-2ab)=4(a+b)^2-32=-16$,所以选 A.

3.方程 $x^2-6x+k=0$ 的两个实根分别为 x_1 和 x_2,且 $x_1^2 x_2^2 - x_1 - x_2 = 115$,则 $x_1^2+x_2^2+8$ 的值是   (   )

A.66   B.32   C.60   D.80

3.解:根据韦达定理,$\begin{cases} x_1+x_2=6, \\ x_1 x_2=k, \end{cases}$ 于是 $x_1^2 x_2^2 - x_1 - x_2 = k^2-6=115$,所以 $k=\pm11$。又原方程有实数解,所以 $\Delta=36-4k\geqslant0$,所以 $k=-11$。于是 $x_1 x_2=-11$,$x_1^2+x_2^2+8=(x_1+x_2)^2-2x_1 x_2+8=36+22+8=66$,选 A.

4.当 $2\leqslant x\leqslant3$ 时,二次函数 $f(x)=x^2-2x-3$ 的最大值是   (   )

A.-4 B.-3 C.0   D.1

4.解:$f'(x)=2x-2>0,x\in[2,3]$,所以 $f(x)$ 在 $[2,3]$ 单调递增,最大值 $f(3)=0$,选 D.

5.方程 $x^4-y^4-4x^2+4y^2=0$ 表示的图形是   (   )

A.两条平行直线   B.两条相交直线

C.两条平行线与一个圆   D.两条相交直线与一个圆

5.解:题中方程可以整理为 $x^4-y^4-4x^2+4y^2=(x+y)(x-y)(x^2+y^2-4)=0$,所以其表示的图形为直线 $y=-x,y=x$ 和圆 $x^2+y^2=4$,选 D.

6.一个梯形上下底的长度分别为 1 和 4,两条对角线的长度分别为 3 和 4,则梯形面积是

( )

A.3   B.4   C.5   D.6

6.解:如图,梯形 $ABCD$,其中 $AD=1,BC=AC=4,BD=3$。延长 CB 到 E,使 $EB=AD=1$,连接 AE,则 $AEBD$ 为平行四边形,$AE=3,AC=4,EC=5$,所以 $S_{\triangle AEC}=3\times4\div2=6$.又因为 $S_{\triangle ADC}=S_{\triangle AEB}$,所以 $S_{ABCD}=S_{\triangle AEC}=6$.选 D.

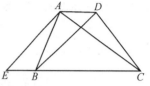

7.设 n 个数 $x_1,x_2,\cdots,x_n$ 的平均数为 $a,t<n,x_1,x_2,\cdots,x_t$ 的平均数为 $b,x_{t+1},\cdots,x_n$ 的平均数为 c,则有

( )

A.$a=b+c$ B.$a=\dfrac{b+c}{2}$ C.$a=c+(b-c)\dfrac{t}{n}$ D.$a=b+(c-b)\dfrac{t}{n}$

7.解:由题意,$x_1+x_2+\cdots+x_n=na=tb+(n-t)c$,解得 $a=c+(b-c)\dfrac{t}{n}$,所以选 C.

8.设 $x\in(0,\pi)$,则函数 $f(x)=|\sqrt{1+\cos x}-\sqrt{1-\cos x}|$ 的取值范围是 ( )

A.$[0,\sqrt{2})$ B.$[0,2)$ C.$[0,\sqrt{2}]$ D.$[0,2]$

8.解:令 $t=\cos x\in(-1,1)$,则 $g(t)=\sqrt{1+t}-\sqrt{1-t}$ 在 $(-1,1)$ 上单调递增,$g(-1)=-\sqrt{2}$,$g(1)=\sqrt{2}$,所以 $g(t)\in(-\sqrt{2},\sqrt{2})$,则 $f(x)$ 即 $|g(t)|$ 的取值范围是 $[0,\sqrt{2})$,选 A.

9.外接球的半径为 1 的正四面体的棱长为 ( )

A.$\dfrac{2\sqrt{6}}{3}$ B.$\dfrac{\sqrt{6}}{2}$ C.$\dfrac{3}{2}$ D.$\dfrac{5}{4}$

9.解:将棱长为 a 的正四面体放入正方体中,四面体的棱为正方体的面对角线,容易得到正方体的棱长为 $\dfrac{\sqrt{2}}{2}a$,正方体及正四面体的外接球半径均为 $\dfrac{\sqrt{2}}{2}a\times\sqrt{3}\times\dfrac{1}{2}=\dfrac{\sqrt{6}}{4}a$。令 $\dfrac{\sqrt{6}}{4}a=1$,得 $a=\dfrac{2\sqrt{6}}{3}$,选 A.

10.设 $f(x)$ 为实函数,满足 $f(c)=c$ 的实数 c 称为 $f(x)$ 的不动点.设 $f(x)=a^x$,其中 $a>0$ 且 $a\neq1$.若 $f(x)$ 恰有两个互不相同的不动点,则 a 的取值范围是 ( )

A.$0<a<1$ B.$1<a<e$ C.$1<a<\sqrt{e}$ D.$1<a<e^{\frac{1}{e}}$

10.解:依题意,要求 $a^x=x$,即 $\ln a=\dfrac{\ln x}{x}$ 有两个不同的实根,考虑函数 $g(x)=\dfrac{\ln x}{x}$,$g'(x)=\dfrac{1-\ln x}{x^2}$,令 $g'(x)=0$,得 $x=e$,$g(x)$ 在 $(0,e)$ 单调递增,在 $(e,+\infty)$ 单调递减,$g(x)_{\max}=g(e)=\dfrac{1}{e}$,从而易知,当 $x\in(0,e)$ 时,$g(x)\in\left(-\infty,\dfrac{1}{e}\right)$;当 $x\in(e,+\infty)$ 时,$g(x)\in\left(0,\dfrac{1}{e}\right)$.所以当 $\ln a\in\left(0,\dfrac{1}{e}\right)$,即 $a\in(1,e^{\frac{1}{e}})$,选 D.

11.设 C_1,C_2 是平面内两个彼此外切且半径不相等的定圆,动圆 C_3 与 C_1,C_2 均外切,则动点

C_3 的圆心轨迹为 （　　）

A.直线　　　　　B.圆或椭圆　　　　　C.抛物线　　　　　D.双曲线的一支

11.解：设圆 C_1,C_2 的半径分别为 r_1,r_2，则 $|C_3C_1|-|C_3C_2|=r_1-r_2\neq0$，故选 D.

12.考虑三维空间中任意给定的空间四边形 $abcd$，其中 a,b,c,d 为四个顶点，四条直线段 ab，bc,cd,da 顺序首尾相连.在 a 点的内角定义为射线 ad 与射线 ab 所成的角，其补角称为 a 点的外角，其它顶点处类似.考虑这种空间四边形的外角和 X，则有 （　　）

A.$X=2\pi$　　　　　　　　　　　B.$X\geqslant2\pi$

C.$X\leqslant2\pi$　　　　　　　　　　D.X 相对于 2π 大小关系不确定，三种可能性都存在

12.解：显然，该四边形的内角和与外角和的和为 4π。考虑其内角和，连结 bd，在 $\triangle abd$ 和 $\triangle bcd$ 中，$\angle abd+\angle adb+\angle bad=\pi$，$\angle bcd+\angle cdb+\angle dbc=\pi$。下面考虑 $\angle abc$ 与 $\angle adc$，设二面角 $a-bd-c$ 为 θ，则根据三射线定理，$\cos\angle abc=\cos\angle abd\cos\angle cbd+\sin\angle abd\sin\angle cbd\cos\theta\geqslant\cos\angle abd\cos\angle cbd-\sin\angle abd\sin\angle cbd=\cos(\angle abd+\angle cbd)$，所以 $\angle abc\leqslant\angle abd+\angle cbd$.同理 $\angle adc\leqslant\angle adb+\angle cdb$.所以该四边形的内角和 $\angle bad+\angle abc+\angle bcd+\angle cda\leqslant\angle abd+\angle adb+\angle bad+\angle bcd+\angle cdb+\angle dbc=2\pi$，所以外角和 $x\geqslant2\pi$，选 B.

13.有 4 副动物拼图，每副一种颜色且各不相同，每副都固定由一动物的 4 个不同部分（如头、身、尾、腿）组成.现在拼图被打乱后重新拼成了 4 副完整的拼图，但每一副都不是完全同色的，则符合上述条件的不同的打乱方式种数是 （　　）

A.14400　　　　　　B.13005　　　　　　C.24^3　　　　　　D.63^4

13.解：用容斥原理，设四种颜色分别为 $1,2,3,4$，四个部分分别为 A,B,C,D。打乱后分成四组，每组均包含每个部分的拼图各一块，不妨用 $A1,A2,A3,A4$ 来代表重组后的四组拼图。对于接下来三种部分 B,C,D 的分配，若没有限制条件，则总的方法共有 $(A_4^4)^3$ 种，若其中有一副图仍旧是同色的，则总方法为 $C_4^1(A_3^3)^3$ 种，若其中有二副仍旧同色，则有 $C_4^2(A_2^2)^3$ 种，若三副同色，则 $C_4^3(A_1^1)^3$ 种，若四副均同色，则 1 种，于是由容斥原理，知符合题意的方法总数为 $(A_4^4)^3-C_4^1(A_3^3)^3+C_4^2(A_2^2)^3-C_4^3(A_1^1)^3+1=13005$，选 B.

14.设有三角形 $A_0B_0C_0$，作它的内切圆，三个切点确定一个新的三角形 $A_1B_1C_1$，再作三角形 $A_1B_1C_1$ 的内切圆，三个切点确定三角形 $A_2B_2C_2$，以此类推，一次一次不停地作下去可以得到一个三角形序列，它们的尺寸来越小，则最终这些三角形的极限情形是 （　　）

A.等边三角形　　　　　　　　　B.直角三角形

C.与原三角形 $A_0B_0C_0$ 相似　　　　D.以上均不对

14.解：为表述方便，我们用 A_n,B_n,C_n 分别表示 $\triangle A_nB_nC_n$ 的三个内角。则如图所示，三角形 $A_nB_nC_n$ 的内切圆圆心 I_n 恰好为三角形 $A_{n+1}B_{n+1}C_{n+1}$ 的外接圆圆心，于是有 $A_{n+1}=\dfrac{1}{2}\angle B_{n+1}I_nC_{n+1}=\dfrac{1}{2}(\pi-A_n)$，即 $A_{n+1}-\dfrac{\pi}{3}=-\dfrac{1}{2}$

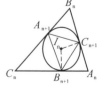

$\left(A_n-\dfrac{\pi}{3}\right)$，从而 $A_n=\left(A_0-\dfrac{\pi}{3}\right)\cdot\left(-\dfrac{1}{2}\right)^n+\dfrac{\pi}{3}$，$n\in\mathbf{N}$.因此，当 $n\to\infty$ 时，$A_n\to$

$\dfrac{\pi}{3}$，同理，B_n,C_n 的极限情形也是 $\dfrac{\pi}{3}$，故最终这些三角形的极限情形是等边三角形，选 A.

2015 年清华大学领军计划自主招生数学试题参考解答

1.设复数 $z=\cos\dfrac{2\pi}{3}+i\sin\dfrac{2\pi}{3}$，则 $\dfrac{1}{1-z}+\dfrac{1}{1-z^2}=$ (   )

   A.0   B.1

   C.$\dfrac{1}{2}$ D.$\dfrac{3}{2}$

1.**解**：可知 $z^3=1$，所以原式 $=\dfrac{z^2}{z^2-z^3}+\dfrac{1}{1-z^2}=\dfrac{z^2}{z^2-1}-\dfrac{1}{z^2-1}=\dfrac{z^2-1}{z^2-1}=1$.选 B.

2.设 $\{a_n\}$ 为等差数列，p,q,k,l 为正整数，则"$p+q>k+l$"是"$a_p+a_q>a_k+a_l$"的   (   )

   A.充分不必要条件   B.必要不充分条件

   C.充要条件   D.既不充分也不必要条件

2.**解**：$a_p+a_p>a_k+a_l$ 与 $(p+q-k-1)d>0$ 等价，其中 d 是等差数列的公差，因为 d 的正负会直接影响不等式的方向，所以 $p+q>k+l$ 是 $a_p+a_p>a_k+a_l$ 的既不充分也不必要条件，选 D.

3.设 A,B 是抛物线 $y=x^2$ 上的两点，O 是坐标原点，若 $OA\perp OB$，则   (   )

   A.$|OA|\cdot|OB|\geqslant2$ B.$|OA|+|OB|\geqslant2\sqrt{2}$

   C.直线 AB 过抛物线 $y=x^2$ 的焦点   D.O 到直线 AB 的距离小于等于 1

3.**解**：设 $A(x_1,x_1^2),B(x_2,x_2^2)$，则因为 $OA\perp OB$，所以 $x_1x_2+x_1^2x_2^2=0$，显然 A,B 不与 O 重合，所以 $x_1x_2\neq0$，则 $x_1x_2=1$。

   对于选项 A，$|OA||OB|=\sqrt{x_1^2+x_1^4}\sqrt{x_2^2+x_2^4}=\sqrt{2+x_1^2+x_2^2}=\sqrt{2+x_1^2+\dfrac{1}{x_1^2}}\geqslant2$，A 正确；

   对于选项 B，$|OA|+|OB|\geqslant2\sqrt{|OA||OB|}\geqslant2\sqrt{2}$，B 正确；

   对于选项 C，直线 AB 的斜率为 $k=\dfrac{x_2^2-x_1^2}{x_2-x_1}=x_2+x_1$，故而直线 AB：$y-x_1^2=(x_2+x_1)(x-x_1)$，即 $y=(x_2+x_1)x+1$，所以 AB 过定点 $(0,1)$，不恒过焦点，C 错误；

   对于选项 D，因为 AB 过定点 $(0,1)$，而点 O 到 $(0,1)$ 的距离为 1，所以 D 正确.

   综上所述，本题选 ABD.

4.设函数 $f(x)$ 的定义域为 $(-1,1)$，且满足：

   ①$f(x)>0,x\in(-1,0)$；

   ②$f(x)+f(y)=f\left(\dfrac{x+y}{1+xy}\right),x,y\in(-1,1)$.

   则 $f(x)$ 为   (   )

   A.奇函数   B.偶函数

   C.减函数   D.有界函数

4.**解**：在②中，令 $x=y=0$，可得 $f(0)=0$，再令 $y=-x$，可得 $f(x)+f(-x)=0$，故而 $f(x)$ 是奇函数，又结合①，知 $f(x)$ 不为偶函数，所以 A 正确，B 错误；

   当 $-1<x<y\leqslant0$ 时，因为 $\dfrac{x-y}{1-xy}<0$，所以 $f(x)-f(y)=f(x)+f(-y)=f\left(\dfrac{x-y}{1-xy}\right)>0$，所以 $f(x)$ 在 $(-1,0]$ 单调递减，又因为 $f(x)$ 是奇函数，所以 $f(x)$ 在 $(-1,1)$ 单调递减，C 正确；

对于选项 D,取 $t_1 \in (0,1)$,则 $(t_1) < 0$,在②中,令 $x = y = t_1$,可得 $f\left(\dfrac{2t_1}{1+t_1^2}\right) = 2f(t_1)$,令 $t_2 = \dfrac{2t_1}{1+t_1^2}$,$t_{n+1} = \dfrac{2t_n}{1+t_n^2}$,则易知 $t_n \in (0,1)$,且 $f(t_n) = 2^{n-1} f(t_1)$,因为 $f(t_1)$ 是非零常数,故 $2^{n-1} f(t_1)$ 在 n 趋于无穷时也趋向于无穷,所以 $f(x)$ 是无界函数,D 错误.综上所述,本题选 AC.

5.如图,已知直线 $y = kx + m$ 与曲线 $y = f(x)$ 相切于两点,则 $F(x) = f(x) - kx$ 有 （ ）

A.2 个极大值点　　　　　　　　　　B.3 个极大值点

C.2 个极小值点　　　　　　　　　　D.3 个极小值点

5.解:本题相当于以直线 $y = kx + m$ 为 x 轴观察 $f(x)$ 的极值点分布,$f(x)$ 斜率为 k 的点有 5 个,其中有 3 个极大值,2 个极小值,选 BC.

6.$\triangle ABC$ 的三边长分别为 a,b,c,若 $c = 2$,$\angle C = \dfrac{\pi}{3}$,且 $\sin C + \sin(B - A) - 2\sin 2A = 0$,则 （ ）

A.$b = 2a$

B.$\triangle ABC$ 的周长为 $2 + 2\sqrt{3}$

C.$\triangle ABC$ 的面积为 $\dfrac{2\sqrt{3}}{3}$

D.$\triangle ABC$ 的外接圆半径为 $\dfrac{2\sqrt{3}}{3}$

6.解:将 $B = \dfrac{2x}{3} - A$ 代入题中等式,得 $\dfrac{\sqrt{3}}{2} + \sin\left(\dfrac{2\pi}{3} - 2A\right) - 2\sin 2A = \dfrac{\sqrt{3}}{2} + \dfrac{\sqrt{3}}{2}\cos 2A - \dfrac{3}{2}\sin 2A = \dfrac{\sqrt{3}}{2} - \sqrt{3}\sin\left(2A - \dfrac{\pi}{6}\right) = 0$,即 $\sin\left(2A - \dfrac{\pi}{6}\right) = \dfrac{1}{2}$,从而 $\begin{cases} A = \dfrac{\pi}{6}, \\ B = \dfrac{\pi}{2}, \end{cases}$ 或 $\begin{cases} A = \dfrac{\pi}{2}, \\ B = \dfrac{\pi}{6}. \end{cases}$

对于 $A = \dfrac{\pi}{6}$,$B = \dfrac{\pi}{2}$,因为 $C = 2$,根据正弦定理,有 $a = \dfrac{2\sqrt{3}}{3}$,$b = \dfrac{4\sqrt{3}}{3}$,周长 $a + b + c = 2 + 2\sqrt{3}$,面积 $S = \dfrac{1}{2}ac\sin B = \dfrac{2\sqrt{3}}{3}$.因为 $\triangle ABC$ 是直角三角形,所以外接圆半径为斜边长 b 的一半,即 $\dfrac{2\sqrt{3}}{3}$;

对于 $A = \dfrac{\pi}{2}$,$B = \dfrac{\pi}{6}$ 的情形,类似可得 $a = \dfrac{4\sqrt{3}}{3}$,$b = \dfrac{2\sqrt{3}}{3}$,周长 $2 + 2\sqrt{3}$,面积 $\dfrac{2\sqrt{3}}{3}$,外接圆半径 $\dfrac{2\sqrt{3}}{3}$.参照两种情形下的结论,知此题选 BCD.

7.设函数 $f(x) = (x^2 - 3)e^x$,则 （ ）

A.$f(x)$ 有极小值,但无最小值　　　　B.$f(x)$ 有极大值,但无最大值

C.若方程 $f(x) = b$ 恰有一个实根,则 $b > \dfrac{6}{e^3}$

D.若方程 $f(x) = b$ 恰有三个不同实根,则 $0 < b < \dfrac{6}{e^3}$

7.解:考虑 $f'(x) = e^x(x+3)(x-1)$,可以作出函数示意图,则 $f(x)$ 在 $x = -3$ 处有极大值 $f(-3) = \dfrac{6}{e^3}$,在 $x = 1$ 处有极小值,也是最小值 $f(1) = -2e$,故知选项 A 错误,B 正确,D 正确.要求 $f(x) = b$ 恰有一个实根,则 b 的取值范围应为 $\{-2e\} \cup \left(\dfrac{6}{e^3}, +\infty\right)$,故 C 错误.所以本题选 ABD.

8.已知 $A=\{(x,y)\,|\,x^2+y^2=r^2\}$，$B=\{(x,y)\,|\,(x-a)^2+(y-b)^2=r^2\}$，已知 $A\bigcap B=\{(x_1,y_1),(x_2,y_2)\}$，则 （　　）

A.$0<a^2+b^2<2r^2$　　　　　　B.$a(x_1-x_2)+b(y_1-y_2)=0$

C.$x_1+x_2=a,y_1+y_2=b$　　　　D.$a^2+b^2=2ax_1+2by_1$

8.解：如图所示，对于选项 A，两圆相交，则圆心距 $OC=\sqrt{a^2+b^2}<2r$，故只能有 $a^2+b^2<4r^2$，所以 A 错误；

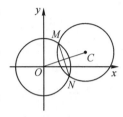

对于选项 B，因为 $MN\perp OC$，即 $\overrightarrow{OC}\cdot\overrightarrow{MN}=0$，即 $a(x_1-x_2)+b(y_1-y_2)=0$，B 正确；

对于选项 C，因为 MN 和 OC 互相垂直平分，所以 $x_1+x_2=a,y_1+y_2=b$，故 C 正确；

对于选项 D，因为点 $M(x_1,y_1)$ 是两个圆的公共点，所以 $x_1^2+y_1^2=r^2$，$(x_1-a)^2+(y_1-b)^2=r^2$，两式相减即得 $a^2+b^2=2ax_1+2by_1$，故 D 正确.

综上所述，本题选 BCD.

9.已知非负实数 x,y,z 满足 $4x^2+4y^2+z^2+2z=3$，则 $5x+4y+3z$ 的最小值为 （　　）

A.1　　　　　　　B.2　　　　　　　C.3　　　　　　　D.4

9.解：因为 x,y,z 都是非负实数，所以 $0\leqslant x,y,z\leqslant1$，所以 $5x\geqslant5x^2\geqslant4x^2$，$4y\geqslant4y^2$，于是 $5x+4y+3z\geqslant4x^2+4y^2+3z=3-z^2-2z+3z=-z(z-1)+3\geqslant3$，当 $x=y=0,z=1$ 时取等号，本题选 C.

10.设数列 $\{a_n\}$ 的前 n 项和为 S_n，若对任意正整数 n，总存在正整数 m，使得 $S_n=a_m$，则 （　　）

A.$\{a_n\}$ 可能为等差数列

B.$\{a_n\}$ 可能为等比数列

C.$\{a_n\}$ 的任意一项均可写成 $\{a_n\}$ 的两项之差

D.对任意正整数 n，总存在正整数 m，使得 $a_n=S_m$

10.解：对于选项 A，取等差数列 $a_n=n$，易验证其满足要求，A 正确.

对于选项 B，若 $\{a_n\}$ 为等比数列，设公比为 q，显然 $q=1$ 不满足要求，考虑 $q\neq1$ 的情况，依题意，应有 $S_{n+1}=a_{m_1}$，$S_{2n+2}=a_{m_2}$，即 $1+q+q^2+\cdots+q^n=q^{m_1}$，$1+q+q^2+\cdots+q^{2n+1}=(1+q+q^2+\cdots+q^n)(1+q^{n+1})=q^{m_2}$，两式相除，得 $1+q^{n+1}=q^{m_2-m_1}$.若 $|q|>1$，则取 n 为奇数，那么 $q^{n+1}>0$，所以 $q^{m_2-m_1}\geqslant|q|^{n+2}$，所以 $1=q^{m_2-m_1}-q^{n+1}\geqslant|q|^{n+2}-q^{n+1}=|q|^{n+1}(|q|-1)$.当 n 足够大时，显然不成立；若 $|q|<1$，则 $|q^{m_2-m_1}|\in(0,|q|]\bigcup\left[\dfrac{1}{|q|},+\infty\right)$，因为 $|q|<1<\dfrac{1}{|q|}$，所以当足够大时，可以使 $1+q^{n+1}\in\left(|q|,\dfrac{1}{|q|}\right)$，故也不成立.从而知选项 B 错误；

对于选项 C，取 $n=2$，则 $a_1+a_2=a_m$，所以 $a_1=a_m-a_2$，当 $n\geqslant2$ 时，$a_n=S_n-S_{n-1}=a_{m_1}-a_{m_2}$，故 C 正确.

对于选项 D，取数列 $a_n=n$，易知不存在 m，使得 $S_m=a_2=2$，故 D 错误.

综上所述，本题选 AC.

11.运动会上，有 6 名选手参加 100 米比赛，观众甲猜测：4 道或 5 道的选手得第一名；观众乙猜测：3 道的选手不可能得第一名；观众丙猜测：1,2,6 道选手中的一位获得第一名；观众丁猜测：4,5,6 道的选手都不可能获得第一名.比赛后发现没有并列名次，且甲、乙、丙、丁中只有 1 人猜对比

赛结果,此人是 　　　　　　　　　　　　　　　　　　　　　　　　　　　　　(　)

A.甲 　　　　　　　　 B.乙 　　　　　　　　 C.丙 　　　　　　　　 D.丁

11.解: 若甲猜对,则乙也猜对,矛盾,所以甲猜错;若乙猜对,则 3 道选手未得第一,又甲猜错,于是 4,5 道选手也未得第一,从而知丙猜对,矛盾,所以乙猜错,那么 3 道选手第一,则丁猜对了.本题选 D.

12. 长方体 $ABCD-A_1B_1C_1D_1$ 中,$AB=2,AD=AA_1=1$,则 A 到平面 A_1BD 的距离为 (　)

A.$\dfrac{1}{3}$ 　　　　　　 B.$\dfrac{2}{3}$ 　　　　　　 C.$\dfrac{\sqrt{2}}{2}$ 　　　　　　 D.$\dfrac{\sqrt{6}}{3}$

12.解: 用体积法计算,设所求距离为 h,则在长方体中,由 $V_{A-A_1BD}=V_{B-A_1AD}$ 得,$h\times S_{\triangle A_1BD}=2\times S_{\triangle A_1AD}$,易知 $S_{\triangle A_1AD}=\dfrac{1}{2}\times 1\times 1=\dfrac{1}{2}$,而 $\triangle A_1BD$ 是三边长分别为 $\sqrt{5},\sqrt{5},\sqrt{2}$ 的等腰三角形,斜边上的高为 $\sqrt{(\sqrt{5})^2-\left(\dfrac{\sqrt{2}}{2}\right)^2}=\dfrac{3\sqrt{2}}{2}$,所以 $S_{\triangle A_1BD}=\dfrac{1}{2}\times\sqrt{2}\times\dfrac{3\sqrt{2}}{2}=\dfrac{3}{2}$,代回即得 $h=\dfrac{2}{3}$,选 B.

13. 设不等式组 $\begin{cases}|x|+|y|\leqslant 2\\ y+2\leqslant k(x+1)\end{cases}$ 所表示的区域为 D,其面积为 S,则 (　)

A.若 $S=4$,则 k 的值唯一 　　　　　　　　 B.若 $S=\dfrac{1}{2}$,则 k 的值有 2 个

C.若 D 为三角形,则 $0<k\leqslant\dfrac{2}{3}$ 　　　　　　 D.若 D 为五边形,则 $k>4$

13.解: $|x|+|y|\leqslant 2$ 表示的是正方形,而 $y+2\leqslant k(x+1)$ 表示过定点 $A(-1,-2)$ 的直线,根据直线斜率的不同,区域的形状和面积都在变化,如图所示。随着 k 的值从 0 变化到 $+\infty$,再由 $-\infty$ 变化到 -2,S 从 0 变化到 7,再由 1 变化到 0,因此选项 A 对,B 错.若要求 D 是三角形,则 k 的取值范围是 $(-\infty,-2)\cup\left(0,\dfrac{2}{3}\right]$,C 错误.要求 D 是五边形,则 $k>4$,D 正确.故本题选 ACD.

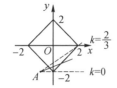 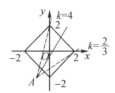

14. $\triangle ABC$ 的三边长是 2,3,4,其外心为 O,则 $\overrightarrow{OA}\cdot\overrightarrow{AB}+\overrightarrow{OB}\cdot\overrightarrow{BC}+\overrightarrow{OC}\cdot\overrightarrow{CA}=$ (　)

A.0 　　　　　　 B.-15 　　　　　　 C.$-\dfrac{21}{2}$ 　　　　　　 D.$-\dfrac{29}{2}$

14.解: 设三角形三边长分别为 a,b,c,注意到 $\overrightarrow{OA}$ 在 $\overrightarrow{AB}$ 方向上的投影长度为边长 AB 的一半,所以原式 $=-\dfrac{1}{2}(a^2+b^2+c^2)=-\dfrac{29}{2}$,选 D.

15. 设随机事件 A 与 B 相互独立,且 $P(B)=0.5,P(A-B)=0.2$,则 (　)

A.$P(A)=0.4$ 　　 B.$P(B-A)=0.3$ 　　 C.$P(AB)=0.2$ 　　 D.$P(A+B)=0.9$

15.解: 因为 AB 相互独立,所以 $P(AB)=P(A)P(B)$,于是 $P(A-B)=0.2=P(A)-P(AB)=P(A)-P(A)P(B)$,代入 $P(B)=0.5$,得 $P(A)=0.4$,A 正确.$P(B-A)=P(B)-P(AB)=0.5-0.4\times 0.5=0.3$,B 正确.$P(AB)=P(A)P(B)=0.2$,C 正确.$P(A+B)=P(A)+P(B)-P$

$(AB)=0.7$,D 错误.故选 ABC.

16.过 $\triangle ABC$ 的重心作直线将 $\triangle ABC$ 分成两部分,则这两部分的面积之比的 （ ）

A.最小值为 $\dfrac{3}{4}$

B.最小值为 $\dfrac{4}{5}$

C.最大值为 $\dfrac{4}{3}$

D.最大值为 $\dfrac{5}{4}$

16.解:如图所示,不妨设该直线与边 AB,AC 相交,且焦点分别为 P,Q,

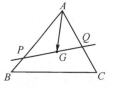

设 $\overrightarrow{AP}=\lambda\overrightarrow{AB},\overrightarrow{AQ}=\mu\overrightarrow{AC}$,则 $S_{\triangle APQ}=\lambda\mu S_{\triangle ABC}$.因为重心 G 满足 $\dfrac{3}{2}\overrightarrow{AG}=\dfrac{1}{2}$

$(\overrightarrow{AB}+\overrightarrow{AC})=\dfrac{1}{2}\overrightarrow{AB}+\dfrac{1}{2}\overrightarrow{AC}$,即 $\overrightarrow{AG}=\dfrac{1}{3\lambda}\overrightarrow{AB}+\dfrac{1}{3\mu}\overrightarrow{AC}$.又因为 P,G,Q 三点共

线,所以 $\dfrac{1}{3\lambda}+\dfrac{1}{3\mu}=1$,即 $\dfrac{1}{\lambda}+\dfrac{1}{\mu}=3$,于是 $3\geqslant 2\sqrt{\dfrac{1}{\lambda\mu}}$,得 $\lambda\mu\geqslant\dfrac{4}{9}$.又因为 $\lambda,\mu\in(0,1]$,所以当 $(\lambda,\mu)=$

$\left(1,\dfrac{1}{2}\right)$ 或 $\left(\dfrac{1}{2},1\right)$ 时,有 $\lambda\mu$ 的最大值 $\dfrac{1}{2}$,故 $\lambda\mu\in\left[\dfrac{4}{9},\dfrac{1}{2}\right]$.则两部分面积比的最小值是 $\dfrac{\dfrac{4}{9}}{1-\dfrac{4}{9}}=\dfrac{4}{5}$,

最大值为 $\dfrac{1-\dfrac{4}{9}}{\dfrac{4}{9}}=\dfrac{5}{4}$,选 BD.

17.从正十五边形的顶点中选出 3 个构成钝角三角形,则不同的选法有 （ ）

A.105 种 　　　B.225 种 　　　C.315 种 　　　D.420 种

17.解:如图,记正十五边形的顶点分别为 $A_1,A_2,\cdots,A_{15}$,考虑问题的

反面,即先求解非钝角三角形的个数.因为这些顶点可以看做在以正十五边

形中心为圆心的圆的圆周上均匀分布的 15 个点,故知一个三角形为非钝角

三角形,等价于三角形的内部或边界包含该十五边形的中心.固定三角形的

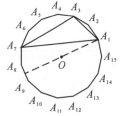

一个顶点为 A_1,当第二个顶点为 A_2 时,第三个顶点只能取 A_9;当第二个顶

点为 A_3 时,第三个顶点可以取 A_9,A_{10};…;第二个顶点为 A_8 时,第三个顶

点可以为 $A_9,A_{10},\cdots,A_{15}$,故共有 $1+2+3+\cdots+7=28$ 个,则以 A_1 为其中一个顶点的钝角三角

形有 $C_{14}^2-28=63$ 个.所以总的钝角三角形个数为 $63\times15\times\dfrac{1}{3}=315$ 个,选 C.

18.已知存在实数 r,使得圆周 $x^2+y^2=r^2$ 上恰好有 n 个整点,则 n 可以等于 （ ）

A.4 　　　　　B.6 　　　　　C.8 　　　　　D.12

18.解:考虑对称性,n 必为 4 的倍数,选项 B 错误.当 $r=1,\sqrt{5},5$ 时,分别对应有 $n=4,8,12$,故

选 ACD.

19.设复数 z 满足 $2|z|\leqslant|z-1|$,则 （ ）

A.$|z|$ 的最大值为 1

B.$|z|$ 的最小值为 $\dfrac{1}{3}$

C.z 的虚部的最大值为 $\dfrac{2}{3}$

D.z 的实部的最大值为 $\dfrac{1}{3}$

19.**解**:设 $z=a+bi$,依题意,有 $2\sqrt{a^2+b^2}\leqslant\sqrt{(a-1)^2+b^2}$,展开整理得

$\left(a+\dfrac{1}{3}\right)^2+b^2\leqslant\dfrac{4}{9}$,即 z 的可行域是以 $\left(-\dfrac{1}{3},0\right)$ 为圆心, $\dfrac{2}{3}$ 为半径的圆的内部

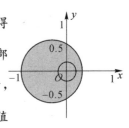

(包括圆周),如图.结合图形可知,当 $z=-1$ 时,有 $|z|$ 的最大值1;当 $z=0$ 时,

有 $|z|$ 的最小值0;当 $z=-\dfrac{1}{3}+\dfrac{2}{3}i$,有虚部最大值 $\dfrac{2}{3}$; $z=\dfrac{1}{3}$ 时,有实部最大值

$\dfrac{1}{3}$.本题选 ACD.

20.设 m , n 是大于零的实数,向量 $\vec{a}=(m\cos\alpha,m\sin\alpha)$, $\vec{b}=(n\cos\beta,n\sin\beta)$,其中 $\alpha,\beta\in[0,2\pi)$ 。定义向量 $\vec{a}^{\frac{1}{2}}=\left(\sqrt{m}\cos\dfrac{\alpha}{2},\sqrt{m}\sin\dfrac{\alpha}{2}\right)$, $\vec{b}^{\frac{1}{2}}=\left(\sqrt{n}\cos\dfrac{\beta}{2},\sqrt{n}\sin\dfrac{\beta}{2}\right)$,记 $\theta=\alpha-\beta$,则 （ ）

A. $\vec{a}^{\frac{1}{2}}\cdot\vec{a}^{\frac{1}{2}}=\vec{a}$

B. $\vec{a}^{\frac{1}{2}}\cdot\vec{b}^{\frac{1}{2}}=\sqrt{mn}\cos\dfrac{\theta}{2}$

C. $|\vec{a}^{\frac{1}{2}}-\vec{b}^{\frac{1}{2}}|^2\geqslant4\sqrt{mn}\sin^2\dfrac{\theta}{4}$

D. $|\vec{a}^{\frac{1}{2}}+\vec{b}^{\frac{1}{2}}|^2\geqslant4\sqrt{mn}\cos^2\dfrac{\theta}{4}$

20.**解**:向量的点乘结果是实数,不是向量,故选项 A 错误; $\vec{a}^{\frac{1}{2}}\cdot\vec{b}^{\frac{1}{2}}=\sqrt{m}\cos\dfrac{\alpha}{2}\cdot\sqrt{n}\cos\dfrac{\beta}{2}+$

$\sqrt{m}\sin\dfrac{\alpha}{2}\cdot\sqrt{n}\sin\dfrac{\beta}{2}=\sqrt{mn}\cos\dfrac{\alpha-\beta}{2}$,B 正确; $|\vec{a}^{\frac{1}{2}}-\vec{b}^{\frac{1}{2}}|^2=\left(\sqrt{m}\cos\dfrac{\alpha}{2}-\sqrt{n}\cos\dfrac{\beta}{2}\right)^2+$

$\left(\sqrt{m}\sin\dfrac{\alpha}{2}-\sqrt{n}\sin\dfrac{\beta}{2}\right)^2=m+n-2\sqrt{mn}\cos\dfrac{\alpha-\beta}{2}\geqslant2\sqrt{mn}\left(1-\cos\dfrac{\theta}{2}\right)=4\sqrt{mn}\sin^2\dfrac{\theta}{2}$,C 正确;

类似地,有 $|\vec{a}^{\frac{1}{2}}+\vec{b}^{\frac{1}{2}}|^2=m+n+2\sqrt{mn}\cos\dfrac{\alpha-\beta}{2}\geqslant2\sqrt{mn}\left(1+\cos\dfrac{\theta}{2}\right)=4\sqrt{mn}\cos^2\dfrac{\theta}{2}$,D 正确.本题选 BCD.

21.设数列 $\{a_n\}$ 满足: $a_1=6$, $a_{n+1}=\dfrac{n+3}{n}a_n$,则 （ ）

A. $\forall n\in\mathbf{N}^*$, $a_n<(n+1)^3$

B. $\forall n\in\mathbf{N}^*$, $a_n\neq2015$

C. $\exists n\in\mathbf{N}^*$, a_n 为完全平方数

D. $\exists n\in\mathbf{N}^*$, a_n 为完全立方数

21.**解**:根据递推公式,累乘法易得 $a_n=n(n+1)(n+2)$.对于选项 A, $a_n=n(n+1)(n+2)=$ $(n+1)(n^2+2n)<(n+1)(n^2+2n+1)=(n+1)^3$,A 正确;

对于选项 B,2015 $=5\times13\times31$,无法表示成 $n(n+1)(n+2)$ 的形式,B 正确;

对于选项 C,考虑方程 $(n-1)n(n+1)=m^2(n>1)$,即 $m^2=n(n^2-1)$,对于 n^2-1 的任意质因子 p ,则 $p|m^2$,又因为 p 是质数,所以 $p|m$,从而 $p^2|m^2$,则 $p^2|(n-1)n(n+1)$,因为 n^2-1 与 n 互质,所以 $p\nmid n$,所以只能 $p^2|(n^2-1)$,因此知 n^2-1 含有任何质因子的幂次都是偶数,所以 $n^2-1=t^2$,这在 n 是大于1的整数时无解,故 C 错误;

对于选项 D,因为 $n^3<n(n+1)(n+2)<(n+1)^3$,所以不存在 a_n 是立方数,D 错误.

综上所述,选 AB.

22.在极坐标系中,下列方程表示的图形是椭圆的有 （ ）

A. $\rho=\dfrac{1}{\cos\theta+\sin\theta}$

B. $\rho=\dfrac{1}{2+\sin\theta}$

C. $\rho=\dfrac{1}{2-\cos\theta}$

D. $\rho=\dfrac{1}{2+2\sin\theta}$

22.**解**:圆锥曲线的极坐标方程为 $\rho=\dfrac{ep}{1-e\cos\theta}$,其中 $0<e<1$ 时为椭圆,故选项中只有 BC 满足要求,A 表示的是直线,D 是抛物线,选 BC.

23.设函数 $f(x)=\dfrac{\sin\pi x}{x^2-x+1}$,则 ( )

A.$f(x)\leqslant\dfrac{4}{3}$ B.$|f(x)|\leqslant|5x|$

C.曲线 $y=f(x)$ 存在对称轴   D.曲线 $y=f(x)$ 存在对称中心

23.**解**:对于选项 A,因为分子 $\sin\pi x$ 的取值范围是 $[-1,1]$,分母 $x^2-x+1=\left(x-\dfrac{1}{2}\right)^2+\dfrac{3}{4}\geqslant$ $\dfrac{3}{4}$,所以 $f(x)\leqslant\dfrac{1}{\dfrac{3}{4}}=\dfrac{4}{3}$,A 正确;

对于选项 B,考虑 $\left|\dfrac{f(x)}{x}\right|=\left|\dfrac{\sin\pi x}{\pi x}\right|\cdot\dfrac{\pi}{\left(x-\dfrac{1}{2}\right)^2+\dfrac{3}{4}}\leqslant\dfrac{4}{3}\pi<5$,B 正确;

对于选项 C,因为 $x=\dfrac{1}{2}$ 同时是分子和分母的对称轴,故也是 $f(x)$ 的对称轴,C 正确;

对于选项 D,若 $f(x)$ 存在对称中心,则结合 C 知,$f(x)$ 为周期函数,而原函数的分母在 $x>\dfrac{1}{2}$ 时会递增至 $+\infty$,而分子是有界的,故不是周期函数,D 错误.

综上所述,本题选 ABC.

24.$\triangle ABC$ 的三边长分别为 a,b,c,若 $\triangle ABC$ 为锐角三角形,则 ( )

A.$\sin A>\cos B$ B.$\tan A>\cot B$ C.$a^2+b^2>c^2$ D.$a^3+b^3>c^3$

24.**解**:对于选项 A,因为 $A+B>\dfrac{\pi}{2}$,即 $A>\dfrac{\pi}{2}-B$,于是 $\sin A>\sin\left(\dfrac{\pi}{2}-B\right)=\cos B$,A 正确;

对于选项 B,由 $A>\dfrac{\pi}{2}-B$,知 $\tan A>\tan\left(\dfrac{\pi}{2}-B\right)=\cot B$,B 正确;

对于选项 C,根据余弦定理,因为 $\cos C=\dfrac{a^2+b^2-c^2}{2ab}>0$,所以 $a^2+b^2>c^2$,C 正确;

对于选项 D,取 $a=4$,$b=5$,$c=6$ 即为反例,D 错误.

综上所述,本题选 ABC.

25.设函数 $f(x)$ 的定义域是 $(-1,1)$,若 $f(0)=f'(0)=1$,则存在实数 $\delta\in(0,1)$,使得 ( )

A.$f(x)>0$,$x\in(-\delta,\delta)$ B.$f(x)$ 在 $(-\delta,\delta)$ 上单调递增

C.$f(x)>1$,$x\in(0,\delta)$ D.$f(x)>1$,$x\in(-\delta,0)$

25.**解**:对于选项 A,因为 $f'(0)=0$,故 $f(x)$ 在 $x=0$ 处连续,又 $f(0)>0$,由极限的保号性,知 A 正确;

对于选项 B,构造 $f(x)=\begin{cases}x^2+x+1,x\in Q,\\ -x^2+x+1,x\in\complement_R Q\end{cases}$,即为反例,B 错误;

对于选项 C,因为 $f'(0)=\lim\limits_{x\to 0}\dfrac{f(x)-f(0)}{x-0}=1>0$,则知存在 $\delta\in(0,1)$,当 $x\in(0,\delta)$ 时,

$\dfrac{f(x)-f(0)}{x-0}>0$,即 $f(x)-f(0)>0$,即 $f(x)>1$,C 正确;

对于选项 D,若存在 $\delta\in(0,1)$,当 $x\in(-\delta,0)$ 时,$f(x)>1$,则根据导数的定义,有 $f'(0)=$

$f'_{-}(0)=\lim\limits_{x\to}\dfrac{f(x)-f(0)}{x-0}<0$,与 $f'(0)=1$ 矛盾,D 错误;

综上所述,本题选 AC.

26.在直角坐标系中,已知 $A(-1,0)$,$B(1,0)$。若对于 y 轴上的任意 n 个不同点 $P_1,P_2,\cdots,$

P_n,总存在两个不同点 P_i,P_j,使得 $|\sin\angle AP_iB-\sin\angle AP_jB|\leqslant\dfrac{1}{3}$,则 n 的最小值为 （　　）

A.3 　　　　　　　B.4 　　　　　　　C.5 　　　　　　　D.6

26.**解**:点 P_i 在 y 轴上,$\angle AP_iB$ 的取值范围是 $(0,\pi)$,$\sin\angle AP_iB$ 的取值范围是 $[0,1]$.若取

$n=3$,则可以取 P_1,P_2,P_3,令其分别满足 $\sin\angle AP_1B=0$,$\sin\angle AP_2B=\dfrac{1}{2}$,$\sin\angle AP_3B=1$,不符

合题目要求.而当 $n=4$ 时,可以将 $[0,1]$ 的范围分成 3 个区间:$\left[0,\dfrac{1}{3}\right]$,$\left(\dfrac{1}{3},\dfrac{2}{3}\right]$,$\left(\dfrac{2}{3},1\right]$,根据抽屉

原理,任取的 4 个点,其对应的 4 个正弦值必有 2 个属于同一区间,它们的差不超过 $\dfrac{1}{3}$,符合要求,

故本题选 B.

27.设非负实数 x,y 满足 $2x+y=1$,$x+\sqrt{x^2+y^2}$ 的 （　　）

A.最小值为 $\dfrac{4}{5}$ 　　　　B.最小值为 $\dfrac{2}{5}$ 　　　　C.最大值为 1 　　　　D.最大值为 $\dfrac{1+\sqrt{2}}{3}$

27.**解**:一方面,$x+\sqrt{x^2+y^2}\leqslant x+(x+y)=1$,当且仅当 $(x,y)=(1,0)$ 或 $\left(0,\dfrac{1}{2}\right)$ 时取等号,

故 C 正确,D 错误;

另一方面,由柯西不等式,$(9+16)(x^2+y^2)\geqslant(3x+4y)^2$,故 $\sqrt{x^2+y^2}\geqslant\dfrac{1}{5}(3x+4y)$,当且仅当

$(x,y)=\left(\dfrac{3}{10},\dfrac{2}{5}\right)$ 时取等,从而 $x+\sqrt{x^2+y^2}\geqslant x+\dfrac{1}{5}(3x+4y)=\dfrac{4}{5}(2x+y)=\dfrac{4}{5}$,故 A 正确,B 错误.

综上所述,本题选 AC.

28.对于 50 个黑球和 49 个白球的任意排列(从左到右排成一行),则 （　　）

A.存在一个黑球,它右侧的白球和黑球一样多

B.存在一个白球,它右侧的白球和黑球一样多

C.存在一个黑球,它右侧的白球比黑球少一个

D.存在一个白球,它右侧的白球比黑球少一个

28.**解**:在左边连放 49 个白球,右边连放 50 个黑球,则知 B,D 错误.在左边连放 50 个黑球,右

边连放 49 个白球,则知 C 错误.对于选项 A,若左边第一个是黑球,或右边第一个是黑球,则该黑球

符合要求,结论成立,否则,当排列中两端都是白球时,从左至右第 i 个黑球右侧的白球数为 w_i,黑

球数为 $b_i=50-i$,则 $i=1$ 时,$w_1-b_1\leqslant 48-49=-1<0$,$i=50$ 时,$w_{50}-b_{50}\geqslant 1-0=1>0$,所以

在 i 由 1 变化到 50 的过程中,w_i 连续递减变化,$w_1\leqslant 48$,$w_{50}\geqslant 1$,b_i 从 49 变化到 0,每次减一,故

必存在某个 i,使 $w_i=b_i$,所以 A 正确.本题选 A.

29.从 1,2,3,4,5 中挑出三个不同数字组成五位数,其中有两个数字各用两次,例如 12231,则能得到的不同的五位数有　　　　　　　　　　　　　　　　　　　　　（　　）

A.300 个　　　　　　　B.450 个　　　　　　　C.900 个　　　　　　　D.1800 个

29.**解**:挑三个数字,有 C_5^3 种,再从中选出 2 个用两次的数,有 C_3^2 种,最后选出的数进行排列,有 $\dfrac{A_5^5}{A_2^2 A_2^2}$ 种,故本题答案为 $C_5^3 C_3^2 \dfrac{A_5^5}{A_2^2 A_2^2}=900$,选 C.

30.设曲线 L 的方程为 $y^4+(2x^2+2)y^2+(x^4-2x^2)=0$,则　　　　　　（　　）

A.L 是轴对称图形　　　　　　　　　　　B.L 是中心对称图形

C.$L\subseteq\{(x,y)|x^2+y^2\leqslant 1\}$　　　　　D.$L\subseteq\left\{(x,y)\left|-\dfrac{1}{2}\leqslant y\leqslant\dfrac{1}{2}\right.\right\}$

30.**解**:因为方程中 x,y 的次数都是偶数,所以将 x,y 换做 $-x,-y$ 代入,方程不变,故 AB 正确.令 $y=0$,得 $x^4-2x^2=0$,有解 $x=\sqrt{2}$,所以点 $(\sqrt{2},0)$ 在曲线上,C 错误.将原方程看做关于 x^2 的一元二次方程,即 $(x^2)^2+(2y^2-2)x^2+y^4+2y^2=0$,则 $\Delta=(2y^2-2)^2-4(y^4+2y^2)=4(1-4y^2)\geqslant 0$,所以 $-\dfrac{1}{2}\leqslant y\leqslant\dfrac{1}{2}$,D 正确.故本题选 ABD.

2015 年北京大学博雅计划数学试题参考解答

一、选择题

1.已知 n 为不超过 2015 的正整数且 $1^n+2^n+3^n+4^n$ 的个位数为 0,则满足条件的正整数 n 的个数为　　　　　　　　　　　　　　　　　　　　　　　　　（　　）

A.1511　　　　　　B.1512　　　　　　C.1513　　　　　　D.前三个答案都不对

1.**解**:要求个位数为 0.即除以 10 余 0.计算易知 $1^n,2^n,3^n,4^n$ 除以 10 的余数分别如下表所示:

n	1	2	3	4	5	6
$1^n \bmod 10$	1	1	1	1	1	⋯
$2^n \bmod 10$	2	4	8	6	2	⋯
$3^n \bmod 10$	3	9	7	1	3	⋯
$4^n \bmod 10$	4	6	4	6	4	⋯
$(1^n+2^n+3^n+4^n)\bmod 10$	0	0	0	4	0	⋯

由于同余具有周期性,所以知当 $n\bmod 4=1,2,3$ 时,$1^n+2^n+3^n$ 的个位数均为 0,而 $2015=4\times503+3$,所以满足条件的 n 有 $503\times3+3=1512$ 个,选 B.

2.在内切圆半径为 1 的直角三角形 ABC 中,$\angle C=90°$,$\angle B=30°$,内切圆与 BC 切于 D,则 A 到 D 的距离 AD 等于　　　　　　　　　　　　　　　　　　（　　）

A.$\sqrt{4+2\sqrt{3}}$　　　　　　　　　　　B.$\sqrt{3+2\sqrt{3}}$

C.$\sqrt{3+4\sqrt{3}}$　　　　　　　　　　　D.前三个答案都不对

2. 解：由于 $\angle C=90°$，$\angle B=30°$，设 $AC=x$，则 $AB=2x$，$BC=\sqrt{3}\,x$. 因为内切圆的半径为 1，根据面积法，易知 $\frac{1}{2}AC\times BC=\frac{1}{2}\times 1\times(AB+$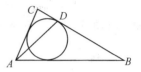

$BC+CA)$，即 $\frac{\sqrt{3}}{2}x^2=\frac{1}{2}\times(3+\sqrt{3})x$，所以 $x=\sqrt{3}+1$. 于是 $AD=$

$\sqrt{AC^2+CD^2}=\sqrt{(\sqrt{3}+1)^2+1^2}=\sqrt{5+2\sqrt{3}}$，所以选 D.

3. 正方形 $ABCD$ 内部一点 P 满足 $AP:BP:CP=1:2:3$，则 $\angle APB$ 等于 （ ）

A.120° B.135° C.150° D.前三个答案都不对

3. 解：如图，将 $\triangle APB$ 绕点 B 顺时针旋转 $90°$ 到 $\triangle CP'E$ 的位置，连接 PP'. 设 $AP=1$，则 $BP=2$，$CP=3$. 因为 $BP=BP'$，$\angle P'BP=90°$，所以 $P'P=$

$\sqrt{PB^2+P'B^2}=2\sqrt{2}$. 又因为 $CP=3=\sqrt{P'C^2+P'P^2}$，所以 $\angle PP'C=90$，所以 $\angle APB=\angle BP'C=135°$. 选 B.

4. $\dfrac{1}{x}+\dfrac{1}{y}=\dfrac{1}{2015}$，满足 $x\leqslant y$ 的正整数对 (x,y) 的个数为 （ ）

A.12 B.15 C.18 D.前三个答案都不对

4. 解：原方程即 $(x-2015)(y-2015)=2015^2$. 由于 x,y 都是正整数，所以易知 $x-2015,y-2015$ 也都是正整数，且 $x-2015\leqslant y-2015$. 而 $2015^2=5^2\times 13^2\times 31^2$，共有 $3\times3\times3=27$ 个正因数，所以可以凑成 $\dfrac{27+1}{2}=14$ 对，选 D.

5. 已知 $a,b,c\in Z$，且 $(a-b)(b-c)(c-a)=a+b+c$，则 $a+b+c$ 可能为 （ ）

A.126 B.144 C.162 D.前三个答案都不对

5. 解：若 a,b,c 除以 3 的余数均不相同，则 $3\mid(a+b+c)$，$3\nmid(a-b)(b-c)(c-a)$，等式不成立；若 a,b,c 中有两个数除以 3 的余数相同，另一个数除以 3 的余数与这两个数不同，则 $3\nmid(a+b+c)$，$3\mid(a-b)(b-c)(c-a)$，等式也不成立.

所以必有 a,b,c 除以 3 的余数均相同，则 $3\times3\times3=27\mid(a-b)(b-c)(c-a)$，所以 $27\mid(a+b+c)$. 所以排除选项 A 和 B. 对于 $162=3\times6\times9$，则令 $a=50,b=53,c=59$，即可. 选 C.

二、填空题

6. 设 α 为复数，$\bar{\alpha}$ 表示 α 的共轭，已知 $|\alpha-\bar{\alpha}|=2\sqrt{3}$ 且 $\dfrac{\alpha}{\bar{\alpha}^2}$ 为纯虚数，则 $|\alpha|$ 的值为 _____.

6. 解：设 α 的模长为 r，辐角 θ，由 $|\alpha-\bar{\alpha}|=2\sqrt{3}$，知 $|2r\sin\theta|=2\sqrt{3}$，又 $\dfrac{\alpha}{\bar{\alpha}^2}$ 为纯虚数，则 $3\theta=k\pi+\dfrac{\pi}{2}(k\in Z)$，所以 $\theta=\dfrac{k\pi}{3}+\dfrac{\pi}{6}(k\in Z)$，所以 $|\sin\theta|=\dfrac{1}{2}$ 或 1，所以 $|\alpha|=r=\sqrt{3}$ 或 $2\sqrt{3}$.

7. 椭圆 $\dfrac{x^2}{a^2}+\dfrac{y^2}{b^2}=1$ 的一条切线与 x,y 轴交于 A,B 两点，则三角形 AOB 的面积的最小值为 _____.

7. 解：用椭圆的参数方程 $\begin{cases}x=a\cos\theta,\\y=b\sin\theta,\end{cases}$ 设切点为 $P(a\cos\theta,b\sin\theta)$，则切线方程为 $\dfrac{\cos\theta}{a}x+\dfrac{\sin\theta}{b}y=$

1.则分别令 $x=0,y=0$,可以得到切线与坐标轴的交点坐标 $A\left(\dfrac{a}{\cos\theta},0\right)$,

$B\left(0,\dfrac{b}{\sin\theta}\right)$.所以 $S_{\triangle AOB}=\dfrac{1}{2}\left|\dfrac{a}{\cos\theta}\cdot\dfrac{b}{\sin\theta}\right|=\left|\dfrac{ab}{\sin2\theta}\right|\geqslant ab$,所以面积最小

值为 ab.

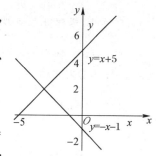

8. 已知 $x^2-y^2+6x+4y+5=0$,则 x^2+y^2 的最小值是_____.

8. **解:** 原方程可以化简为 $(x+3)^2-(y-2)^2=0$,所以 $|x+3|=$ $|y-2|$,即 $y=x+5$ 或 $y=-x-1$.在坐标系中画出这两条直线,易知 x^2+y^2 的最小值即原点到 $y=-x-1$ 的距离的平方,即 $\dfrac{1}{2}$.

9. 已知点集 $M=\{(x,y)\mid\sqrt{1-x^2}\cdot\sqrt{1-y^2}\geqslant xy\}$,则_____.

9. **解:** $\sqrt{1-x^2}\sqrt{1-y^2}\geqslant xy$ 等价于

$$\begin{cases}|x|\leqslant 1,\\ |y|\leqslant 1,\\ xy\leqslant 0,\end{cases}\text{或}\begin{cases}|x|\leqslant 1,\\ |y|\leqslant 1,\\ xy>0,\\ 1-x^2-y^2\geqslant 0.\end{cases}$$

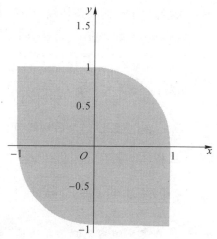

即由如图所示的两个边长为 1 的正方形和两个半径为 1 的四分之一扇形组成.

易知面积为 $2+\dfrac{\pi}{2}$.

10. 现要登上 10 级台阶,每次可以登 1 级或 2 级,则不同的登法共有_____.

10. **解:** 设按照题述规则,登上 n 级台阶,不同的登法共有 a_n 种,则显然 $a_1=1,a_2=2$.考虑 $n\geqslant 3$ 时,若第一步登 1 级,则余下有 a_{n-1} 种登法,若第一步登 2 级,则余下有 a_{n-2} 种登法,所以 $a_n=a_{n-1}+a_{n-2}$.则根据递推公式,易得 $a_{10}=89$,即共有 89 种不同的登法.

2016 年清华大学自主招生暨领军计划试题参考解答

1.已知函数 $f(x)=(x^2+a)e^x$ 有最小值,则函数 $g(x)=x^2+2x+a$ 的零点个数为 ( )

A.0   B.1   C.2   D.取决于 a 的值

1.**解:** 因为 $f'(x)=(x^2+2x+a)e^x=g(x)e^x$,其中 $e^x>0$,若 $g(x)$ 只有 0 个或 1 个零点,都有 $f'(x)\geqslant 0,f(x)$ 单调递增,没有最小值,只能 $g(x)$ 有 2 个不同的零点才满足要求,所以选 C.

2.已知 $\triangle ABC$ 的三个角 A,B,C 所对的边分别为 a,b,c.下列条件中,能使得的形状唯一确定的有 ( )

A. $a=1,b=2,c\in Z$

B. $A=150°,a\sin A+c\sin C+\sqrt{2}a\sin C=b\sin B$

C. $\cos A\sin B\cos C+\cos(B+C)\cos B\sin C=0,C=60°$

D. $a=\sqrt{3},b=1,A=60°$

2.**解:** 对于 A,根据三边关系定理,$b-a<c<a+b,c$ 只能取 2,正确;

对于 B,根据正弦定理,$a^2+c^2+\sqrt{2}ac=b^2$,即 $\cos B=-\dfrac{\sqrt{2}}{2}$,$B=135°$,该三角形无解;

对于 C,条件即 $\cos A\sin(B-C)=0$,则可以有 $A=90°$,$B=30°$,$C=60°$ 或 $A=60°$,$B=60°$,$C=60°$,三角形不唯一;

对于 D,根据正弦定理,$\sin B=\dfrac{1}{2}$,又因为 $A=60°$,所以只能 $B=30°$,$C=90°$,三角形唯一,正确.

综上所述,选 AD.

3.已知函数 $f(x)=x^2-1$,$g(x)=\ln x$.下列说法中正确的有 （　　）

A.$f(x)$ 与 $g(x)$ 在点 $(1,0)$ 处有公切线

B.存在 $f(x)$ 的某条切线与 $g(x)$ 的某条切线互相平行

C.$f(x)$ 与 $g(x)$ 有且只有一个交点

D.$f(x)$ 与 $g(x)$ 有且只有两个交点

3.解:$f'(x)=2x$,$g'(x)=\dfrac{1}{x}$,则 $f(x)$ 和 $g(x)$ 在 $(1,0)$ 处切线的斜率不同,A 错误;

$f(x)$ 在 $\left(\dfrac{1}{2},-\dfrac{3}{4}\right)$ 处的切线为 $y=x-\dfrac{5}{4}$,$g(x)$ 在 $(1,0)$ 处的切线为 $y=x-1$,这两条切线平行,B 正确;

考虑 $h(x)=f(x)-g(x)=x^2-1-\ln x(x>0)$,$h'(x)=2x-\dfrac{1}{x}$,令 $h'(x)=0$,得 $x=\dfrac{\sqrt{2}}{2}$,则

知 $h(x)$ 在定义域内先减后增.$h\left(\dfrac{\sqrt{2}}{2}\right)=\dfrac{1}{2}(\ln 2-1)<0$,且当 x 趋向于 0 和 $+\infty$ 时,都有 $h(x)\to$

$+\infty$,所以 $h(x)$ 有两个零点,故 C 错误,D 正确.

综上所述,选 BD.

4.过抛物线 $y^2=4x$ 的焦点 F 作直线交抛物线于 A,B 两点,M 为线段 AB 的中点.下列说法中正确的有 （　　）

A.以线段 AB 为直径的圆与直线 $x=-\dfrac{2}{3}$ 一定相离

B.$|AB|$ 的最小值为 4

C.$|AB|$ 的最小值为 2

D.以线段 BM 为直径的圆与 y 轴一定相切

4.解:抛物线的焦点 $F(1,0)$.准线 $x=-1$,点 M 到准线的距离为 $\dfrac{1}{2}(|AF|+|BF|)=\dfrac{1}{2}|AB|$,

所以以 AB 为直径的圆与准线相切,故与 $x=-\dfrac{3}{2}$ 相离,A 正确;

设直线 $AB:x=my+t$,因为过焦点 $(1,0)$,所以 $t=1$.与抛物线联立 $\begin{cases} y^2=4x, \\ x=my+1, \end{cases}$ 得 y^2-

$4my-4=0$,则 $\begin{cases} y_1+y_2=4m, \\ y_1y_2=-4. \end{cases}$ $|AB|=\sqrt{(x_1-x_2)^2+(y_1-y_2)^2}=\sqrt{(1+m^2)(y_1-y_2)^2}=$

$\sqrt{(1+m^2)((y_1+y_2)^2-4y_1y_2)}=\sqrt{(1+m^2)((4m)^2+4\times 4)}=4(1+m^2)\geqslant 4$,所以 B 正确,C

错误;

对于选项 D,过作准线的垂线,垂足为 H,连接 BH,设 BM 中点 E,BH 中点 F,则 $2EF=MH=MB=2ME$,EF 既是 $\triangle BMH$ 的中位线,也是以 BM 为直径的圆的半径.若该圆与 y 轴相切,则 F 在 y 轴上,横坐标 0,又 H 横坐标 -1,所以 B 横坐标 1.但显然 B 的横坐标并不总是 1,所以 D 错误.

综上所述,选 AB.

5.已知 F_1,F_2 是椭圆 $C:\dfrac{x^2}{a^2}+\dfrac{y^2}{b^2}=1(a>b>0)$ 的左、右焦点,P 是椭圆 C 上一点.下列说法中正确的有 （　　）

A.$a=\sqrt{2}b$ 时,满足 $\angle F_1PF_2=90°$ 的点 P 有 2 个

B.$a>\sqrt{2}b$ 时,满足 $\angle F_1PF_2=90°$ 的点 P 有 4 个

C.$\triangle F_1PF_2$ 的周长小于 $4a$

D.$\triangle F_1PF_2$ 的面积小于等于 $\dfrac{a^2}{2}$

5.解:对于选项 AB,

$$\cos\angle F_1PF_2=\frac{|PF_1|^2+|PF_2|^2-|F_1F_2|^2}{2|PF_1||PF_2|}$$

$$=\frac{(|PF_1|+|PF_2|)^2-|F_1F_2|^2}{2|PF_1||PF_2|}-1$$

$$=\frac{2b^2}{|PF_1||PF_2|}-1\geq\frac{2b^2}{\left(\frac{|PF_1|+|PF_2|}{2}\right)^2}-1$$

$$=\frac{2b^2}{a^2}-1,$$

等号当点 P 位于短轴顶点时取到.当 $a=\sqrt{2}b$ 时,$\dfrac{2b^2}{a^2}-1=0$,两个短轴顶点恰能使 $\angle F_1PF_2=90°$,A 正确;当 $a>\sqrt{2}b$ 时,$\dfrac{2b^2}{a^2}-1<0$,P 位于短轴顶点时,$\angle F_1PF_2$ 为钝角,根据对称性,在四个象限各有一个点能使 $\angle F_1PF_2=90°$,B 正确;

$\triangle F_1PF_2$ 的周长为 $|F_1F_2|+|F_1P|+|F_2P|=2a+2c<4a$,C 正确;

$\triangle F_1PF_2$ 的面积为 $\dfrac{1}{2}|PF_1||PF_2|\sin\angle F_1PF_2\leq\dfrac{1}{2}|PF_1||PF_2|\leq\dfrac{1}{2}\left(\dfrac{|PF_1|+|PF_2|}{2}\right)^2=\dfrac{a^2}{2}$,D 正确.

综上所述,选 ABCD.

6.甲、乙、丙、丁四个人参加比赛,有两人获奖.比赛结果揭晓之前,四个人作了如下猜测.

甲:两名获奖者在乙、丙、丁中;

乙:我没有获奖,丙获奖了;

丙:甲、丁中有且只有一人获奖;

丁:乙说得对.

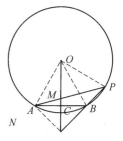

已知四个人中有且只有两个人的猜测是正确的,那么两名获奖者是 （   ）

A.甲　　　　　B.乙　　　　　C.丙　　　　　D.丁

6.解:乙和丁两人要么都猜对,要么都猜错.若乙丁猜对,则甲丙猜错,那么根据乙的话,乙获奖,丙没有,又甲猜错,所以甲获奖,但此时丙也猜对,故矛盾;若乙丁猜错,甲丙猜对,则根据丙的话,乙丙中有一人获奖,又乙猜错,所以乙获奖,并没有,又甲猜对,所以丁获奖,符合要求,故而选 BD.

7.已知 AB 为圆 O 的一条弦(非直径), $OC \perp AB$ 于 $C.P$ 为圆 O 上任意一点,直线 PA 与直线 OC 相交于点 M,直线 PB 与直线 OC 相交于点 N.以下说法正确的有 （   ）

A.O,M,B,P 四点共圆　　　　　B.A,M,B,N 四点共圆

C.A,O,P,N 四点共圆　　　　　D.前三个选项都不对

7.解:由于 $\angle OBM = \angle OAM = \angle OPM$,所以 O,M,B,P 四点共圆,A 正确;若 A,M,B,N 共圆,则 MN 为直径,则 $\angle MAN = 90°$,而 $\angle MAN = \angle MBN = \angle MOP$,$\angle MOP$ 显然不总为 $90°$,B 错误;由于 $\angle MAN = \angle MBN = \angle MOP$,所以 A,O,P,N 四点共圆,C 正确.综上所述,选 AC.

8.$\sin A + \sin B + \sin C > \cos A + \cos B + \cos C$ 是 $\triangle ABC$ 为锐角三角形的 （   ）

A.充分非必要条件　　　　　B.必要非充分条件

C.充分必要条件　　　　　D.既不充分也不必要条件

8.解:必要性:考虑 $A + B > \dfrac{\pi}{2}$,即 $A > \dfrac{\pi}{2} - B$,$\sin A > \sin\left(\dfrac{\pi}{2} - B\right) = \cos B$,同理有 $\sin B > \cos C$,$\sin C > \cos A$,所以相加得 $\sin A + \sin B + \sin C > \cos A + \cos B + \cos C$;令 $A = \dfrac{\pi}{2}$,$B = C = \dfrac{\pi}{4}$,则题述不等式成立,但 $\triangle ABC$ 不是锐角三角形,故充分性不成立.因此选 B.

9.已知 x,y,z 为正整数,$x \leqslant y \leqslant z$,那么方程 $\dfrac{1}{x} + \dfrac{1}{y} + \dfrac{1}{z} = \dfrac{1}{2}$ 的解的组数为 （   ）

A.8　　　　　B.10　　　　　C.11　　　　　D.12

9.解:因为 $\dfrac{1}{x} < \dfrac{1}{2} = \dfrac{1}{x} + \dfrac{1}{y} + \dfrac{1}{z} \leqslant \dfrac{3}{x}$,所以 $3 \leqslant x \leqslant 6$.

若 $x = 3$,则 $\dfrac{1}{y} + \dfrac{1}{z} = \dfrac{1}{6}$,即 $(y-6)(z-6) = 36$,解得 $\begin{cases} y = 7, \\ z = 42, \end{cases} \begin{cases} y = 8, \\ z = 24, \end{cases} \begin{cases} y = 9, \\ z = 18, \end{cases} \begin{cases} y = 10, \\ z = 15, \end{cases} \begin{cases} y = 12, \\ z = 12, \end{cases}$ 共计 5 组解;

若 $x = 4$,则 $\dfrac{1}{y} + \dfrac{1}{z} = \dfrac{1}{4}$,即 $(y-4)(z-4) = 16$,解得 $\begin{cases} y = 5, \\ z = 20, \end{cases} \begin{cases} y = 6, \\ z = 12, \end{cases} \begin{cases} y = 8, \\ z = 8, \end{cases}$ 共计 3 组解;

若 $x = 5$,则 $\dfrac{1}{y} + \dfrac{1}{z} = \dfrac{3}{10} \leqslant \dfrac{2}{y}$,得 $y \leqslant \dfrac{20}{3}$,即 $y = 5$ 或 6,易得此时 $\begin{cases} y = 5, \\ z = 10, \end{cases}$ 1 组解;

若 $x = 6$,则 $\dfrac{1}{y} + \dfrac{1}{z} = \dfrac{1}{3}$,即 $(y-3)(z-3) = 9$,$\begin{cases} y = 6, \\ z = 6, \end{cases}$ 1 组解.

综上所述,共有 10 组解,选 B.

10.已知集合 $A = \{a_1, a_2, \cdots, a_n\}$,任取 $1 \leqslant i < j < k \leqslant n$,$a_i + a_j \in A$,$a_j + a_k \in A$,$a_k + a_i \in A$

这三个式子中至少有一个成立,则 n 的最大值为 　　　　　　　　　　　　　　(　)

A.6　　　　　　B.7　　　　　　C.8　　　　　　D.9

10.解:不妨设 $a_1>a_2>\cdots>a_n$,若集合中有 4 个正数,则 $a_1>a_2>a_3>a_4>0$,于是 $a_2+a_3>a_2+a_4>a_2$,则只能 $a_2+a_3=a_2+a_4=a_1$,于是 $a_3=a_4$,矛盾.所以集合中至多 3 个正数,同理,集合中至多 3 个负数.而 $\{3,2,1,0,-1,-2,-3\}$ 满足条件,故 n 最大是 7.选 B.

11.已知 $\alpha=1°,\beta=61°,\gamma=121°$,则下列各式中成立的有 　　　　　　　(　)

A.$\tan\alpha\tan\beta+\tan\beta\tan\gamma+\tan\gamma\tan\alpha=3$　　B.$\tan\alpha\tan\beta+\tan\beta\tan\gamma+\tan\gamma\tan\alpha=-3$

C.$\dfrac{\tan\alpha+\tan\beta+\tan\gamma}{\tan\alpha\tan\beta\tan\gamma}=3$　　D.$\dfrac{\tan\alpha+\tan\beta+\tan\gamma}{\tan\alpha\tan\beta\tan\gamma}=-3$

11.解:令 $x=\tan\alpha,y=\tan\beta,z=\tan\gamma$,则 $\tan(\beta-\alpha)=\sqrt{3}=\dfrac{y-x}{1+xy}$,即 $y-x=\sqrt{3}(1+xy)$,同理,$z-y=\sqrt{3}(1+yz),x-z=\sqrt{3}(1+zx)$.这三式相加,得 $xy+yz+zx=-3$,所以 A 错误,B 正确;

类似地,根据 $y-x=\sqrt{3}(1+xy)$,有 $\dfrac{1}{x}-\dfrac{1}{y}=\sqrt{3}\left(\dfrac{1}{xy}+1\right),\dfrac{1}{y}-\dfrac{1}{z}=\sqrt{3}\left(\dfrac{1}{yz}+1\right),\dfrac{1}{z}-\dfrac{1}{x}=\sqrt{3}\left(\dfrac{1}{zx}+1\right)$.三式相加,$\dfrac{1}{xy}+\dfrac{1}{yz}+\dfrac{1}{zx}=-3$,所以 C 错误,D 正确.

综上所述,选择 BD.

12.已知实数 a,b,c 满足 $a+b+c=1$,则 $\sqrt{4a+1}+\sqrt{4b+1}+\sqrt{4c+1}$ 的最大值与最小值乘积属于区间 　　　　　　　　　　　　　　　　　　　　　　　　　　　　　　(　)

A.$(11,12)$　　　　B.$(12,13)$　　　　C.$(13,14)$　　　　D.$(14,15)$

12.解:令 $f(x)=\sqrt{4x+1}$,则 $f'(x)=\dfrac{2}{\sqrt{4x+1}}$,作出 $f(x)$ 的图象,

容易求得其在 $x=\dfrac{1}{3}$ 处的切线:$y=\dfrac{2\sqrt{21}}{7}\left(x-\dfrac{1}{3}\right)+\dfrac{\sqrt{21}}{3}$,过点 $\left(-\dfrac{1}{4},0\right)$ 和 $\left(\dfrac{3}{2},\sqrt{7}\right)$ 的割线:$y=\dfrac{4}{\sqrt{7}}x+\dfrac{1}{\sqrt{7}}$,如图所示.于是可以知道在

$-\dfrac{1}{4}\leqslant x\leqslant\dfrac{3}{2}$ 时,有 $\dfrac{4}{\sqrt{7}}x+\dfrac{1}{\sqrt{7}}\leqslant\sqrt{4x+1}\leqslant\dfrac{2\sqrt{21}}{7}\left(x-\dfrac{1}{3}\right)+\dfrac{\sqrt{21}}{3}$,左侧等号当 $x=-\dfrac{1}{4}$ 或 $x=\dfrac{3}{2}$ 时

取到,右侧等号当 $x=\dfrac{1}{3}$ 时取到.因此 $\sqrt{4a+1}+\sqrt{4b+1}+\sqrt{4c+1}\geqslant\dfrac{4}{\sqrt{7}}(a+b+c)+\dfrac{3}{\sqrt{7}}=\sqrt{7}$,当

$a=b=-\dfrac{1}{4},c=\dfrac{3}{2}$ 时取到等号;$\sqrt{4a+1}+\sqrt{4b+1}+\sqrt{4c+1}\leqslant\dfrac{2\sqrt{21}}{7}(a+b+c-1)+\sqrt{21}=\sqrt{21}$,

当 $a=b=c=\dfrac{1}{3}$ 时取到等号.所以最大值和最小值的乘积为 $\sqrt{7}\times\sqrt{21}=\sqrt{147}\in(12,13)$,选 B.

13.已知 $x,y,z\in R$,满足 $x+y+z=1,x^2+y^2+z^2=1$,则下列结论正确的有 　　　(　)

A.xyz 的最大值为 0　　　　　　　　　　B.xyz 的最小值为 $-\dfrac{4}{27}$

C.z 的最大值为 $\dfrac{2}{3}$　　　　　　　　　　D.z 的最小值为 $-\dfrac{1}{3}$

13.解:依题意,$xy+yz+zx=\frac{1}{2}((x+y+z)^2-(x^2+y^2+z^2))=0$.再令 $xyz=c$,则知 x,y,z 是方程 $t^3-t^2-c=0$ 的三个根.令 $f(t)=t^3-t^2-c$,则 $f'(t)=3t^2-2t$,令 $f'(t)=0$,得 $t=0$ 或 $\frac{2}{3}$.要使得 $f(t)$ 有 3 个零点,则要 $\begin{cases}f(0)\geq 0,\\ f\left(\frac{2}{3}\right)\leq 0,\end{cases}$ 从而解得 $-\frac{4}{27}\leq c=xyz\leq 0$,故 A,B 正确.又考虑 $(1-z)^2=(x+y)^2\leq 2(x^2+y^2)=2(1-z^2)$,从而解得 $-\frac{1}{3}\leq z\leq 1$,所以 C 错误,D 正确.故本题选 ABD.

14.数列 $\{a_n\}$ 满足 $a_1=1,a_2=2,a_{n+2}=6a_{n+1}-a_n(n\in \mathbf{N}^*)$,以下说法中正确的有 ( )

A.$a_{n+1}^2-a_{n+2}a_n$ 为定值

B.$a_n\equiv 1(\bmod 9)$ 或 $a_n\equiv 2(\bmod 9)$

C.$4a_na_{n+1}-7$ 为完全平方数

D.$8a_na_{n+1}-7$ 为完全平方数

14.解:因为 $a_{n+2}^2-a_{n+3}a_{n+1}=a_{n+2}^2-(6a_{n+2}-a_{n+1})a_{n+1}=a_{n+2}(a_{n+2}-6a_{n+1})+a_{n+1}^2=a_{n+1}^2-a_{n+2}a_n$,所以 A 正确.计算易得 $a_1=1,a_2=2,a_3=11,a_4=64,a_5=373\equiv 4(\bmod 9)$,所以 B 错误.根据选项 A 知,$a_{n+1}^2-a_{n+2}a_n=a_2^2-a_3a_1=-7$,于是 $4a_na_{n+1}-7=4a_na_{n+1}+a_{n+1}^2-a_{n+2}a_n=4a_na_{n+1}+a_{n+1}^2-a_{n+2}a_n=4a_na_{n+1}+a_{n+1}^2-(6a_{n+1}-a_n)a_n=(a_{n+1}-a_n)^2$,所以 C 正确.又因为 $8a_na_{n+1}-7=4a_na_{n+1}-7+4a_na_{n+1}=(a_{n+1}-a_n)^2+4a_na_{n+1}=(a_{n+1}+a_n)^2$,故 D 也正确.所以本题选 ACD.

15.若复数 z 满足 $\left|z+\frac{1}{z}\right|=1$,则 $|z|$ 可以取到的值有 ( )

A.$\frac{1}{2}$ B.$-\frac{1}{2}$ C.$\frac{\sqrt{5}-1}{2}$ D.$\frac{\sqrt{5}+1}{2}$

15.解:因为 $1=\left|z+\frac{1}{z}\right|\geq \left||z|-\frac{1}{|z|}\right|$,所以 $-1\leq |z|-\frac{1}{|z|}\leq 1$,结合 $|z|\geq 0$,可以解得 $\frac{\sqrt{5}-1}{2}\leq |z|\leq \frac{\sqrt{5}+1}{2}$,故选 CD.

16.从正 2016 边形的顶点中任取若干个,顺次相连构成多边形,其中正多边形的个数为( )

A.6552   B.4536   C.3528   D.2016

16.解:对于 2016 的除 1,2 以外的约数 k,从 2016 个顶点中等间隔地选取 k 个点,即可组成正 k 边形,共有 $\frac{2016}{k}$ 个,因此题目所求正多边形个数就是 2016 的所有约数之和再除去 $\frac{2016}{1}$ 和 $\frac{2016}{2}$.考虑 $2016=2^5\times 3^2\times 7$,故答案为 $(1+2+4+8+16+32)\times(1+3+9)\times(1+7)-2016-1008=3528$,选 C.

17.已知椭圆 $\frac{x^2}{a^2}+\frac{y^2}{b^2}=1(a>b>0)$ 与直线 $l_1:y=\frac{1}{2}x,l_2:y=-\frac{1}{2}x$,过椭圆上一点 P 作 l_1,l_2 的平行线,分别交 l_1,l_2 于 M,N 两点.若 $|MN|$ 为定值,则 $\sqrt{\frac{a}{b}}=$ ( )

A.$\sqrt{2}$ B.$\sqrt{3}$ C.2   D.$\sqrt{5}$

17.解:设 $P(x_0,y_0)$,则列出直线方程,容易解得 $M\left(\frac{1}{2}x_0+y_0,\frac{1}{4}x_0+\frac{1}{2}y_0\right)$,$N\left(\frac{1}{2}x_0-y_0,-\frac{1}{4}x_0+\frac{1}{2}y_0\right)$,于是 $|MN|=\sqrt{4y_0^2+\frac{1}{4}x_0^2}$ 为定值.因为 P 在椭圆上,所以 $\frac{x_0^2}{a^2}+\frac{y_0^2}{b^2}=$

1,所以 $\dfrac{1}{a^2}:\dfrac{1}{4}=\dfrac{1}{b^2}:4$,所以 $\sqrt{\dfrac{a}{b}}=2$,选 C.

18.关于 x,y 的不定方程 $x^2+615=2^y$ 的正整数解的组数为 （   ）

A.0 　　　　　　　B.1 　　　　　　　C.2 　　　　　　　D.3

18.**解**:方程两边同时模 3,可得 $x^2\equiv 2^y\pmod 3$,因为 $3\nmid 2^y$,则 $3\nmid x^2$,$3\nmid x$,则 $x^2\equiv 1\pmod 3$,从而 $2^y\equiv 1\pmod 3$,于是 y 为偶数,设 $y=2t$,于是 $615=2^{2t}-x^2=(2^t-x)(2^t+x)$.由于 $615=3\times 5\times 41$,易知只有 $\begin{cases}2^t-x=5,\\2^t+x=123,\end{cases}$ 时有整数解 $\begin{cases}t=6,\\x=59,\end{cases}$ 对应 $y=12$,所以原方程只有 1 组解.选 B.

19.因为实数的乘法满足交换律与结合律,所以若干个实数相乘的时候,可以有不同的次序.例如,三个实数 a,b,c 相乘的时候,可以有 $(ab)c,(ba)c,c(ab),b(ca),\cdots$ 等等不同的次序.记 n 个实数相乘时不同的次序有 I_n 种,则 （   ）

A.$I_2=2$ 　　　　B.$I_3=12$ 　　　　C.$I_4=96$ 　　　　D.$I_5=120$

19.**解**:设 n 个数排好序以后,相乘(添括号)有 $f(n)$ 种不同的方法,则有 $f(1)=f(2)=1$,$f(3)=f(2)f(1)+f(1)f(2)=2$,$f(4)=f(3)f(1)+f(2)f(2)+f(1)f(3)=5$,$f(5)=f(4)f(1)+f(3)f(2)+f(2)f(3)+f(1)f(4)=14$,所以 $I_2=A_2^2f(2)=2$,$I_3=A_3^3f(3)=12$,$I_4=A_4^4f(4)=120$,$I_5=A_5^5f(5)=1680$.所以选 AB.

20.甲乙丙丁 4 个人进行网球淘汰赛,规定首先甲乙一组、丙丁一组进行比赛,两组的胜者争夺冠军.4 个人相互比赛时的胜率如下表所示:

	甲	乙	丙	丁
甲	—	0.3	0.3	0.8
乙	0.7	—	0.6	0.4
丙	0.7	0.4	—	0.5
丁	0.2	0.6	0.5	—

表中的每个数字表示其所在行的选手击败其所在列的选手的概率,例如甲击败乙的概率是 0.3,乙击败丁的概率是 0.4.那么甲赢得冠军的概率是_____.

20.**解**:甲赢冠军的概率是 $0.3\times(0.5\times 0.3+0.5\times 0.8)=0.165$.

21.在正三棱锥 $P-ABC$ 中,$\triangle ABC$ 的边长为 1.设点 P 到平面 ABC 的距离为 x,异面直线 AB 与 CP 的距离为 y,则 $\lim\limits_{x\to\infty}y$ _____.

21.**解**:当 $x\to +\infty$ 时,CP 趋向于和平面 ABC 垂直,所以 y 趋向于 $\triangle ABC$ 中 AB 边上的高,为 $\dfrac{\sqrt 3}{2}$.

22.如图,正方体 $ABCD-A_1B_1C_1D_1$ 的棱长为 1,中心为 O,点 E 在棱 AA_1 上,且 $AE=3EA_1$,F 是棱 BC 的中点,则四面体 $OEBF$ 的体积为_____.

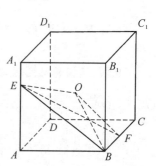

22.**解**:如图所示,延长 EO 交 C_1C 于 G,根据对称性,易知 $\overrightarrow{CG}=\dfrac{1}{4}\overrightarrow{CC_1}$,则

$$V_{O-EBF} = \frac{1}{2}V_{G-EBF}$$

$$= \frac{1}{2}V_{E-BFG}$$

$$= \frac{1}{2} \times \frac{1}{3} \times AB \times S_{\triangle BFG}$$

$$= \frac{1}{2} \times \frac{1}{3} \times \frac{1}{2} \times \frac{1}{2} \times \frac{1}{4}$$

$$= \frac{1}{96}.$$

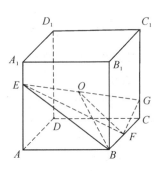

23. $\int_0^{2\pi}(x-\pi)^{2n-1}(1+\sin^{2n}x)dx = $ _____.

23.**解**：$\int_0^{2\pi}(x-\pi)^{2n-1}(1+\sin^{2n}x)dx = \int_{-\pi}^{\pi}x^{2n-1}(1+\sin^{2n}x)dx$，因为 $x^{2n-1}(1+\sin^{2n}x)$ 是奇函数，所以题述表达式 $= \int_{-\pi}^{\pi}x^{2n-1}(1+\sin^{2n}x)dx = 0$.

24.实数 x, y 满足 $(x^2+y^2)^3 = 4x^2y^2$，则 x^2+y^2 的最大值为 _____.

24.**解**：依题意，$(x^2+y^2)^3 \leq 4x^2y^2 \leq (x^2+y^2)^2$，从而 $x^2+y^2 \leq 1$，当 $x^2 = y^2 = \frac{1}{2}$ 时取到等号，所以 x^2+y^2 最大值为 1.

25. x, y, z 均为非负实数，满足 $\left(x+\frac{1}{2}\right)^2 + (y+1)^2 + \left(z+\frac{3}{2}\right)^2 = \frac{27}{4}$，则 $x+y+z$ 的最大值为 _____，最小值为 _____.

25.**解**：由柯西不等式，$\left(x+\frac{1}{2}+y+1+z+\frac{3}{2}\right)^2 \leq \left[\left(x+\frac{1}{2}\right)^2+(y+1)^2+\left(z+\frac{3}{2}\right)^2\right](1+1+1)$

$= \frac{81}{4}$，所以 $x+\frac{1}{2}+y+1+z+\frac{3}{2} \leq \frac{9}{2}$，$x+y+z \leq \frac{3}{2}$，当 $x=1, y=\frac{1}{2}, z=0$ 时取等号.

又根据 $\left(x+\frac{1}{2}\right)^2+(y+1)^2+\left(z+\frac{3}{2}\right)^2 = \frac{27}{4}$，展开后有 $x^2+y^2+z^2+x+2y+3z = \frac{13}{4}$，所以

$\frac{13}{4} \leq x^2+y^2+z^2+3(x+y+z) \leq (x+y+z)^2+3(x+y+z)$，解得 $x+y+z \geq \frac{\sqrt{22}-3}{2}$，当 $x=$

$y=0, z=\frac{\sqrt{22}-3}{2}$ 时取等号.综上所述，最大值 $\frac{3}{2}$，最小值 $\frac{\sqrt{22}-3}{2}$.

26. O 为 $\triangle ABC$ 内一点，满足 $S_{\triangle AOB} : S_{\triangle BOC} : S_{\triangle COA} = 4 : 3 : 2$.设 $\overrightarrow{AO} = \lambda\overrightarrow{AB} + \mu\overrightarrow{AC}$，则 $\lambda + \mu = $ _____.

26.**解**：根据奔驰定理，$S_{\triangle BOC}\overrightarrow{OA} + S_{\triangle COA}\overrightarrow{OB} + S_{\triangle AOB}\overrightarrow{OC} = \mathbf{0}$，即 $3\overrightarrow{OA} + 2\overrightarrow{OB} + 4\overrightarrow{OC} = \mathbf{0}$，从而 $3\overrightarrow{OA} + 2\overrightarrow{OA} + 2\overrightarrow{AB} + 4\overrightarrow{OA} + 4\overrightarrow{AC} = \mathbf{0}$，解得 $\overrightarrow{AO} = \frac{2}{9}\overrightarrow{AB} + \frac{4}{9}\overrightarrow{AC}$，所以 $\lambda + \mu = \frac{2}{3}$。

27.已知复数 $z = \cos\frac{2\pi}{3} + i\sin\frac{2\pi}{3}$，则 $z^3 + \frac{z^2}{z^2+z+2} = $ _____.

27.**解**：因为 z 是三次单位根，且 $z \neq 1$，所以 $z^3 = 1$，$z^2+z+1 = 0$，所以 $z^3 + \frac{z^2}{z^2+z+2} = 1+z^2 =$

$-z=\cos\dfrac{5\pi}{3}+i\sin\dfrac{5\pi}{3}$。

28.已知 z 为非零复数,$\dfrac{z}{10}$ 和 $\dfrac{40}{z}$ 的实部和虚部均为不小于 1 的正数,则在复平面中,z 所对应的向量 $\overrightarrow{OP}$ 的端点 P 运动所形成的图形面积为_____.

28.解:设 $z=x+iy,x,y\in R$,依题意,因为 $\dfrac{40}{z}=\dfrac{40z}{|z|^2}$,所以
$$\begin{cases}\dfrac{x}{10}\geq 1,\\[2mm]\dfrac{y}{10}\geq 1,\\[2mm]\dfrac{40x}{x^2+y^2}\geq 1,\\[2mm]\dfrac{40y}{x^2+y^2}\geq 1,\end{cases}$$

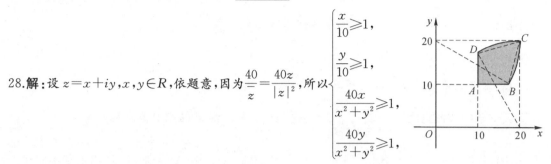

该不等式组表示区域如图所示,

其中两个弓形面积的面积和为 $2\times\left(\dfrac{1}{2}\times 20^2\times\dfrac{\pi}{6}-\dfrac{1}{2}\times 20^2\times\sin\dfrac{\pi}{6}\right)=\dfrac{200\pi}{3}-200$,四边形

$ABCD$ 的面积为 $2\times\dfrac{1}{2}\times 10\times(10\sqrt{3}-10)=100\sqrt{3}-100$.所以原题所求面积为 $\dfrac{200\pi}{3}-200+100\sqrt{3}-100=\dfrac{200\pi}{3}+100\sqrt{3}-300$.

29.若 $\tan 4x=\dfrac{\sqrt{3}}{3}$,则 $\dfrac{\sin 4x}{\cos 8x\cos 4x}+\dfrac{\sin 2x}{\cos 4x\cos 2x}+\dfrac{\sin x}{\cos 2x\cos x}+\dfrac{\sin x}{\cos x}=$_____.

29.解:

考虑 $\tan 2x-\tan x=\dfrac{\sin 2x}{\cos 2x}-\dfrac{\sin x}{\cos x}$

$=\dfrac{\sin 2x\cos x-\sin x\cos 2x}{\cos 2x\cos x}$

$=\dfrac{\sin x\cdot 2\cos^2 x-\sin x(2\cos^2 x-1)}{\cos 2x\cos x}$

$=\dfrac{\sin x}{\cos 2x\cos x}$,

则原式 $=(\tan 8x-\tan 4x)+(\tan 4x-\tan 2x)+(\tan 2x-\tan x)+\tan x=\tan 8x=\sqrt{3}$.

30.将 16 个数:4 个 1,4 个 2,4 个 3,4 个 4 填入一个 4×4 的数表中,要求每行、每列都恰好有两个偶数,共有_____种填法.

30.解:首先确定偶数的位置,第一行的两个偶数有 C_4^2 种,考虑它们各自所在的列,每列还需再填一个偶数,若这两个偶数位于同一行,则它们的位置有 3 种选择,此时剩下的四个偶数的位置唯一确定;若这两个偶数位于不同行,则它们的位置有 6 种选择,此时剩下的四个偶数所填的位置有 2 种选择,所以偶数的位置有 $C_4^2\times(3+6\times 2)=90$ 种,剩下的位置全放奇数.位置确定后,从偶数的位置中选 4 个放 2,其余放 4,奇数类似,故共有 $90\times C_8^4\times C_8^4=441000$ 种。

31.A 是集合 $\{1,2,3,\cdots,14\}$ 的子集,从 A 中任取 3 个元素,由小到大排列之后都不能构成等差数列,则 A 中元素个数的最大值为_____.

31.解: 因为 A 中无等差数列,所以 $a_3-a_1\geqslant3$,$a_5-a_3\geqslant3$,且不能有 $a_3-a_1=a_5-a_3=3$,故 $a_5-a_1\geqslant7$,从而 $a_9-a_5\geqslant7$,$a_9-a_1\geqslant14>14-1$,所以 A 中至多 8 个数.另一方面,当 $A=\{1,2,4,5,10,11,13,14\}$ 时符合要求,故 A 中元素个数最大值为 8.

2016 年北大自主招生试题参考解答

1. 函数 $y=\log_{\frac{1}{2}}(-x^2+x+2)$ 的单调递增区间是 ( )

A. $\left(-\infty,\dfrac{1}{2}\right)$　　　　B. $\left(-1,\dfrac{1}{2}\right)$　　　　C. $\left(\dfrac{1}{2},2\right)$　　　　D. 以上都不对

1.解: 本题考察简单复合函数的单调性,易知答案为 C.

2. 若 $x\in(0,2\pi)$ 且满足 $\dfrac{\cos x}{\sqrt{1-\sin^2x}}-\dfrac{\sin x}{\sqrt{1-\cos^2x}}=2$,则 x 的取值范围是 ( )

A. $\left(0,\dfrac{\pi}{2}\right)$　　　　B. $\left(\dfrac{\pi}{2},\pi\right)$　　　　C. $\left(\dfrac{3\pi}{2},2\pi\right)$　　　　D. 以上都不对

2.解: 由条件得 $\dfrac{\cos x}{|\cos x|}-\dfrac{\sin x}{|\sin x|}=2$,故 $\cos x>0$,$\sin x<0$,故答案为 C.

3. 圆内接四边形 $ABCD$ 满足 $AB=80$,$BC=102$,$CD=136$,$DA=150$,则圆的直径是 ( )

A. 170　　　　B. 173　　　　C. 179　　　　D. 以上都不对

3.解: 设 $BD=x$,$\angle BAD=\theta$,在 $\triangle BAD$ 和 $\triangle BCD$ 中,根据余弦定理得 $x^2=80^2+150^2-2\cdot80\cdot150\cdot\cos\theta$,$x^2=102^2+136^2-2\cdot102\cdot136\cdot\cos(\pi-\theta)$.

注意到 $80^2+150^2=102^2+136^2$,解得 $\theta=\angle DAB=\dfrac{\pi}{2}$,$x=170$,故选 A.

4. 对任意给定 $\triangle ABC$,在其所在平面内存在( )个点 P 使得 $S_{\triangle PAB}=S_{\triangle PBC}=S_{\triangle PCA}$.

A. 1　　　　B. 2　　　　C. 3　　　　D. 以上都不对

4.解: 如图,G 是 $\triangle ABC$ 的重心,四边形 $ABKC$、$BCLA$、$CAMB$ 均是平行四边形,则取 P 为 G、K、M、N 均满足题意,故选 D.

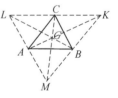

5. 四个半径为 1 的球两两相切,则其外切正四面体的棱长是 ( )

A. $2(1+\sqrt{3})$　　　　B. $2(1+\sqrt{6})$　　　　C. $2(2+\sqrt{3})$

D. 以上都不对

5.解: 注意到棱长为 1 的正四面体的内切球的半径为 $\dfrac{\sqrt{6}}{12}$,从而四个球心组成的正四面体的内切球半径为 $\dfrac{\sqrt{6}}{6}$,球心到外切四面体的距离为 $\dfrac{\sqrt{6}}{6}+1$,所以外切四面体的棱长为 $\dfrac{\dfrac{\sqrt{6}}{6}+1}{\dfrac{\sqrt{6}}{12}}=2+2\sqrt{6}$,故选 B.

6. 实数 x,y,z 满足 $x+y+z=2016$,$\dfrac{1}{x}+\dfrac{1}{y}+\dfrac{1}{z}=\dfrac{1}{2016}$,则 $(x-2016)(y-2016)(z-2016)$ 的值为 ( )

A. 0　　　　B. 1　　　　C. 2016　　　　D. 以上都不对

6.**解**:化简 $\frac{1}{x}+\frac{1}{y}+\frac{1}{z}=\frac{1}{2016}$ 得到 $xyz=2016(xy+yz+zx)$,所以 $(x-2016)(y-2016)$ $(z-2016)=xyz-2016(xy+yz+zx)+2016^2(x+y+z)-2016^3=0$,故选 A.

7.$(2+1)(2^2+1)\cdot\cdots\cdot(2^{2016}+1)$ 的个位数字是 （　　）

A.3 　　　　　　B.5 　　　　　　C.7 　　　　　　D.以上都不对

7.**解**:注意到模数列 $\{2^n(\bmod 10)\}$ 的周期是 4 且前四项依次为 2、4、8、6,故 $(2+1)(2^2+1)\cdot\cdots$ $\cdot(2^{2016}+1)=(3\times 5\times 9\times 7)^{504}=5(\bmod 10)$,故选 B.

8.若 $\triangle ABC$ 的三个顶点对应复数为 z_1,z_2,z_3,且满足 $\frac{z_2-z_1}{z_3-z_1}=1+2i$,则 $\triangle ABC$ 的面积与其最长边的平方之比为 （　　）

A.$\frac{1}{3}$ 　　　　　　B.$\frac{1}{4}$ 　　　　　　C.$\frac{1}{5}$ 　　　　　　D.以上都不对

8.**解**:由 $\frac{z_2-z_1}{z_3-z_1}=1+2i$ 可得 $|AB|=\sqrt{5}|AC|$ 且 $\tan A=2$,从而 $\cos A=\frac{1}{\sqrt{5}}$,$\sin A=\frac{2}{\sqrt{5}}$,进而可得 $|BC|=2|AC|$,所以 $\frac{S_{\triangle ABC}}{|AB|^2}=\dfrac{\frac{1}{2}\cdot|AB|\cdot|AC|\cdot\sin A}{5|AC|^2}=\frac{1}{5}$,故选 C.

9.正方体八个顶点中任取 3 个,则能构成等腰三角形的概率是 （　　）

A.$\frac{4}{7}$ 　　　　　　B.$\frac{1}{4}$ 　　　　　　C.$\frac{1}{5}$ 　　　　　　D.以上都不对

9.**解**:三角形总数为 $C_8^3=56$ 个.设正方体棱长为 1,显然腰长只能是 1 或者 $\sqrt{2}$,且对应的等腰三角形分别有 24 和 8 个,从而构成等腰三角形的概率为 $\frac{32}{56}=\frac{4}{7}$,故选 A.

10.方程 $x^2-3x+1=0$ 的两个根也是方程 $x^4+ax^2+bx+c=0$ 的根,则 $2a+b+c$ 的值是 （　　）

A.-11 　　　　　　B.-13 　　　　　　C.-15 　　　　　　D.以上都不对

10.**解**:据题意,不妨设 $x^4+ax^2+bx+c=(x^2-3x+1)(x^2+3x+c)$,展开比较系数得 $a=c-8$,$b=3-3c$,所以 $2a+b+c=-13$,故选 B.

11.设 a_n 是最接近 $\sqrt{n}$ 的整数,若 $\sum\limits_{k=1}^{n}\frac{1}{a_k}=2016$,则 n 的值是 （　　）

A.1017070 　　　　B.1017071 　　　　C.1017072 　　　　D.以上都不对

11.**解**:设 $a_n=m$,则 $|m-\sqrt{n}|\leqslant\frac{1}{2}$ 即 $\left(m-\frac{1}{2}\right)^2\leqslant n\leqslant\left(m+\frac{1}{2}\right)^2$,故 $m^2-m+1\leqslant n\leqslant m^2+m+1$.

所以,在求和式 $\sum\limits_{k=1}^{n}\frac{1}{a_k}$ 中,值为 $\frac{1}{m}(m\in\mathbf{N}^*)$ 的项共有 $2m$ 项,它们的和为 $\frac{1}{m}\cdot 2m=2$,而 $\frac{2016}{2}=$ 1008,故 $n=\sum\limits_{i=1}^{1008}2i=1008\times 1009=1017072$,故选 C.

12.若方程 $x^2+ax+1=b$ 有两个不同的非零整数根,则 a^2+b^2 可能为 （　　）

A.素数 　　　　B.2 的非负整数次幂 　　C.3 的非负整数次幂 　　D.以上都不对

12.**解**:设方程的两个根为 x_1,x_2,则 $x_1+x_2=-a$,$x_1x_2=1-b$,故而 $a^2+b^2=(1+x_1^2)(1+x_2^2)$ 是合数.取 $x_1=1$,$x_2=-1$ 知 $a^2+b^2=4$,B 选项正确.注意到 $x^2=1(\bmod 3)$,故 C 选项不正确,故

选 B.

13.$2002[n\sqrt{1001^2+1}]=n[2002\sqrt{1001^2+1}]$ 有(　　)个正整数解

　　A.1　　　　　　　B.1001　　　　　　　C.2002　　　　　　　D.以上都不对

13.解：令 $1001=k$，则 $2k[n\sqrt{k^2+1}]=n[2k\sqrt{k^2+1}]=n[\sqrt{4k^4+4k^2}]=n\cdot2k^2$，从而 $[n\sqrt{k^2+1}]=nk$，故 $nk\leqslant n\sqrt{k^2+1}<nk+1$，即 $n<2k+\dfrac{1}{n}=2002+\dfrac{1}{n}$，$1\leqslant n\leqslant2002$，从而原方程有 2002 个正整数解，故选 C.

14.实数 a,b,c 满足 $a^3-b^3-c^3=3abc$，$a^2=2(b+c)$，这样的 a 有　　　　　　　（　　）

　　A.1 个　　　　　　　B.3 个　　　　　　　C.无数个　　　　　　　D.以上都不对

14.解：由 $a^3-b^3-c^3=3abc$ 得 $(a-b-c)(a^2+b^2+c^2-ab+bc-ca)=0$，所以 $a=b+c$ 或者 $-a=b=c$，结合 $a^2=2(b+c)$ 解得 $a=0,2,-4$，共 3 个，故选 B.

15.方程组 $x+y^2=z^3$，$x^2+y^3=z^4$，$x^3+y^4=z^5$ 有(　　)组实数解

　　A.5　　　　　　　B.6　　　　　　　C.7　　　　　　　D.以上都不对

15.解：由已知条件可得 $(x+y^2)(x^3+y^4)=(x^2+y^3)^2=z^8$，所以 $xy^2(x-y)^2=0$.

$x=0$ 时，得到两组解 $(x,y,z)=(0,0,0)$，$(x,y,z)=(0,1,1)$；

$y=0$ 时，得到另外两组解 $(x,y,z)=(1,0,1)$，$(x,y,z)=(-1,0,-1)$；

$x=y$ 时，则 $y(1+y)=z^3$，$y^2(1+y)=z^4$，$y^3(1+y)=z^6$，解得 $(x,y,z)=(-1,-1,0)$ 或者 $x=y=z=\dfrac{1\pm\sqrt{5}}{2}$.综上可知：共有 7 组解，故选 C.

16.若圆内接四边形 $ABCD$ 满足 $AC=4$，$\angle CAB=\angle CAD=30°$，则四边形 $ABCD$ 的面积为(　　)

　　A.$2\sqrt{3}$　　　　　　　B.$4\sqrt{3}$　　　　　　　C.8　　　　　　　D.以上都不对

16.解：满足题意的四边形 $ABCD$ 显然不是唯一决定的，根据选项猜想 $ABCD$ 的面积应为定值，通过"设而不求"来计算.

设外接圆半径为 R，易知 $BC=CD=R$，$BD=\sqrt{3}R$.

又根据托勒密定理，$BC\cdot AD+CD\cdot AB=AC\cdot BD$，从而 $AB+AD=\sqrt{3}AC=4\sqrt{3}$.

而 $BD^2=AB^2+AD^2-2AB\cdot AD\cdot\dfrac{1}{2}$，得到 $AB\cdot AD=16-R^2$.所以 $S_{ABCD}=\dfrac{1}{2}AB\cdot AD\cdot\dfrac{\sqrt{3}}{2}+\dfrac{1}{2}CB\cdot CD\cdot\dfrac{\sqrt{3}}{2}=4\sqrt{3}$，故选 B.

17.实系数方程 $x^4+ax^3+bx^2+cx+d=0$ 有四个非实数根，其中两个之和为 $2+i$，另外两个之积为 $5+6i$，则 b 的值是　　　　　　　（　　）

　　A.11　　　　　　　B.13　　　　　　　C.15　　　　　　　D.以上都不对

17.解：设 $x^4+ax^3+bx^2+cx+d=(x-\lambda)(x-\bar{\lambda})(x-\mu)(x-\bar{\mu})$，且 $\lambda+\mu=2+i$，$\lambda\mu=5-6i$，则 $b=\lambda\bar{\lambda}+\mu\bar{\mu}+(\lambda+\bar{\lambda})(\mu+\bar{\mu})=(\lambda+\mu)(\bar{\lambda}+\bar{\mu})+\lambda\mu+\bar{\lambda}\bar{\mu}=(2+i)(2-i)+(5-6i)+(5+6i)=15$，故选 C.

18.设 $A_n=\{(x,y,z)|3|x|^n+|8y|^n+|z|^n\leqslant1\}$，则 $\bigcup\limits_{n=1}^{+\infty}A_n$ 确定的几何体的体积是　　（　　）

　　A.$\dfrac{1}{18}$　　　　　　　B.1　　　　　　　C.8　　　　　　　D.以上都不对

18.解: 在 $n \to +\infty$ 的极限情况下,易知 $-1 < x < 1$,$-\dfrac{1}{8} \leqslant y \leqslant \dfrac{1}{8}$,$-1 \leqslant z \leqslant 1$,$\overset{+\infty}{\underset{n=1}{\cup}} A_n$ 确定的几何体是一个长方体,其体积为 1,故选 B.

19. 一叠扑克牌共 54 张,将第一张丢弃,第二张移到最下方,如下不断地操作下去,则剩下的最后一张牌是第( )张.

A.14   B.32   C.44   D.以上都不对

19.解: 考察初始位置为 $a_1, a_2, \cdots, a_n$ 的一般情形.易知,$n = 2k$ 时,经过 k 次操作后得到 a_2,$a_4, \cdots, a_{2k}$;$n = 2k+1$ 时,经过 k 次操作后得到 $a_{2k+1}, a_2, a_4, \cdots, a_{2k}$.所以,$1,2,\cdots,54 \xrightarrow[\text{操作1}]{\text{偶}} 2,4,$ $\cdots,54 \xrightarrow[\text{操作2}]{\text{奇}} 54,4,8,\cdots,52 \xrightarrow[\text{操作3}]{\text{偶}} 4,12,\cdots,52 \xrightarrow[\text{操作4}]{\text{奇}} 52,12,28,44 \xrightarrow[\text{操作5}]{\text{偶}} 12,44 \xrightarrow[\text{操作6}]{\text{偶}} 44$,即经过 6 轮操作后,剩下最后一张牌为 44,故选 C.

20. 将 $\{1,2,\cdots,100\}$ 分成三组,各组之和分别是 102、203、304 的倍数,共有( )种分法.

A.1   B.2   C.3   D.以上都不对

20.解: 不妨设 $102x + 203y + 304z = 5050$,其中 $x, y, z \in \mathbf{N}^*$,则 $5050 = (x+y+z) + 101(x + 2y + 3z) = u + 101v$,其中 $u = x+y+z$,$v = x+2y+3z$.

注意到 $v > u$,从而 $101v < 5050 < 102v$,得 $49 < v < 50$,矛盾,方程无解,故选 D.

2016 年北大博雅数学试题参考解答

1. 直线 $y = -x + 2$ 与曲线 $y = -e^{x+a}$ 相切,则 a 的值为   ( )

A.-3 B.-2 C.-1 D.前三个答案都不对

1. 解: 切点处,$(-e^{x+a})' = -e^{x+a} = -1$,所以切点横坐标 $x = -a$,从而 $-(-a) + 2 = -e^{-a+a}$,解得 $a = -3$,选 A.

2. 已知三角形 ABC 的边长分别为 a,b,c,有以下 4 个命题:

(1)以 $\sqrt{a}, \sqrt{b}, \sqrt{c}$ 为边长的三角形一定存在;

(2)以 a^2, b^2, c^2 为边长的三角形一定存在;

(3)以 $\dfrac{a+b}{2}, \dfrac{b+c}{2}, \dfrac{c+a}{2}$ 为边长的三角形一定存在;

(4)以 $|a-b|+1, |b-c|+1, |c-a|+1$ 为边长的三角形一定存在,其中正确命题的个数为   ( )

A.2   B.3   C.4   D.前三个答案都不对

2. 解: 不妨设 $0 < a \leqslant b \leqslant c$,$a+b > c$,则要判断三角形是否存在,主要判断三条边长是否满足三边关系定律,即短的两边之是否大于第三边.

(1)正确,因为 $\sqrt{a} + \sqrt{b} - \sqrt{c} \geqslant \sqrt{a+b} - \sqrt{c} > 0$;

(2)错误,例如 $a = 2, b = 3, c = 4$ 即为反例;

(3)正确,因为 $\dfrac{a+b}{2} + \dfrac{c+a}{2} - \dfrac{b+c}{2} = a > 0$;

(4)正确,因为 $(|a-b|+1) + (|b-c|+1) - (|c-a|+1) > |(a-b) + (b-c)| - |c-a| = 0$。

所以有三个命题正确,故选 B.

3. 设 AB,CD 是圆 O 的两条垂直直径,弦 DF 交 AB 于点 $E,DE=24,EF=18$,则 OE 等于

                                                           (   )

A. $4\sqrt{6}$ B. $5\sqrt{3}$ C. $6\sqrt{2}$ D. 前三个答案都不对

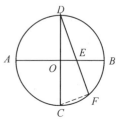

3. **解**:如图,连接 CF,由于 $\triangle DOE$ 与 $\triangle DFC$ 相似,因此 $DO \cdot DC = DE \cdot DF$,从而 $DO \times 2DO = 24 \times 42$,即 $DO^2 = 24 \times 21$,因此 $OE = \sqrt{DE^2 - DO^2} = \sqrt{24^2 - 24 \times 21} = 6\sqrt{2}$,选 C.

4. 函数 $f(x) = \begin{cases} \dfrac{1}{p}, & x = \dfrac{q}{p}(p,q)=1, p,q \in \mathbf{N}^*, \\ 0, & x \notin \mathbf{Q}, \end{cases}$ 则满足 $x \in (0,1)$ 且

$f(x) > \dfrac{1}{7}$ 的 x 的个数为   (   )

A.12   B.13   C.14   D.前三个答案都不对

4. **解**:满足条件的 x 必为有理数,且写成最简分数后,分母小于 7,从而有 $\dfrac{1}{2},\dfrac{1}{3},\dfrac{2}{3},\dfrac{1}{4},\dfrac{3}{4}$,$\dfrac{1}{5},\dfrac{2}{5},\dfrac{3}{5},\dfrac{4}{5},\dfrac{1}{6},\dfrac{5}{6}$,共有 11 个,选 D.

5. 若方程 $x^2 - 3x - 1 = 0$ 的根也是方程 $x^4 + ax^2 + bx + c = 0$ 的根,则 $a + b - 2c$ 的值为   (   )

A. -13 B. -9 C. -5 D.前三个答案都不对

5. **解**:依题意 $x^2 - 3x - 1$ 是 $x^4 + ax^2 + bx + c$ 的一个因式,则可以假设 $(x^2 - 3x - 1)(x^2 + mx + n) = x^4 + ax^2 + bx + c$,展开有 $x^4 + (m-3)x^3 + (n-3m-1)x^2 + (-3n-m)x - n = x^4 + ax^2 + bx + c$,对应系数相等,所以有 $\begin{cases} m-3=0, \\ n-3m-1=a, \\ 3n-m=b, \\ -n=c, \end{cases}$ 所以 $\begin{cases} m=3, \\ a=n-10, \\ b=-3n-3, \\ c=-n. \end{cases}$ 所以 $a+b-2c=(n-10)-$

$(3n+3)-(-2n)=-13$,选 A.

6. 已知 $k \neq 1$,则等比数列 $a + \log_2 k, a + \log_4 k, a + \log_8 k$ 的公比为   (   )

A. $\dfrac{1}{2}$ B. $\dfrac{1}{3}$ C. $\dfrac{1}{4}$ D.前三个答案都不对

6. **解**:令 $\log_2 k = x$,则 $a + x, a + \dfrac{1}{2}x, a + \dfrac{1}{3}x$ 成等比数列,从而 $\left(a + \dfrac{1}{2}x\right)^2 = (a + x)\left(a + \dfrac{1}{3}x\right)$,解得 $x = -4a$,代回即得公比为 $\dfrac{1}{3}$,选 B.

7. $\cos\dfrac{\pi}{11}\cos\dfrac{2\pi}{11}\cdots\cos\dfrac{10\pi}{11}$ 的值为   (   )

A. $-\dfrac{1}{16}$ B. $-\dfrac{1}{32}$ C. $-\dfrac{1}{64}$ D.前三个答案都不对

7. **解**: $\cos\dfrac{\pi}{11}\cos\dfrac{2\pi}{11}\cdots\cos\dfrac{10\pi}{11}$

$= \left(\cos\dfrac{\pi}{11}\cos\dfrac{2\pi}{11}\cos\dfrac{3\pi}{11}\cos\dfrac{4\pi}{11}\cos\dfrac{5\pi}{11}\right)\left(\cos\dfrac{6\pi}{11}\cos\dfrac{7\pi}{11}\cos\dfrac{8\pi}{11}\cos\dfrac{9\pi}{11}\cos\dfrac{10\pi}{11}\right)$

$$= -\left(\cos\frac{\pi}{11}\cos\frac{2\pi}{11}\cos\frac{3\pi}{11}\cos\frac{4\pi}{11}\cos\frac{5\pi}{11}\right)^2$$

$$= -\left[\frac{\sin\frac{\pi}{11}}{\sin\frac{\pi}{11}}\cos\frac{\pi}{11}\cos\frac{2\pi}{11}\cos\frac{4\pi}{11}\cos\frac{8\pi}{11}\cos\frac{5\pi}{11}\right]^2$$

$$= -\left[\frac{\sin\frac{16\pi}{11}}{16\sin\frac{\pi}{11}}\cos\frac{5\pi}{11}\right]^2$$

$$= -\left[\frac{\sin\frac{6\pi}{11}}{16\sin\frac{\pi}{11}}\cos\frac{6\pi}{11}\right]^2$$

$$= -\left[\frac{\sin\frac{12\pi}{11}}{32\sin\frac{\pi}{11}}\right]^2 = -\frac{1}{1024},$$ 所以选 D.

8. 设 a,b,c 为实数,$a,c \neq 0$,方程 $ax^2 + bx + c = 0$ 的两个虚数根 x_1, x_2 满足 $\dfrac{x_1^2}{x_2}$ 为实数,则

$\displaystyle\sum_{k=0}^{2015}\left(\frac{x_1}{x_2}\right)^k$ 等于 ( )

A.1　　　　　　B.0　　　　　　C.$\sqrt{3}i$　　　　　　D.前三个答案都不对

8. **解**:由于 x_1, x_2 为一元二次方程的两根,所以必然共轭,因此可设 $x_1 = r(\cos\theta + i\sin\theta)$,$x_2 = r(\cos\theta - i\sin\theta)$,则 $\dfrac{x_1^2}{x_2} = r(\cos3\theta + i\sin3\theta)$ 为实数,从而知 $\theta = \dfrac{k\pi}{3}(k \in Z)$,于是 $\dfrac{x_1}{x_2} = \cos\dfrac{2k\pi}{3} + i\sin\dfrac{2k\pi}{3}$. 于是 $\left(\dfrac{x_1}{x_2}\right)^{2016} = 1$ 所以 $\displaystyle\sum_{k=0}^{2015}\left(\frac{x_1}{x_2}\right)^k = \dfrac{1 - \left(\frac{x_1}{x_2}\right)^{2016}}{1 - \frac{x_1}{x_2}} = 0$,故选 B.

9. 将 12 个不同物体分成 3 堆,每堆 4 个,则不同的分法种类为 ( )

A.34650　　　　　　B.5940　　　　　　C.495　　　　　　D.前三个答案都不对

9. **解**:不同的分法有 $\dfrac{C_{12}^4 \cdot C_8^4 \cdot C_4^4}{A_3^3} = 5775$ 种,选 D.

10. 设 A 是以 BC 为直径的圆上的一点,D,E 是线段 BC 上的点,F 是 CB 延长线上的点,已知 $BF = 4$,$BD = 2$,$BE = 5$,$\angle BAD = \angle ACD$,$\angle BAF = \angle CAE$,则 BC 的长为 ( )

A.11　　　　　　B.12　　　　　　C.13　　　　　　D.前三个答案都不对

10. **解**:如图,因为 $\angle BAF = \angle CAE$,所以 $AE \perp AF$,又因为 $\angle BAD = \angle ACD$,所以 $AD \perp BC$,所以 $AD^2 = DE \cdot DF = DB \cdot DC$,解得 $DC = 9$,从而 $BC = 11$,选 A.

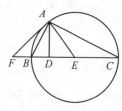

11. 两个圆内切于 K,大圆的弦 AB 与小圆切于 L,已知 $AK : BK = 2 : 5$,$AL = 10$,则 BL 的长为 ( )

A.24   B.25   C.26   D.前三个答案都不对

11. **解**：设 BK 与小圆交于 M，连接 ML，CD 为两圆在点 K 的公切线，由弦切角定理，知 $\angle DKM = \angle BAK = \angle KLM$，$\angle KLA = \angle KML$，从而 $\angle AKL = \angle BKL$，即 KL 是 $\angle BKA$ 的角平分线，则由角平分线定理，$AL : BL = AK : BK$，所以 $BL = 25$，选 B.

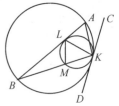

12. $f(x)$ 是定义在 R 上的函数，且对任意实数 x 均有 $2f(x) + f(x^2 - 1) = 1$，则 $f(-\sqrt{2})$ 等于   (   )

A.0   B.$\dfrac{1}{2}$ C.$\dfrac{1}{3}$ D.前三个答案都不对

12. **解**：分别令 $x = 0, 1, -1$，可得
$$\begin{cases} 2f(0) + f(-1) = 1, \\ 2f(1) + f(0) = 1, \\ 2f(-1) + f(0) = 1, \end{cases}$$
解得 $f(0) = f(1) = f(-1) = \dfrac{1}{3}$，再令

$x = -\sqrt{2}$，则有 $2f(-\sqrt{2}) + f(1) = 1$，从而 $f(-\sqrt{2}) = \dfrac{1}{3}$，选 C.

13. 从一个正 9 边形的 9 个顶点中选 3 个使得它们是一个等腰三角形的三个顶点的方法数是   (   )

A.30   B.36   C.42   D.前三个答案都不对

13. **解**：考虑对称性，以正 9 边形的某个顶点为等腰三角形的底边所对顶点的等腰三角形有 4 个，且其中有一个是正三角形，所以共有 $9 \times 3 + \dfrac{1 \times 9}{3} = 30$ 个，选 A.

14. 已知正整数 a, b, c, d 满足 $ab = cd$，则 $a + b + c + d$ 有可能等于   (   )

A.101   B.301   C.401   D.前三个答案都不对

14. **解**：设 $a = mn, b = pq, c = mp, d = nq$，其中 m, n, p, q 都是正整数，则 $a + b + c + d = mn + pq + mp + nq = (m + q)(n + p)$，所以 $a + b + c + d$ 不是质数，于是选项 A 和 C 可以排除.而选项 B 中的 $301 = 7 \times 43 = (1 + 6) \times (1 + 42)$，所以让 $m = n = 1, q = 6, p = 42$，即 $a = 1, b = 252, c = 42, d = 6$ 即可，选 C.

15. 三个不同的实数 x, y, z 满足 $x^3 - 3x^2 = y^3 - 3y^2 = z^3 - 3z^2$，则 $x + y + z$ 等于   (   )

A.-1 B.0   C.1   D.前三个答案都不对

15. **解**：设 $x^3 - 3x^2 = y^3 - 3y^2 = z^3 - 3z^2 = m$，于是有 x, y, z 是关于 t 的方程 $t^3 - 3t^2 = m$ 的三个实数根，又韦达定理可知，$x + y + z = 3$，选 D.

16. 已知 $a + b + c = 1$，则 $\sqrt{4a + 1} + \sqrt{4b + 1} + \sqrt{4c + 1}$ 的最大值与最小值的乘积属于区间（   ）

A.$[10, 11)$ B.$[11, 12)$ C.$[12, 13)$ D.前三个答案都不对

16. **解**：易知 a, b, c 的取值范围是 $\left[-\dfrac{1}{4}, \dfrac{3}{2}\right]$，考虑函数 $f(x) = \sqrt{4x + 1}$，导函数 $f'(x) =$

$\dfrac{2}{\sqrt{4x + 1}}$，作出 $f(x)$ 的图象如图.容易求得 $f(x)$ 在 $x = \dfrac{1}{3}$ 处的切线为 $y = \dfrac{2\sqrt{21}}{7}\left(x - \dfrac{1}{3}\right) + \dfrac{\sqrt{21}}{3}$，

过点 $\left(-\dfrac{1}{4}, 0\right)$ 和 $\left(\dfrac{3}{2}, \sqrt{7}\right)$ 的割线为 $y = \dfrac{4}{\sqrt{7}}x + \dfrac{1}{\sqrt{7}}$.由图可知，在定义域 $\left[-\dfrac{1}{4}, \dfrac{3}{2}\right]$ 内，有 $\dfrac{4}{\sqrt{7}}x + \dfrac{1}{\sqrt{7}} \leqslant$

$\sqrt{4x+1}\leqslant\dfrac{2\sqrt{21}}{7}\left(x-\dfrac{1}{3}\right)+\dfrac{\sqrt{21}}{3}$，左侧等号当 $x=-\dfrac{1}{4}$ 或 $x=\dfrac{3}{2}$ 时取得，右

侧等号当 $x=\dfrac{1}{3}$ 时取得. 所以 $\sqrt{4a+1}+\sqrt{4b+1}+\sqrt{4c+1}\leqslant\dfrac{2\sqrt{21}}{7}$

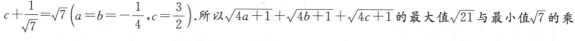

$\left(\dfrac{4}{\sqrt{7}}a-\dfrac{1}{3}\right)+\dfrac{\sqrt{21}}{3}+\dfrac{2\sqrt{21}}{7}\left(b-\dfrac{1}{3}\right)+\dfrac{\sqrt{21}}{3}+\dfrac{2\sqrt{21}}{7}\left(c-\dfrac{1}{3}\right)+\dfrac{\sqrt{21}}{3}=\sqrt{21}$

$\left(\dfrac{4}{\sqrt{7}}a=b=c=\dfrac{1}{3}\right)$，$\sqrt{4a+1}+\sqrt{4b+1}+\sqrt{4c+1}\geqslant\dfrac{4}{\sqrt{7}}a+\dfrac{1}{\sqrt{7}}+\dfrac{4}{\sqrt{7}}b+\dfrac{1}{\sqrt{7}}+\dfrac{4}{\sqrt{7}}$

$c+\dfrac{1}{\sqrt{7}}=\sqrt{7}\left(a=b=-\dfrac{1}{4},c=\dfrac{3}{2}\right)$.所以 $\sqrt{4a+1}+\sqrt{4b+1}+\sqrt{4c+1}$ 的最大值 $\sqrt{21}$ 与最小值 $\sqrt{7}$ 的乘

积为 $7\sqrt{3}=\sqrt{147}\in\left[\sqrt{144},\sqrt{169}\right)=[12,13)$，选 C.

17. 在圆内接四边形 $ABCD$ 中，$BD=6$，$\angle ABD=\angle CBD=30°$，则四边形 $ABCD$ 的面积

等于 （ ）

A.$8\sqrt{3}$　　　　　　B.$9\sqrt{3}$　　　　　　C.$12\sqrt{3}$　　　　　　D.前三个答案都不对

17. **解**:如图,连接 AC,由题意,$CD=AD$,且 $\triangle ACD$ 是底角 $30°$ 的等腰

三角形,所以易知 $AC=\sqrt{3}AD$.由托勒密定理,$AB\cdot CD+AD\cdot BC=AC\cdot$

BD,即 $AD\cdot(AB+BC)=6\sqrt{3}\cdot AD$,所以 $AB+BC=6\sqrt{3}$.于是 $S_{ABCD}=S_{\triangle ABD}+$

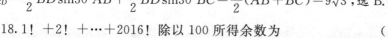

$S_{\triangle BCD}=\dfrac{1}{2}BD\sin30°AB+\dfrac{1}{2}BD\sin30°BC=\dfrac{3}{2}(AB+BC)=9\sqrt{3}$,选 B.

18. $1!+2!+\cdots+2016!$ 除以 100 所得余数为 （ ）

A.3　　　　　　　B.13　　　　　　　C.27　　　　　　　D.前三个答案都不对

18. **解**:当 $n\geqslant10$ 时,$2\times5\times10|n!$,所以 $(1!+2!+\cdots+2016!)(\mathrm{mod}100)\equiv(1!+2!+\cdots9!)$
$(\mathrm{mod}100)\equiv(1+2+6+24+20+20+40+20+80)(\mathrm{mod}100)\equiv13(\mathrm{mod}100)$,所以选 B.

19. 方程组 $\begin{cases}x+y^2=z^3,\\x^2+y^3=z^4,\\x^3+y^4=z^5\end{cases}$ 的实数解组数为 （ ）

A.5　　　　　　　B.6　　　　　　　C.7　　　　　　　D.前三个答案都不对

19. **解**:依次将题干中方程记为①,②,③,则①③-②^2,得 $xy^4+x^3y^2-2x^2y^3=0$,即 xy^2
$(x-y)^2=0$,从而 $x=0$ 或 $y=0$ 或 $x=y$.

若 $x=0$,则 $\begin{cases}y^2=z^3,\\y^3=z^4,\\y^4=z^5,\end{cases}$ 所以 $(z^3)^2=(y^2)^2=y^4=z^5$,所以 $z=0,1$,代回方程组,有 $(x,y,z)=$

$(0,0,0),(0,1,1)$;

若 $y=0,x\neq0$ 则 $\begin{cases}x=z^3,\\x^2=z^4,\\x^3=z^5,\end{cases}$ 所以 $(z^3)^2=x^2=z^4$,所以 $z=0,1,-1$,代回方程组,符合要求的解

有 $(x,y,z)=(1,0,1),(-1,0,-1)$;

若 $x=y$, 且 $xy\neq0$, 则 $\begin{cases} x+x^2=z^3, \\ x^2+x^3=z^4, \\ x^3+x^4=z^5, \end{cases}$ 则 $xz^3=z^4$, 所以 $z=0$ 或 $z=x$,

若 $z=0$, 考虑 $x\neq0$, 则有 $x=-1$, 即 $(-1,-1,0)$,

若 $z=x$, 代回, 得到 $x+x^2=x^3$,

解得 $x=\dfrac{1\pm\sqrt5}{2}$,

所以 $(x,y,z)=\left(\dfrac{1+\sqrt5}{2},\dfrac{1+\sqrt5}{2},\dfrac{1+\sqrt5}{2}\right),\left(\dfrac{1-\sqrt5}{2},\dfrac{1-\sqrt5}{2},\dfrac{1-\sqrt5}{2}\right)$.

综上所述, 共有 7 组解, 选 C.

20. 方程 $\left(\dfrac{x^3+x}{3}\right)^3+\dfrac{x^3+x}{3}=3x$ 的所有实根的平方和等于 （ ）

A. 0   B. 2   C. 4   D. 前三个答案都不对

20. 解: 令 $f(x)=\dfrac{x^3+x}{3}$, 则原方程等价于 $f(f(x))=x$, 由于 $f(x)$ 在 R 上单调递增, 所以必有 $f(x)=x$, 即 $\dfrac{x^3+x}{3}=x$, 容易解得 $x=0,\pm\sqrt2$, 则平方和为 4, 选 C.

2016 年中国科大优秀中学生数学学科营数学试题参考解答

一、填空题

1. 设 $f(x)$ 是定义域为 R 的偶函数, $f(x+1)$ 与 $f(x-1)$ 都是奇函数, 若当 $0<x<1$ 时, $f(x)=\sin x$, 则 $f(3\pi)=$ _____.

1. 解: 由于 $f(x+1)$ 与 $f(x-1)$ 都是奇函数, 所以 $f(x)$ 关于点 $(1,0)$ 和 $(-1,0)$ 对称, 即 $f(x)+f(2-x)=0$, $f(x)+f(-2-x)=0$, 所以 $f(2-x)=f(-2-x)$, 即 $2-(-2)=4$ 是 $f(x)$ 的周期. 则 $f(3\pi)=f(3\pi-8)=-f(2-(3\pi-8))=-\sin(10-3\pi)=\sin10$.

2. 不等式 $\arcsin\dfrac{2x}{1+x^2}<\arccos\dfrac{2x}{1+x^2}$ 的解集为 _____.

2. 解: $\arcsin x$ 的定义域为 $[-1,1]$, 值域为 $\left[-\dfrac{\pi}{2},\dfrac{\pi}{2}\right]$, $\arccos x$ 的定义域为 $[-1,1]$, 值域为 $[0,\pi]$, 当 $\arcsin x=\arccos x=t$ 时, 必有 $\sin t=\cos t=x$, 显然 $t=\dfrac{\pi}{4}$, $x=\dfrac{\sqrt2}{2}$, 所以 $\arcsin x<\arccos x$ 的解集为 $\left[-1,\dfrac{\sqrt2}{2}\right)$, 从而原不等式等价于 $-1\leqslant\dfrac{2x}{1+x^2}<\dfrac{\sqrt2}{2}$, 得解集 $(-\infty,\sqrt2-1)\cup(\sqrt2+1,+\infty)$.

3. 设 $f(x)=x^3+ax^2-x$. 若 $\max\limits_{|x|\leqslant1}|f(x)|\leqslant1$, 则 a 的取值范围是 _____.

3. 解: 一方面, 令 $x=1$, $f(1)=a$, 所以 $|a|\leqslant1$. 另一方面, 当 $a\leqslant1$ 时, $|f(x)|\leqslant|x^3-x|+|ax^2|\leqslant|x^2-1|\cdot|x|+|x^2|\leqslant|1-x^2|+|x^2|=1-x^2+x^2=1$, 所以 $|a|\leqslant1$ 是 $\max_{|x|\leqslant1}|f(x)|\leqslant1$ 的充分必要条件, 即 a 的取值范围是 $[-1,1]$.

4. 把平行四边形 $ABCD$ 沿对角线 AC 折成直二面角, 设 $|AB|=8$, $|AC|=|AD|=5$, 动点 P,

Q 分别在 AC,BD 上,则 $|PQ|$ 的取值范围是_____.

4.**解:**如图,一方面,在 $\triangle BPD$ 中,因为因为 $\angle PQB,\angle PQD$ 中至少一个
不是锐角,根据三角形中"大角对大边",有 $|PQ|\leqslant\max\{|PB|,|PD|\}$,同理,
有 $|BP|\leqslant\max\{|BC|,|BA|\}$,$|DP|\leqslant\max\{|DC|,|DA|\}$,所以 $|PQ|\leqslant\max$
$\{|BC|,|BA|,|DC|,|DA|\}=8$.另一方面,易知 $|PQ|$ 的最小值即异面直线
AC 和 BD 的距离.过 B 作 $BE\perp AC$ 于 E,过 D 作 AC 的平行线 DF,并使得
$EF\perp AE$,连接 CF,BF.则 AC 与 BD 的距离等于 AC 与平面 BDF 的距离,又

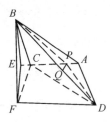

等于 C 点与平面 BDF 的距离,记为 h,则有 $\frac{1}{3}h\times S_{\triangle BFD}=V_{CBDF}=\frac{1}{3}|BE|\times S_{\triangle CFD}$,即 $h=$

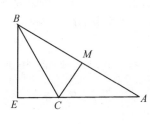

$$\frac{|BE|\times S_{\triangle CFD}}{S_{\triangle BFD}}=\frac{|BE|\times\frac{1}{2}|EF|\times|FD|}{\frac{1}{2}|BF|\times|FD|}=\frac{|BE|\times|EF|}{|BF|}(*).$$考虑如图所示平面图形: $|AC|=$

$|BC|=5,|AB|=8,M$ 是 AB 中点,于是 $|AM|=4,|CM|=3$,
$\sin\angle ACM=\frac{4}{5},\cos\angle ACM=\frac{3}{5},\sin\angle BCE=\sin(\pi-2\angle ACM)=\frac{24}{25}$,
所以 $|BE|=\frac{24}{5},|CE|=\frac{7}{5}$.则易知 $|EF|=\frac{24}{5},|BF|=\frac{24\sqrt{2}}{5}$,从而代回

$(*)$ 式,得 $h=\frac{12\sqrt{2}}{5}$.

故综上所述,$|PQ|$ 的取值范围是 $\left[\dfrac{12\sqrt{2}}{5},8\right]$.

5.与圆 $x^2-x+y^2+y=1$ 关于直线 $x+y=1$ 对称的圆的方程为_____.

5.**解:**圆方程整理为 $\left(x-\dfrac{1}{2}\right)^2+\left(y+\dfrac{1}{2}\right)^2=\dfrac{3}{2}$,圆心为 $\left(\dfrac{1}{2},-\dfrac{1}{2}\right)$,关于直线 $x+y=1$ 的对称

点为 $\left(\dfrac{3}{2},\dfrac{1}{2}\right)$,所以对称的圆的方程为 $\left(x-\dfrac{3}{2}\right)^2+\left(y-\dfrac{1}{2}\right)^2=\dfrac{3}{2}$,整理得 $x^2-3x+y^2-y+1=0$.

6.设 F_1,F_2 是椭圆 $C:2x^2+y^2=1$ 的两个焦点,点 P 在椭圆 C 上,$\angle F_1PF_2=\theta$,则 $\triangle F_1PF_2$
的面积为_____(用 θ 表示).

6.**解:**椭圆 $\dfrac{x^2}{\frac{1}{2}}+\dfrac{y^2}{1}=1$,$a=1,b=c=\dfrac{\sqrt{2}}{2}$.在 $\triangle F_1PF_2$ 中,根据余弦定理,$F_1F_2^2=F_1P^2+$

$F_2P^2-2F_1P\cdot F_2P\cos\theta=(F_1P+F_2P)^2-2F_1P\cdot F_2P(1+\cos\theta)$,结合 $F_1F_2=2c=\sqrt{2}$,F_1P+

$F_2P=2a=2$,所以 $F_1P\cdot F_2P=\dfrac{(F_1P+F_2P)^2-F_1F_2^2}{2(1+\cos\theta)}=\dfrac{1}{(1+\cos\theta)}$,所以 $S_{\triangle F_1PF_2}=\dfrac{1}{2}F_1P\cdot$

$F_2P\sin\theta=\dfrac{\sin\theta}{2(1+\cos\theta)}=\dfrac{1}{2}\tan\dfrac{\theta}{2}$.

7.设复数 z 满足 $(z+z^{-1})^2=1+z+z^{-1}$,则 $z^{2016}+z^{-2016}$ 的取值范围是_____.

7.**解:**令 $t=z+z^{-1}$,则 $t^2=1+t$,$t=\dfrac{1\pm\sqrt{5}}{2}$.令 $f(n)=z^n+z^{-n}$,则 $f(1)=t,f(2)=z^2+$

$z^{-2}=(z+z^{-1})^2-2=t^2-2=1+t-2=t-1$.当 $n\geqslant2$ 时,$f(n+1)=tf(n)-f(n-1)$,$f(2n)=$

$f(n)^2-2$. 于是计算可得，$f(3)=1-t$，$f(4)=-t$，$f(5)=-2$，$f(6)=-t$，$f(7)=1-t$，$f(8)=t-1$，$f(9)=t$，$f(10)=2$，$f(11)=t=f(1)$，$f(12)=t-1=f(2)$，所以 $f(n)$ 以 10 为周期. 所以 $f(2016)=f(6)=-t=\dfrac{-1\pm\sqrt{5}}{2}$，所以题中 $z^{2016}+z^{-2016}$ 取值范围是 $\left\{\dfrac{-1+\sqrt{5}}{2},\dfrac{-1-\sqrt{5}}{2}\right\}$.

8. 设 X 是随机变量，若 $2X+3$ 服从标准正态分布 $N(0,1)$，则 $E(X^2)=$ _____.

8. **解**：由于 $2X+3\sim N(0,1)$，所以 $X\sim N\left(-\dfrac{3}{2},\dfrac{1}{4}\right)$，则 $E(X)=-\dfrac{3}{2}$，$D(X)=\dfrac{1}{4}=E[(X-E(X))^2]=E(X^2-2XE(X)+E(X)^2)=E(X^2)-2E(X)E(X)+E(x)^2=E(x^2)-E(x)^2$，所以 $E(x^2)=E(x)^2+D(x)=\dfrac{5}{2}$.

三、解答题

9. 求满足以下条件的正整数数列 $\{a_n\}$，$n\in\mathbf{N}$ 的个数：对任意 $n\in\mathbf{N}$ 都有 $a_n\leqslant 100$ 且 $a_n=a_{n+100}$ 且 $a_n\neq a_{n+1}$.

9. **解**：设 T_k 为满足 $a_n=a_{n+k}$，且 $a_n\leqslant 100$，$a_n\neq a_{n+1}$ 的正整数数列 $\{a_n\}$ 的个数，于是：

$k=1$ 时，要求 $a_n=a_{n+1}$，与 $a_n\neq a_{n+1}$ 矛盾，故 $T_1=0$；

$k=2$ 时，要求 $a_n=a_{n+2}$，同时 $a_n\neq a_{n+1}$，于是该数列周期为 2，且 a_1 有 100 种选择，a_2 有 99 种，所以故 $T_2=9900$；

$k\geqslant 3$ 时，数列周期为 k，考虑 $a_1,a_2,\cdots,a_k$ 的取值，

若 $a_1=a_{k-1}$，则 $a_1,a_2,\cdots,a_{k-1}$ 的取值等价于 $k-2$ 的情形，有 T_{k-2} 种，a_k 的取值有 99 种；

若 $a_1\neq a_{k-1}$，则 $a_1,a_2,\cdots,a_{k-1}$ 的取值等价于 $k-1$ 的情形，有 T_{k-1} 种，a_k 的取值有 98 种，所以 $T_k=98T_{k-1}+99T_{k-2}$.

用特征根法可以求得数列 T_k 的通项公式为 $T_k=99^k+99\times(-1)^k$，则本题所求为 $T_{100}=99^{100}+99$.

10. 设 a,b,c 为实数，求 $f(a,b,c)=\max|x^3+ax^2+bx+c|(0\leqslant x\leqslant 1)$ 的最小值.

10. **解**：令 $g(x)=x^3+ax^2+bx+c$，当 $0\leqslant x\leqslant 1$ 时，考虑到

$$g(1)-2g\left(\dfrac{3}{4}\right)+2g\left(\dfrac{1}{4}\right)-g(0)=(1+a+b+c)-2\left(\dfrac{27}{64}+\dfrac{9}{16}a+\dfrac{3}{4}b+c\right)+2\left(\dfrac{1}{64}+\dfrac{1}{16}a+\dfrac{1}{4}b+c\right)-c$$

$$=\left(1-\dfrac{27}{32}+\dfrac{1}{32}\right)+\left(1-\dfrac{9}{8}+\dfrac{1}{8}\right)a+\left(1-\dfrac{3}{2}+\dfrac{1}{2}\right)b+(1-2+2-1)c=\dfrac{3}{16}.$$

则 $\max|x^3+ax^2+bx+c|\geqslant\dfrac{1}{6}\left(|g(1)|+2\left|g\left(\dfrac{3}{4}\right)\right|+2\left|g\left(\dfrac{1}{4}\right)\right|+|g(0)|\right)\geqslant\dfrac{1}{6}\left|g(1)-2g\left(\dfrac{3}{4}\right)+2g\left(\dfrac{1}{4}\right)-g(0)\right|=\dfrac{1}{32}$，

即 $\max|x^3+ax^2+bx+c|$ 的最小值不小于 $\dfrac{1}{32}$. 而要使上述不等式取等号，需使得 $|g(1)|=-\left|g\left(\dfrac{3}{4}\right)\right|=\left|g\left(\dfrac{1}{4}\right)\right|=-|g(0)|=\dfrac{1}{32}$，解得 $a=-\dfrac{3}{2}$，$b=\dfrac{9}{16}$，$c=-\dfrac{1}{32}$. 且此时 $|x^3+ax^2+bx+c|=\left|x^3-\dfrac{3}{2}x^2+\dfrac{9}{16}x-\dfrac{1}{32}\right|=\dfrac{1}{32}|2x-1||4(2x-1)^2-3|\leqslant\dfrac{1}{32}\times 1\times 1=\dfrac{1}{32}$，即最大值为 $\dfrac{1}{32}$.

故综上所述，$\max |x^3+ax^2+bx+c|(0\leqslant x\leqslant 1)$ 的最小值为 $\dfrac{1}{32}$.

11.设 $x_1,x_2,\cdots,x_{100}\in\{-1,1\}$.求证:存在 $i\neq j$ 使得 $|x_ix_{j+1}-x_jx_{i+1}|<\dfrac{1}{12}$.

11.解:在平面直角坐标系中，设点 $A(1,1),B(-1,1),C(-1,-1),D(1,-1)$，是边长为 2 的正方形的四个顶点，$P_i(x_i,x_{i+1})$，射线 $\overrightarrow{OP_i}$ 与正方形的边的交点为 Q_i，$1\leqslant i\leqslant 99$.考虑前开后闭的线段 AB,BC,CD,DA，根据抽屉原理，必有某条线段包含至少 25 个 Q，则这条线段上必有某相邻两个点 Q_i,Q_{i+1} 的距离小于 $\dfrac{2}{25-1}=\dfrac{1}{12}$，则 $|x_ix_{j+1}-x_jx_{i+1}|=2S_{\triangle OP_iP_j}\leqslant 2S_{\triangle OQ_iQ_j}<2\times\dfrac{1}{2}\times 1\times\dfrac{1}{12}=\dfrac{1}{12}$，命题得证。

12.设有 n 人，任意两人在其他 $n-2$ 人中都有至少 2016 位共同的朋友，朋友关系是相互的.求所有 n，使得在满足以上条件的任何情形下都存在 5 人彼此是朋友.

12.解:显然 $n\geqslant 2018$，下面将所有人依次编号为 $1,2,3,\cdots,n$.

若 $n\geqslant 4032$，设 $V_1=\{1,2,\cdots,1008\}$，$V_2=\{1009,1010,\cdots,2016\}$，$V_3=\{2017,2018,\cdots,3024\}$，$V_4=\{3025,3026,\cdots,n\}$，并规定 i,j 是朋友 $\Leftrightarrow i,j$ 不属于同一个 V_k，则该情形能满足任意 2 人都有至少 2016 个共同朋友，但任意 5 人中必有两个不属于同一个 V_k，故不是朋友，所以 $n\geqslant 4032$ 时不符合要求.

当 $2018\leqslant n\leqslant 4031$ 时，任取彼此认识的三人 x,y,z，用 S_x,S_y,S_z 分别表示 x,y,z 的朋友集合，用 $S_{xy}=S_x\bigcap S_y$ 表示 x,y 的共同朋友的集合，依次类推.则有 $|S_{xy}|\geqslant 2016$，$|S_{yz}|\geqslant 2016$，而 $n\leqslant 4031<|S_{xy}|+|S_{yz}|$，从而 $S_{xyz}=S_{xy}\bigcap S_{yz}\neq\varnothing$，设 $w\in S_{xyz}$，则 x,y,z,w 四人互为朋友.

若 $S_{xyzw}=\varnothing$，则 $S_{xyz},S_{xyw},S_{xzw},S_{yzw}$ 两两交集均为 $\varnothing$，则 $|S_{xy}|\geqslant|S_{xyz}|+|S_{xyw}|$，类似这样的不等式共有六个，全部相加得：$\sum_{i,j}|S_{ij}|\geqslant 3\sum_{i,j,k}|S_{ijk}|$.则根据容斥原理，有：

$4031\geqslant n\geqslant|U_{i,j}S_{ij}|=\sum_{i,j}|S_{ij}|-2\sum_{i,j,k}|S_{ijk}|\geqslant\dfrac{1}{3}\sum_{i,j}|S_{ij}|\geqslant\dfrac{1}{3}\times 6\times 2016=4032$，矛盾.所以 $S_{xyzw}=\varnothing$ 的假设不正确，故存在 $u\in S_{xyzw}$，则 x,y,z,w,u 五人互为朋友，故而 $2018\leqslant n\leqslant 4031$ 满足要求.

综上所述，符合条件的 n 为 $2018,2019,\cdots,4031$.

2017 年北大博雅数学试题参考解答

1. 已知实数 a、b 满足 $(a^2+4)(b^2+1)=5(2ab-1)$，则 $b\left(\dfrac{1}{a}+a\right)$ 为　　　　　（　　）

A.1.5　　　　　　B.2.5　　　　　　C.3.5　　　　　D.以上答案都不对

1.解:

解法一:直接配凑

原式 $=a^2b^2+a^2+4b^2-10ab+9=0$，

$\therefore (a^2b^2-6ab+9)+(a^2-4ab+4b^2)=0$，

$\therefore (ab-3)^2+(a-2b)=0$，$\begin{cases}ab=3\\a=2b\end{cases}\Rightarrow b\left(\dfrac{1}{a}+a\right)=3.5.$

解法二：以 b 为主元 $(a^2+4)b^2-10ab+a^2+9=0$，

$\Delta=100a^2-4(a^2+4)(a^2+9)=-4(a^2-6)^2\leqslant 0$，

$\therefore a^2=6.$

当 $b=\dfrac{5a}{a^2+4}$ 时成立，

$\therefore b\left(\dfrac{1}{a}+a\right)=\dfrac{5a^2+5}{a^2+4}=3.5$，故选 C.

2. 函数 $f(x)=\left|x^2-2\right|-\dfrac{1}{2}|x|+|x-1|,x\in[-1,2]$ 上的最大值和最小值的差所在的区间 （　　）

A.$(2,3)$　　　　　B.$(3,4)$　　　　　C.$(4,5)$　　　　　D.以上答案都不对

2. 解：分析绝对值中变量的正负，易得 $f(x)=\begin{cases}-x^2-\dfrac{x}{2}+3,-1\leqslant x\leqslant 0,\\[2mm]-x^2-\dfrac{3x}{2}+3,0<x\leqslant 1,\\[2mm]-x^2+\dfrac{x}{2}+1,1<x\leqslant\sqrt{2},\\[2mm]x^2+\dfrac{x}{2}-3,\sqrt{2}<x\leqslant 2,\end{cases}$ 结合二次函数的对

称轴可以判断，$f(x)$ 在 $\left[-1,-\dfrac{1}{4}\right]$ 和 $[\sqrt{2},2]$ 单调递增，在 $\left[-\dfrac{1}{4},\sqrt{2}\right]$ 单调递减. 由于 $f\left(-\dfrac{1}{4}\right)=$

$\dfrac{49}{16},f(2)=2,f(-1)=\dfrac{5}{2},f(\sqrt{2})=\dfrac{\sqrt{2}}{2}-1$，显然在 $f\left(-\dfrac{1}{4}\right),f(\sqrt{2})$ 处取最大值和最小值，差值在

$(3,4)$ 之间.

所以 $f(x)$ 的最大值和最小值的差为 $f\left(-\dfrac{1}{4}\right)-f(\sqrt{2})=\dfrac{65}{16}-\dfrac{\sqrt{2}}{2}=4-\left(\dfrac{\sqrt{2}}{2}-\dfrac{1}{16}\right)\in(3,4)$，

选 B.

3. 不等式组 $\begin{cases}y\geqslant 2|x|-1,\\y\leqslant-3|x|+5\end{cases}$ 所表示的平面区域的面积为 （　　）

A.6　　　　　　　B.$\dfrac{33}{5}$　　　　　　　C.$\dfrac{36}{5}$　　　　　　　D.以上答案都不对

3. 解：由对称性可知 $AC\perp BD$，易得 $A(0,5),C(0,-1)\therefore AC=6.$

而 $S=\dfrac{1}{2}AC\cdot BD$，所以只需求出 B 点坐标. 由 $\begin{cases}y=2|x|-1,\\y=-3|x|+5\end{cases}\Rightarrow 5|x|=$

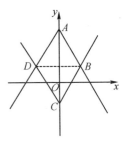

$6,|x|=\dfrac{6}{5}.$

$\therefore BD=\dfrac{12}{5};S=\dfrac{1}{2}\times\dfrac{12}{5}\times 6=\dfrac{36}{5}$，故选 C.

4. $\left(1+\cos\dfrac{\pi}{5}\right)\left(1+\cos\dfrac{3\pi}{5}\right)$ 的值为 （　　）

A.$1+\dfrac{1}{\sqrt{5}}$ B.$1+\dfrac{1}{4}$ C.$1+\dfrac{1}{\sqrt{3}}$ D.以上答案都不对

4. 解:$1+\cos\dfrac{\pi}{5}\cdot\cos\dfrac{3}{5}\pi+\cos\dfrac{\pi}{5}+\cos\dfrac{3}{5}\pi$.由和差化积公式可化为 $1-\cos\dfrac{\pi}{5}\cdot\cos\dfrac{2}{5}\pi+2\cos$

$\dfrac{\pi}{5}\cdot\cos\dfrac{2}{5}\pi=1+\dfrac{\cos\dfrac{\pi}{5}\cdot\cos\dfrac{2}{5}\pi\cdot\sin\dfrac{\pi}{5}}{\sin\dfrac{\pi}{5}}=1+\dfrac{\dfrac{1}{4}\sin\dfrac{4\pi}{5}}{\sin\dfrac{\pi}{5}}=1+\dfrac{1}{4}$,故选 B.

5. 圆上 A、B、C、D 四点(逆时针排列),$AB=1$,$BC=2$,$BD=3$ 且 $\angle ABD=\angle DBC$,则圆的直径为 (   )

A.$2\sqrt{5}$ B.$2\sqrt{6}$ C.$2\sqrt{7}$ D.以上答案都不对

5. 解:设 $AD=x$.

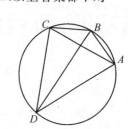

$\because\angle CBD=\angle ABD$,$\therefore AD=DC=x$.

由托勒密定理可知 $x\cdot 1+2\cdot x=3\cdot AC$,

$\therefore AC=x$.

$\therefore\triangle ACD$ 为等边三角形.

$\therefore\angle ABC=120°$.由余弦定理 $AC^2=1^2+2^2+4\cdot\dfrac{1}{2}=7$,

$\therefore AC=\sqrt{7}.\therefore 2R=\dfrac{AC}{\sin120°}=\dfrac{2\sqrt{21}}{3}$,故选 D.

6. 已知某三角形三个边中线长为 $9,12,15$,则该三角形的面积为 (   )

A.64 B.72 C.90 D.以上答案都不对

6. 解:不妨令 $AD=9$,AC,AB 上的中线分别为 $12,15$.

$\because G$ 是重心,

$\therefore AG:GD=3:2,\therefore GD=3$.

$\therefore S_{\triangle ABC}=3S_{\triangle GBC},\therefore GB=8,GC=10$.

延长 GD 到 E,使 $GD=DE$.易证 $\triangle GBD\cong\triangle ECD$,

$\therefore EC=8,GE=6$.

$\because GC^2=GE^2+EC^2$,

$\therefore\angle GEC=90°$.

$\therefore S_{\triangle GEC}=24=S_{\triangle GBC}$,

$\therefore S=72$,故选 B.

7. 已知 x 为实数,使得 $2,x,x^2$ 互不相同,且其中有一个数恰为另一个数的 2 倍,则这样的实数 x 的个数为 (   )

A.3 B.4 C.5 D.以上答案都不对

7. 解:情况一:x 与 2 满足题意,则 $x=1$ 或 $x=4$;

情况二:x^2 与 2 满足题意,则 $x=\pm1$ 或 $x=\pm2$;

情况三:x^2 与 x 满足题意,则 $x=\dfrac{1}{2}$ 或 $x=2$.

$\because x\neq2$ 且 $x^2\neq x$,

$\therefore x \neq 0, x \neq 1.$

$\therefore x = -1, x = -2, x = 4, x = \dfrac{1}{2}$，故选 B.

8. 实数 a, m, n 满足 $\sqrt{a^2 - 4\sqrt{5}} = \sqrt{m} - \sqrt{n}$，则 (a, m, n) 有（　　）组

A.1　　　　　　　B.3　　　　　　　C.2　　　　　　　D.以上答案都不对

8. **解**：原式两边平方得，$a^2 - m - n = 4\sqrt{5} - 2\sqrt{mn}$，记 $4\sqrt{5} - 2\sqrt{mn} = k$，其中 k 为整数，则有 $(4\sqrt{5} - 2\sqrt{mn})^2 = k^2$，即 $80 + 4mn - k^2 = 16\sqrt{5mn}$，于是 $\sqrt{5mn}$ 为有理数. 因为 mn 为整数，故只有 $mn = 5s^2$，其中 s 为整数. 代回 $4\sqrt{5} - 2\sqrt{mn} = k$，得 $\sqrt{5}(4 - 2s) = k$，故只能 $k = 0$，从而
$\begin{cases} a^2 - m - n = 0, \\ 4\sqrt{5} - 2\sqrt{mn} = 0, \end{cases}$ 即 $mn = 20$，且 m, n 为平方数，显然 $m > n > 0$. 考虑 $20 = 1 \times 20 = 2 \times 10 = 4 \times 5$，
其中只有 $4 + 5$ 是平方数，此时 $m = 5, n = 4, a = \pm 3$，故有两组解，选 C.

9. $S = \dfrac{1}{\log_{\frac{1}{2}} \pi} + \dfrac{1}{\log_{\frac{1}{3}} \pi} + \dfrac{1}{\log_{\frac{1}{5}} \pi} + \dfrac{1}{\log_{\frac{1}{7}} \pi}$，则不大于 S 的最大整数为　　　　　　（　　）

A.-5　　　　　　　B.4　　　　　　　C.5　　　　　　　D.以上答案都不对

9. **解**：将原式化简可得 $S = -\log_{\pi} 210$.

$\because \log_{\pi} 210 < \log_3 210 < 5$,

$\log_{\pi} 210 > \log_4 210 > 3$,

而 $\log_{\pi} 210 > \log_{\sqrt{10}} 210 = \log_{10} 210^2 > 4$,

$\therefore -\log_{\pi} 210 \in (-5, -4)$，故选 A.

10. 已知复数 z 满足 $z + \dfrac{2}{z}$ 为实数，则 $|z + i|$ 的最小值为　　　　　　（　　）

A.$\dfrac{\sqrt{3}}{3}$　　　　　　　B.$\dfrac{\sqrt{2}}{2}$　　　　　　　C.1　　　　　　　D.以上答案都不对

10. **解**：令 $z = \rho(\cos\theta + i\sin\theta)$,

$z + \dfrac{2}{z} = \rho\cos\theta + \rho i\sin\theta + 2\left(\dfrac{1}{\rho}\cos\theta - i\dfrac{1}{\rho}\sin\theta\right) = \left(\rho + \dfrac{2}{\rho}\right)\cos\rho + i\left(\rho - \dfrac{2}{\rho}\right)\sin\theta.$

$\because z + \dfrac{2}{z}$ 为实数，

$\therefore \rho - \dfrac{2}{\rho} = 0$ 或 $\sin\theta = 0 \Rightarrow \rho = \sqrt{2}$ 或 $\theta = k\pi (k \in Z).$

$\therefore z$ 的轨迹为实轴或以原点为圆心，半径为 $\sqrt{2}$ 的圆.

$|z + i| = |z - (-i)|$ 为复平面内圆上的点与点 $(0, -1)$ 之间的距离，从图上可知显然最小值为 $\sqrt{2} - 1$，故选 D.

11. 已知正方形 $ABCD$ 边长为 1，P_1, P_2, P_3, P_4 是正方形内部的 4 个点，使得 $\triangle ABP_1$，$\triangle BCP_2, \triangle CDP_3, \triangle DAP_4$ 都是正三角形，则四边形 P_1, P_2, P_3, P_4 面积等于　　　　（　　）

A.$2 - \sqrt{3}$　　　　　　　B.$\dfrac{\sqrt{6} - \sqrt{2}}{4}$　　　　　　　C.$\dfrac{1 + \sqrt{3}}{8}$　　　　　　　D.以上答案都不对

11.解：由对称性可知

$P_1P_3 \perp P_2P_4$ 且 $P_1P_3 = P_2P_4$.

由容斥原理可知 $P_1P_3 = 2 \cdot \dfrac{\sqrt{3}}{2} - 1 = \sqrt{3} - 1$.

四边形 $P_1P_2P_3P_4$ 的面积 $S = \dfrac{1}{2}(P_1P_3)^2 = \dfrac{1}{2}(4-2\sqrt{3}) = 2-\sqrt{3}$，故选 A.

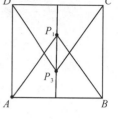

12. 已知三角形两条高分别为 $10,20$，则它的第三个高的取值范围是 （　　）

A.$\left(0,\dfrac{10}{3}\right)$ B.$\left(\dfrac{10}{3},\dfrac{20}{3}\right)$ C.$\left(\dfrac{20}{3},20\right)$ D.以上答案都不对

12.解：设两个高所对应边为 $2a,a$，第 3 个高为 h，对应边为 b.

由于等面积可知 $\dfrac{1}{2}bh = \dfrac{1}{2} \cdot 20a$，$\therefore b = \dfrac{20a}{h}$.

由三角形三边关系可知 $\because a < \dfrac{20a}{h} < 3a$，$\therefore h \in \left(\dfrac{20}{3},20\right)$，故选 C.

13. 已知正方形 $ABCD$ 与 P 在同一平面内，已知正方形边长为 1，且 $|PA|^2 + |PB|^2 = |PC|^2$，则 $|PD|$ 的最大值为 （　　）

A.$2+\sqrt{2}$ B.$2\sqrt{2}$ C.$1+\sqrt{2}$ D.以上答案都不对

13.解：建系设 $P(x,y)$，$x^2+y^2+(x-1)^2+y^2 = (x-1)^2+(y-1)^2$，

$\therefore x^2+y^2+2y = 1$，

$\therefore x^2+(y+1)^2 = 2$. 显然 $|PD|$ 的最大值为 $2+\sqrt{2}$，故选 A.

14. 方程 $\log_4(2^x+3^x) = \log_3(4^x-2^x)$，则解的个数为 （　　）

A.0 B.1

C.2 D.以上答案都不对

14.解：$x \to +\infty$ 时，

$\log_4(2^x+3^x) \approx x\log_4 3$，$\log_3(4^x-3^x) \approx x\log_3 4$，

$\therefore$ 左边 $<$ 右边.

当 $x \to 1$ 时，$\log_4 5 > \log_3 2$，

$\therefore$ 左边 $>$ 右边.

令 $f(x) = \log_4(2^x+3^x) - \log_3(4^x-2^x)$

$= x\log_4 3 + \log_4\left(\left(\dfrac{2}{3}\right)^x+1\right) - x\log_3 4 - \log_3\left(1-\left(\dfrac{1}{2}\right)^x\right)$，

$f(x) = x(\log_4 3 - \log_3 4) + \log_4\left(\left(\dfrac{2}{3}\right)^x+1\right) - \log_3\left(1-\left(\dfrac{1}{2}\right)^x\right)$.

显然 $f(x)$ 是一个单调递减的函数，

$\therefore$ 只有一解，故选 B.

15. 已知 $x+\dfrac{2}{x}$ 和 $x^2+\dfrac{2}{x^2}$ 均为整数，则正实数 x 的可能值有（　　）个

A.1 B.2 C.4 D.以上答案都不对

15.解：$\left(x+\dfrac{2}{x}\right)^2 = x^2+\dfrac{4}{x^2}+4 = x^2+\dfrac{2}{x^2}+\dfrac{2}{x^2}+4$.

$\because x^2 + \dfrac{2}{x^2}$ 为整数，$\therefore$ 若 $x + \dfrac{2}{x}$ 为整数，则 $\dfrac{2}{x^2} \in Z$.

$\therefore x^2 = 1$ 或 $x^2 = 2$. $\because x > 0$ 且 $x \in Z$,

$\therefore x = 1$, 故选 A.

16. 满足 $f(f(x)) = f^4(x)$ 的实系数多项式 $f(x)$ 的个数为 　　　　（　　）

A.2 　　　　　　　B.4 　　　　　　　C.无穷多 　　　　　　D.以上答案都不对

16. **解**：设 $f(x)$ 为关于 x 的 k 次多项式

$\because f(f(x)) = f^4(x)$, $\therefore k^2 = 4k \Rightarrow k = 0$ 或 $k = 4$.

若 $k = 0$, 则 $f(x)$ 为常数，记 $f(x) = c$. 由 $f(f(x)) = f^4(x) \Rightarrow c = c^4 \Rightarrow c = 1$ 或 $c = 0$.

则 $f(x) = 1$ 或 $f(x) = 0$.

若 $k = 4$, 令 $t = f(x)$,

假设 $f(x) \in D$,

$\forall t \in D, f(t) = t^4$, $\therefore f(x)$ 唯一.

综上 $f(x)$ 一共有 3 情况，故选 D.

17. $0 - 100$ 以内的素数中，满足 $p^2(p+7)$ 为平方数的素数 p 的个数为 　　（　　）

A.0 　　　　　　　B.1 　　　　　　　C.2 　　　　　　　D.以上答案都不对

17. **解**：$p^2(p+7)$ 为完全平方数，

$\therefore p + 7$ 为完全平方数，

$\therefore p + 7$ 为 $9, 16, 25, 36, 49, 64, 81$.

$\because p$ 是奇数，$\therefore p = 2$ 或 $p = 29$, 故选 C.

18. 函数 $f(x) = x(x+1)(x+2)(x+3)$ 的最小值为 　　　　　　　　（　　）

A.-1 　　　　　　B.-1.5 　　　　　　C.-2 　　　　　　D.以上答案都不对

18. **解**：$f(x)$ 的最小值与 $f\left(x - \dfrac{3}{2}\right)$ 相同。

$$f\left(x - \dfrac{3}{2}\right) = \left(x - \dfrac{3}{2}\right)\left(x - \dfrac{1}{2}\right)\left(x + \dfrac{1}{2}\right)\left(x + \dfrac{3}{2}\right) = \left(x^2 - \dfrac{9}{4}\right)\left(x^2 - \dfrac{1}{4}\right)$$

令 $t = x^2$ $\therefore g(t) = \left(t - \dfrac{9}{4}\right)\left(t - \dfrac{1}{4}\right)$, 显然 $t = \dfrac{5}{4}$ 时取到最小值，故最小值为 -1, 故选 A.

19. 动圆与两个圆 $x^2 + y^2 = 1$ 和 $x^2 + y^2 - 6x + 7 = 0$ 都外切，则动圆圆心的轨迹为 　（　　）

A.双曲线 　　　　　B.双曲线的一支 　　　　C.抛物线 　　　　　D.以上答案都不对

19. **解**：设两个圆心为 M, N, 动圆圆心 P 半径为 n,

$M(0,0)$, $N(3,0)$, $\therefore |PM| = n + 1$, $|PN| = n + \sqrt{2}$.

$\therefore |PN| - |PM| = \sqrt{2} - 1$, 所以轨迹为双曲线的一支，故选 B.

20. $\sin A = \dfrac{4}{5}$, $\cos B = \dfrac{4}{13}$, 则 $\triangle ABC$ 为 　　　　　　　　（　　）

A.锐角三角形 　　　B.钝角三角形 　　　C.无法确定 　　　　D.以上答案都不对

20. **解**：由 $\cos B = \dfrac{4}{13} < \dfrac{1}{2} \Rightarrow 60° < B < 90°$.

而 $\sin A = \dfrac{4}{5} > \dfrac{\sqrt{2}}{2}$ 且 $\sin A = \dfrac{4}{5} < \dfrac{\sqrt{3}}{2}$,

故有 $45°<A<60°$.

所以 $A+B>105°\Rightarrow C<75°$.选 A.

此题用定性判断最为简单,如果是正常计算,计算量会很大。

2017 年清华大学能力测试题参考解答

1. 在圆周的十等分点 $A_1,A_2,\cdots,A_{10}$ 中取出四个点,可以围成的梯形的个数为　　　　（　　）

A.60　　　　　B.40　　　　　C.30　　　　　D.10

1. 解:考虑梯形中两条相互平行的边,在一个方向上,可以取 $A_1A_{10},A_2A_9,A_3A_8,A_4A_7$, A_5A_6 中的某两条,也可以取 $A_2A_{10},A_3A_9,A_4A_8,A_5A_7$ 中的某两条,去除其中恰为平行四边形的情况,共有 $C_5^2+C_4^2-4=12$ 个.显然共有 5 个不同的方向,所以共有梯形 $12\times5=60$ 个,选 A。

2. 过圆 O 外一点 C 作圆 O 的两条切线,切点分别为 M,N,过点 C 作圆 O 的割线交圆 O 于 B,A 两点,点 Q 满足 $\angle AMQ=\angle CNB$,则下列结论正确的是　　　　（　　）

A.$\triangle AMQ$ 与 $\triangle MBC$ 相似

B.$\triangle AQM$ 与 $\triangle NBM$ 相似

C.$\triangle AMN$ 与 $\triangle BQM$ 相似

D.$\triangle AMN$ 与 $\triangle BNQ$ 相似

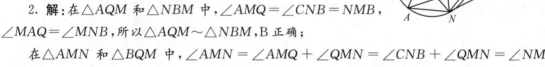

2. 解:在 $\triangle AQM$ 和 $\triangle NBM$ 中,$\angle AMQ=\angle CNB=NMB$,

$\angle MAQ=\angle MNB$,所以 $\triangle AQM\sim\triangle NBM$,B 正确;

在 $\triangle AMN$ 和 $\triangle BQM$ 中,$\angle AMN=\angle AMQ+\angle QMN=\angle CNB+\angle QMN=\angle NMB+$ $\angle QMN=\angle QMB$,$\angle MQB=\angle AMQ+\angle MAQ=\angle CNB+\angle MAQ=\angle BAN+\angle MAQ=$ $\angle MAN$,所以 $\triangle AMN\sim\triangle QMB$,C 正确.

根据已有条件,不能保证选项 A 和 D 所述的三角形相似,本题选 BC。

3. 已知方程 $kx=\sin x(k>0)$ 在区间 $(-3\pi,3\pi)$ 内有 5 个实数解 x_1,x_2,x_3,x_4,x_5,且 $x_1<$ $x_2<x_3<x_4<x_5$,则　　　　（　　）

A.$x_5=\tan x_5$

B.$\dfrac{29\pi}{12}<x_5<\dfrac{5\pi}{2}$

C.x_2,x_4,x_5 成等差数列

D.$x_1+x_2+x_3+x_4+x_5=0$

3. 解:如图所示,函数 $y=kx$ 与 $y=\sin x$ 恰有 5 个交点,对于选项 A,两函数在 $x=x_5$ 时相切,所以 $\begin{cases}kx_5=\sin x_5,\\k=\cos x_5,\end{cases}$ 所以 $x_5=\tan x_5$,A 正确;

对于选项 B,考虑在区间 $\left(2\pi,\dfrac{5}{2}\pi\right)$ 内,x_5 满足 $x_5=\tan x_5$,而 $\tan\dfrac{29}{12}\pi=\tan\dfrac{5}{12}\pi=2+\sqrt3<\dfrac{29}{12}$ π,所以 $x_5>\dfrac{29}{12}\pi$,故 B 正确;

对于选项 C,若 x_2,x_4,x_5 成等差数列,则因为 x_2,x_4 关于原点对称,所以必有 $x_5=3x_4$,即 $\begin{cases}\sin x_4=kx_4,\\\sin 3x_4=3kx_4.\end{cases}$ 根据三倍角公式,有 $3kx_4=\sin 3x_4=3\sin x_4-4\sin^3 x_4=3kx_4-4(kx_4)^3$,则 $kx_4=0$,

显然不符合要求,故 C 错误;

对于选项 D,由对称性易知 D 正确.

综上所述,本题选 ABD。

4. 已知函数 $f(x)=\begin{cases}x, & x\geq a,\\ 4x^3-3x, & x<a\end{cases}$ 则 （　　）

A.若 $f(x)$ 有两个极值点,则 $a=0$ 或 $\dfrac{1}{2}<a<1$

B.若 $f(x)$ 有极小值点,则 $a>\dfrac{1}{2}$

C.若 $f(x)$ 有极大值点,则 $a>-\dfrac{1}{2}$

D.使 $f(x)$ 连续的 a 有 3 个取值

4. 解:作出 $y=x$ 和 $y=4x^3-3x$ 的图象,如图,$y=4x^3-3x$ 有 $x=\pm\dfrac{1}{2}$ 两个极值点.

对于选项 A,要 $f(x)$ 有两个极值点,则 $a=0$ 或 $a>\dfrac{1}{2}$,A 错误;

对于选项 B,当 $a=0$ 时,$x=0$ 也是函数的极小值点,所以 B 错误;

选项 C 正确;

对于选项 D,要使 $f(x)$ 连续,则 a 必须取在 $y=x$ 和 $y=4x^3-3x$ 的交点处,这样的 a 恰有三个,故 D 正确.

综上所述,本题选 CD.

5. 空间直角坐标系 $O-xyz$ 中,满足 $0\leq x\leq y\leq z\leq 1$ 的点 (x,y,z) 构成的几何体的体积是 （　　）

A.$\dfrac{1}{3}$ 　　　　B.$\dfrac{1}{6}$ 　　　　C.$\dfrac{1}{12}$ 　　　　D.$\dfrac{1}{2}$

5. 解:空间坐标系中,满足 $0\leq x\leq y\leq z\leq 1$ 的点构成的图形是以 $(0,0,0)$,$(0,0,1)$,$(0,1,1)$,$(1,1,1)$ 四个点为顶点的三棱锥,体积为 $\dfrac{1}{3}\times\dfrac{1}{2}\times 1\times 1=\dfrac{1}{6}$,选 B.

6. 圆 O 的半径为 3,一条弦 $AB=4$,P 为圆 O 上任意一点,则 $\overrightarrow{AB}\cdot\overrightarrow{BP}$ 的最大值为 （　　）

A.$\dfrac{3}{2}$ 　　　　B.1 　　　　C.2 　　　　D.4

6. 解:如图,当 OP // AB 时,$\overrightarrow{BP}$ 在 $\overrightarrow{AB}$ 方向上的投影最大,为 $3-\dfrac{1}{2}$

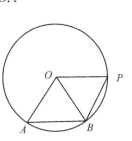

$AB=1$,所以 $\overrightarrow{AB}\cdot\overrightarrow{BP}$ 的最大值是 $4\times 1=4$,选 D.

7. 集合 $A=\{1,2,3,4,5,6,7,8,9,10\}$,从中取出三个元素构成集合 A 的子集,且所取得的三个数互不相邻,这样的子集个数为 （　　）

A.56 　　　　　　　　　B.64

C.72 　　　　　　　　　D.80

7. 解: 因为从集合 A 中任取三个互不相邻的数的任意取法 $a<b<c$,可以与从 $\{1,2,3,4,5,6,7,8\}$ 中任意取出三个数的取法 $a,b-1,c-2$ 之间建立一一映射,所以符合要求的子集个数为 $C_8^3=56$,选 A.

8. 已知 z 是实部虚部都为正整数的复数,则 $\dfrac{|z_1+z_2|}{\sqrt{|z_1\cdot z_2|}}=$ (   )

A.$Re(z^2-z)$ 被 2 整除   B.$Re(z^3-z)$ 被 3 整除

C.$Re(z^4-z)$ 被 4 整除   D.$Re(z^5-z)$ 被 5 整除

8. 解: 令 $z=a+bi$,则 $Re(z^2-z)=a^2-b^2-a=a(a-1)-b^2$,当 b 为奇数时,$2\nmid Re(z^2-z)$,选项 A 错误;$Re(z^3-z)=a^3-3ab^2-a=(a-1)a(a+1)-3ab^2$,因为 $3|(a-1)a(a+1)$,所以选项 B 正确;$Re(z^4-z)=a^4-6a^2b^2+b^4-a$,令 a 为偶数,b 为奇数,则 $Re(z^4-z)$ 为奇数,不被 4 整除,C 错误;$Re(z^5-z)=a^5-10a^3b^2+5ab^4-a$,其中 $5|-10a^3b^2+5ab^4$,由费马小定理,知 $a^5\equiv a\pmod 5$,所以选项 D 正确.综上选 BD.

9. 椭圆 $\dfrac{x^2}{a^2}+\dfrac{y^2}{b^2}=1(a>b>0)$,直线 $l_1:y=-\dfrac{1}{2}x$,直线 $l_2:y=\dfrac{1}{2}x$,P 为椭圆上任意一点,过点 P 作 $PM\parallel l_1$ 且与直线 l_2 交与点 M,作 $PN\parallel l_2$ 且与直线 l_1 交于点 N,若 $|PM|^2+|PN|^2$ 为定值,则   (   )

A.$ab=2$ B.$ab=3$ C.$\dfrac{a}{b}=2$ D.$\dfrac{a}{b}=3$

9. 解: 设 $M(2m,m)$,$PM:y=-\dfrac{1}{2}x+2m$,$N(2n,-n)$,$PN:y=\dfrac{1}{2}x-2n$.联立直线 PM 和 PN,可得点 P 坐标 $(2m+2n,m-n)$,则 $|PM|^2+|PN|^2=(2n)^2+n^2+(2m)^2+m^2=5(m^2+n^2)$ 为定值.另一方面,因为点在椭圆上,所以 $\dfrac{4(m+n)^2}{a^2}+\dfrac{(m-n)^2}{b^2}=1$,即 $\left(\dfrac{4}{a^2}+\dfrac{1}{b^2}\right)(m^2+n^2)+\left(\dfrac{8}{a^2}-\dfrac{2}{b^2}\right)mn=1$.考虑得 $\left(\dfrac{4}{a^2}+\dfrac{1}{b^2}\right)(m^2+n^2)$,故 $\left(\dfrac{8}{a^2}-\dfrac{2}{b^2}\right)mn$ 也为定值,则只能 $\dfrac{8}{a^2}-\dfrac{2}{b^2}=0$,从而 $a=2b$.选 C.

10. 已知 z_1,z_2 为实部虚部都为正整数的复数,则 $\dfrac{|z_1+z_2|}{\sqrt{|z_1\cdot z_2|}}=$ (   )

A.有最大值 2   B.无最大值   C.有最小值 $\sqrt{2}$ D.无最小值

10. 解: 设 z_1,z_2,z_1+z_2 在复平面上对应的点分别是 A,B,C,z_1 和 z_2 的夹角为 θ,则 $\dfrac{|z_1+z_2|}{\sqrt{|z_1z_2|}}=\sqrt{\dfrac{OC^2}{OA\cdot OB}}=\sqrt{\dfrac{OA^2+OB^2+2OA\cdot OB\cos\theta}{OA\cdot OB}}=\sqrt{\dfrac{OB}{OA}+\dfrac{OA}{OB}+2\cos\theta}$,则令 $z_1=1+i$,$z_2=n+ni$,有 $\dfrac{|z_1+z_2|}{\sqrt{z_1z_2}}=\sqrt{n+\dfrac{1}{n}+2}$,当 $n\to+\infty$ 时,知原式无最大值,A 错误,B 正确;令 $z_1=n+i$,$z_2=1+ni$,有 $\dfrac{|z_1+z_2|}{\sqrt{|z_1z_2|}}=\sqrt{2+2\cos\theta}$,当 $n\to+\infty$ 时,原式趋向于 $\sqrt{2}$,但因为 z_1,z_2 均在第一象限,故 θ 取不到 $90°$,所以 C 错误,D 正确.本题选 BD.

11. 已知函数 $f(x)=\sin x\cdot\sin 2x$,则   (   )

A.$f(x)$ 有对称轴   B.$f(x)$ 有对称中心

C. $f(x)=a$ 在 $(0,2\pi)$ 的解为偶数个   D. $f(x)=\dfrac{7}{9}$ 有解

11. 解:容易判断,$x=0$ 是函数的对称轴,$\left(\dfrac{\pi}{2},0\right)$ 是函数的对称中心,所以 A,B 正确;

对于选项 C,当 $a=0$ 时,$f(x)=0$ 在 $(0,2\pi)$ 上有 $x=\dfrac{\pi}{2}$,π,$\dfrac{3\pi}{2}$ 三个解,故 C 错误;

对于选项 D,根据均值不等式,$|f(x)|=|\sin x\cdot\sin 2x|=2\sin^2 x\cdot|\cos x|=$

$\sqrt{2\cdot 2\cos^2 x\cdot\sin^2 x\cdot\sin^2 x}\leqslant\sqrt{2\cdot\left(\dfrac{2\cos^2 x+\sin^2 x+\sin^2 x}{3}\right)^3}=\dfrac{4}{9}\sqrt{3}<\dfrac{7}{9}$,故 D 错误。

综上所述,选 AB。

12. 已知实数 x,y 满足 $5x^2-y^2-4xy=5$,则 $2x^2+y^2$ 的最小值是   (　　)

A. $\dfrac{5}{3}$ B. $\dfrac{5}{6}$ C. $\dfrac{5}{9}$ D. 2

12. 解:若 $y=0$,则 $5x^2=5$,$2x^2+y^2=2$;

若 $y\neq 0$,则考虑 $5+\lambda(2x^2+y^2)=(5+2\lambda)x^2-4xy+(\lambda-1)y^2=y^2$

$\left[(5+2\lambda)\dfrac{x^2}{y^2}-\dfrac{4x}{y}+(\lambda-1)\right]$,将括号内看做关于 $\dfrac{x}{y}$ 的函数,令 $\Delta=16-4(5+2\lambda)(\lambda-1)=0$,得 $\lambda=$

-3 或 $\dfrac{3}{2}$,则有 $5-3(2x^2+y^2)=-x^2-4xy-4y^2=-(x+2y)^2\leqslant 0$,所以 $2x^2+y^2\geqslant\dfrac{5}{3}$,当且仅

当 $x=-2y$ 时取等号,并可进一步解得 $\begin{cases}x=-\dfrac{2}{9}\sqrt{15},\\[2mm]y=\dfrac{1}{9}\sqrt{15},\end{cases}$ 或 $\begin{cases}x=\dfrac{2}{9}\sqrt{15},\\[2mm]y=-\dfrac{1}{9}\sqrt{15}.\end{cases}$ 本题选 A.

13. 已知 $\triangle ABC$ 的三个内角 A,B,C 的对边分别为 a,b,c,且满足 $\begin{cases}b\cos C+(a+c)(b\sin C-1)=0,\\ a+c=\sqrt{3},\end{cases}$ 则 $\triangle ABC$ (　　)

A. 面积的最大值为 $\dfrac{3\sqrt{3}}{16}$ B. 周长的最大值为 $\dfrac{3\sqrt{3}}{2}$

C. $B=\dfrac{\pi}{3}$ D. $B=\dfrac{\pi}{4}$

13. 解:据题意,$b\cos C+\sqrt{3}b\sin C-(a+c)=0$,由正弦定理,$\sin B\cos C+\sqrt{3}\sin B\sin C-\sin(B+C)-\sin C=0$,即 $\sin C\left[2\sin\left(B-\dfrac{\pi}{6}\right)-1\right]=0$,所以 $B=\dfrac{\pi}{3}$,C 正确,D 错误;对于选项 A,$S_{\triangle ABC}=\dfrac{1}{2}$

$ac\sin B\leqslant\dfrac{\sqrt{3}}{4}\left(\dfrac{a+c}{2}\right)^2=\dfrac{3\sqrt{3}}{16}$,故 A 正确;对于选项 D,根据余弦定理,有 $b^2=a^2+c^2-2ac\cos B=$

$(a+c)^2-3ac\geqslant 3-3\times\left(\dfrac{a+c}{2}\right)^2=\dfrac{3}{4}$,则周长最小值为 $\sqrt{\dfrac{3}{4}}+\sqrt{3}=\dfrac{3\sqrt{3}}{2}$,故选项 B 错误.本题选 AC.

14. 两个半径为 1 的球的球心之间的距离为 d,包含两个球的最小的球的体积为 V,则

$\displaystyle\lim_{d\to+\infty}\dfrac{V}{d^3}=$ (　　)

A. $\dfrac{4\pi}{3}$ B. $\dfrac{\pi}{6}$ C. $\dfrac{\pi}{12}$ D. $\dfrac{2\pi}{3}$

14. 解: 包含两个球的最小球的半径为 $\dfrac{d}{2}+1$，则 $\lim\limits_{d\to\infty}\dfrac{V}{d^3}=$

$$\lim_{d\to+\infty}\frac{\frac{4\pi}{3}\left(\frac{d}{2}+1\right)^3}{d^3}=\lim_{d\to+\infty}\frac{4\pi\left(\frac{d^3}{8}+\frac{3d^2}{4}+\frac{3d}{2}+1\right)}{3d^3}=\lim_{d\to+\infty}\left(\frac{\pi}{6}+\frac{\pi}{d}+\frac{3\pi}{d^2}+\frac{4\pi}{3d^3}\right)=\frac{\pi}{6}，选 B.$$

15. 椭圆 $\dfrac{x^2}{4}+\dfrac{y^2}{9}=1$ 与过原点且互相垂直的两条直线的四个交点围成的菱形的面积可以是

                                                     (   )

A.16   B.12   C.10   D.18

15. 解: 可以设四个交点的坐标分别为 $(r_1\cos\theta,r_1\sin\theta)$，$(-r_1\cos\theta,-r_1\sin\theta)$，$(-r_2\sin\theta,r_2\cos\theta)$，$(r_2\sin\theta,-r_2\cos\theta)$，有 $\dfrac{r_1^2\cos^2\theta}{4}+\dfrac{r_1^2\sin^2\theta}{9}=1$，$\dfrac{r_2^2\sin^2\theta}{4}+\dfrac{r_2^2\cos^2\theta}{9}=1$，即 $\dfrac{\cos^2\theta}{4}+\dfrac{\sin^2\theta}{9}=\dfrac{1}{r_1^2}$，$\dfrac{\sin^2\theta}{4}+\dfrac{\cos^2\theta}{9}=\dfrac{1}{r_2^2}$，两式相加，有 $\dfrac{1}{r_1^2}+\dfrac{1}{r_2^2}=\dfrac{13}{36}$. 而菱形面积为 $\dfrac{1}{2}\times 2r_1\times 2r_2=2r_1r_2$，从而有 $\dfrac{13}{36}=\dfrac{1}{r_1^2}+\dfrac{1}{r_2^2}\geqslant 2\sqrt{\dfrac{1}{r_1^2r_2^2}}$，$2r_1r_2\geqslant\dfrac{144}{13}$，即菱形面积最小值为 $\dfrac{144}{13}$. 易知当菱形顶点恰好为椭圆顶点时，面积最大，为 $\dfrac{1}{2}\times 4\times 9=18$. 从而本题选 ABD。

16. 已知 $a_1,a_2,a_3,a_4,a_5,a_6,a_7,a_8$ 是 $1,2,3,4,5,6,7,8$ 的一个排列，满足 $a_1+a_2+a_3+a_4=a_5+a_6+a_7+a_8$ 的排列的个数为   (   )

A.4608   B.2304   C.1017   D.768

16. 解: 因为 $\dfrac{1}{2}(1+2+\cdots+8)=18$，而 $17=2+7+8=3+6+8=4+5+8=4+6+7$，所以包含 1 的那一组有 4 种选择，每一种选择又对应于 $2A_4^4\cdot A_4^4$ 种排列，故排列数为 $4\cdot 2A_4^4\cdot A_4^4=4608$，选 A.

17. 甲乙丙丁四个人背后有 4 个号码，赵同学说:甲是 2 号，乙是 3 号;钱同学说:丙是 2 号，乙是 4 号;孙同学说:丁是 2 号，丙是 3 号;李同学说:丁是 1 号，乙是 3 号.他们每人说对了一半，则丙的号码是   (   )

A.1   B.2   C.3   D.4

17. 解: 考虑赵同学的话，若甲是 2 号，则根据孙同学的话，知丙是 3 号，根据钱同学的话，知乙是 4 号，再根据李同学的话，丁是 1 号，符合要求;若甲不是 2 号，乙是 3 号，根据孙同学的话，丁是 2 号，根据钱同学的话，乙又是 4 号，矛盾。所以丙 3 号，选 C。

18. 已知函数 $f(x)=\dfrac{\sin^3 x+2\cos^3 x}{2\sin^2 x+\cos^2 x}$，若 $n\in\mathbf{N}^*$，则 $\displaystyle\int_0^{2n\pi}f(x)dx$ 的值是   (   )

A.与 n 有关   B.0   C.1   D.2

18. 解: 考虑 $f(x)$ 为奇函数，且有 $f(x+n\pi)=(-1)^n f(x)$，所以 $\displaystyle\int_0^{2n\pi}f(x)dx=\int_{-n\pi}^{n\pi}f(x+n\pi)dx=(-1)^n\int_{-n\pi}^{n\pi}f(x)dx=0$，选 B。

19. 函数 $f(x)=\left[\dfrac{2}{x}\right]-2\left[\dfrac{1}{x}\right]$ 的值域   (   )

A.$\{0\}$ B.$\{0,1\}$ C.$\{0,1,2\}$ D.$\{1,2\}$

19.解: 本题等价于问函数 $g(x)=[2x]-2[x](x\neq 0)$ 的值域,易知 $g(x+1)=[2x+2]-2[x+1]=[2x]-2[x]=g(x)$,所以 $g(x)$ 的周期为 1,故只需考虑区间 $(0,1]$ 上函数的值域。分析不难得出 $g(x)=\begin{cases}0,x\in(0,0.5),\\1,x=[0.5,1),\\0,x=1,\end{cases}$ 所以值域为 $\{0,1\}$,选 D.

20. 已知正整数 m,n 满足 $m\mid 2016,n\mid 2016,mn\mid 2016$,则 (m,n) 的个数为 （　　）

A.916   B.917   C.918   D.919

20.解: 因为 $2016=2^5\cdot 3^2\cdot 7$,所以设 $m=2^{x_1}\cdot 3^{y_1}\cdot 7^{z_1}$,$n=2^{x_2}\cdot 3^{y_2}\cdot 7^{z_2}$,其中 x_1,x_2,y_1,y_2,z_1,z_2 均为整数,且根据题目要求,应有 $0\leqslant x_1,x_2\leqslant 5,0\leqslant y_1,y_2\leqslant 2,0\leqslant z_1,z_2\leqslant 1,x_1+x_2\geqslant 6$ 或 $y_1+y_2\geqslant 3$ 或 $z_1+z_2\geqslant 2$.从反面考虑,在 $m\mid 2016,n\mid 2016$ 的前提下,同时满足 $mn\mid 2016$ 的 (m,n) 有 $(6+5+4+3+2+1)\times(3+2+1)\times(2+1)=378$ 组,所以满足 $mn,2016$ 的 (m,n) 有 $6\times 6\times 3\times 3\times 2\times 2-378=918$ 组,选 C.

21. 正方形 $ABCD$ 所在的平面内有一点 O,使得 $\triangle OAB,\triangle OBC,\triangle OCD,\triangle ODA$ 为等腰三角形,则 O 点的不同位置有 （　　）

A.1   B.5   C.9   D.13

21.解: 若以正方形的边长为腰,则 O 点在以正方形顶点为圆心,边长为半径的圆上,若以正方形的边长为底边,则 O 点在正方形边长的中垂线上.如图所示,共有 9 个符合要求的位置,选 C.

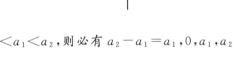

22. 已知所有元素均为非负实数的集合 A 满足 $\forall a_i,a_j\in A,a_i\geqslant a_j$,均有 $a_i+a_j\in A$ 或 $a_i-a_j\in A$,且 A 中的任意三个元素的排列都不构成等差数列,则集合 A 中的元素个数可能为 （　　）

A.3   B.4

C.5   D.6

22.解: 显然 $0\in A$,对于选项 A,设 $A=\{0,a_1,a_2\}$,$0<a_1<a_2$,则必有 $a_2-a_1=a_1$,$0,a_1,a_2$ 成等差数列,矛盾.

对于选项 B,可以取 $A=\{0,1,3,4\}$,符合要求;

对于选项 C,设 $A=\{0,a_1,a_2,a_3,a_4\}$,$0<a_1<a_2<a_3<a_4$,因为 $0<a_4-a_3<a_4-a_2<a_4-a_1$,所以 $a_4-a_3=a_1,a_4-a_2=a_2,a_4-a_1=a_3$,则 $0,a_2,a_4$ 成等差数列.

对于选项 D,设 $A=\{0,a_1,a_2,a_3,a_4,a_5\}$,$0<a_1<a_2<a_3<a_4<a_5$,用类似选项 C 的分析方法可得,$a_5=a_4+a_1=a_3+a_2$,因为 $a_4+a_3>a_5$,所以必有 $a_4-a_3\in A$,若 $a_4-a_3=a_2$,则与 $a_5=a_3+a_2$ 矛盾,若 $a_4-a_3=a_1$,则结合 $a_4+a_1=a_3+a_2$ 知,$a_2=2a_1$,于是 $0,a_1,a_2$ 成等差数列,矛盾.

故综上所述,本题选 B.

23. 已知关于 z 的方程 $z^{2017}-1=0$ 的所有复数解为 $z_i(i=1,2,\cdots,2017)$,则 $\displaystyle\sum_{i=1}^{2017}\frac{1}{2-z_i}$ （　　）

A.是比 $\dfrac{2017}{2}$ 大的实数   B.是比 $\dfrac{2017}{2}$ 小的实数

C.是有理数   D.不是有理数

23. **解**:令 $x=\dfrac{1}{2-z}$,则 $z=2-\dfrac{1}{x}$,则有 $z^{2017}=\left(2-\dfrac{1}{x}\right)^{2017}=1$,即 $(2x-1)^{2017}-x^{2017}=0$,展开

即得 $(2^{2017}-1)x^{2017}-2017\cdot2^{2016}\cdot x^{2016}+\cdots+2017\cdot2x-1=0$.由高次方程的韦达定理知,$x_1+$

$x_2+\cdots+x_{2017}=\dfrac{2017\cdot2^{2016}}{2^{2017}-1}>\dfrac{2017}{2}$,故本题选 AC.

24. 已知复数 x,y 满足 $x+y=x^4+y^4=1$,则 xy 的不同取值有( )种.

 A.0   B.1   C.2   D.4

24. **解**:设 $xy=t$,则 $1=x^4+y^4=(x+y)^4-4xy(x^2+y^2)-6x^2y^2=1-4t[(x+y)^2-2xy]-$

$6t^2=1-4t(1-2t)-6t^2=2t^2-4t+1$,从而 $2t^2-4t=0$,则 $t=0,2$.本题选 C.

25. 已知函数 $f(x)$ 满足 $f(m+1,n+1)=f(m,n)+f(m+1,n)+n$,$f(m,1)=1$,$f(1,n)=$
n,其中 $m,n\in\mathbf{N}^*$,则   ( )

 A.使 $f(2,n)\geqslant100$ 的 n 的最小值是 11   B.使 $f(2,n)\geqslant100$ 的 n 的最小值是 13

 C.使 $f(3,n)\geqslant2016$ 的 n 的最小值是 19   D.使 $f(3,n)\geqslant2016$ 的 n 的最小值是 20

25. **解**:依题意,$f(2,1)=1$,$f(2,n)=f(1,n-1)+f(2,n-1)+n-1=2(n-1)+f(2,n-$
$1)$,从而 $f(2,n)=1+2+4+\cdots+2(n-1)=n^2-n+1$,使得 $f(2,n)\geqslant100$ 的 n 最小值为 11.$f(3,1)=1$,
$f(3,n)=f(2,n-1)+f(3,n-1)+(n-1)=n^2-2n+2+f(3,n-1)$,从而 $f(3,n)=1+2^2+$

$3^2+\cdots+n^2-2(1+2+3+\cdots+n)+2n=\dfrac{1}{6}n(n+1)(2n+1)-n(n+1)+2n=\dfrac{1}{6}n(2n-1)(n-$

$1)+n$,使得 $f(3,n)\geqslant2016$ 的 n 最小值为 19.故本题选 AC.

26. 已知 $f(x)$ 是 $(0,+\infty)$ 的连续有界函数,$g(x)$ 在 $(0,+\infty)$ 上有 $g(x)=\max\limits_{0\leqslant n\leqslant x}f(n)$,则下列

正确的是   ( )

 A.$g(x)$ 是有界函数   B.$g(x)$ 是连续函数

 C.$g(x)$ 是单增函数   D.$g(x)$ 不是单增函数

26. **解**:因为 $f(x)$ 连续有界,易知 $g(x)$ 连续有界,当 $f(x)$ 单调递减时,$g(x)$ 为常数函数,故
知此题选 ABD.

27. 已知对于任意实数 x,均有 $a\cos x+b\cos3x\leqslant1$,下列说法正确的是   ( )

 A.$|a-2b|\leqslant2$ B.$|a+b|\leqslant1$ C.$|a-b|\leqslant\sqrt{2}$ D.$|a-b|\leqslant1$

27. **解**:依题意,$\forall t\in[-1,1]$,$at+b(4t^3-3t)\leqslant1$.

令 $t=\pm\dfrac{1}{2}$,得 $a-2b\leqslant2$,$-(a-2b)\leqslant2$,A 正确;

令 $t=\pm1$,得 $a+b\leqslant1$,$-(a+b)\leqslant1$,B 正确;

令 $t=\pm\dfrac{1}{\sqrt{2}}$,得 $a-b\leqslant\sqrt{2}$,$-(a-b)\leqslant\sqrt{2}$,C 正确.

综上所述,本题选 ABC.

28.5 人中每两个人之间比一场,若第 i 个人胜 $x_i(i=1,2,3,4,5)$ 场,负 $y_i(i=1,2,3,4,5)$ 场,
则   ( )

 A.$x_1+x_2+x_3+x_4+x_5$ 为定值   B.$y_1+y_2+y_3+y_4+y_5$ 为定值

 C.$x_1^2+x_2^2+x_3^2+x_4^2+x_5^2$ 为定值   D.$y_1^2+y_2^2+y_3^2+y_4^2+y_5^2$ 为定值

28. **解**:5 人比赛,共赛 $C_5^2=10$ 场,每场比赛一胜一负,故有 $x_1+x_2+x_3+x_4+x_5=y_1+y_2+y_3+y_4+y_5=10$,A,B 正确.对于选项 C,容易构造胜负关系使得 $(x_1,x_2,x_3,x_4,x_5)=(2,2,2,2,2)$ 或 $(0,1,2,3,4)$,故 $x_1^2+x_2^2+x_3^2+x_4^2+x_5^2$ 不是定值,C 错误.同理选项 D 错误.本题选 AB.

29. 若存在满足下列三个条件的 3 个集合 A、B、C,则称偶数 n 为"萌数"

(1)3 个集合 A、B、C 均为集合 $M=\{1,2,3,\cdots,n\}$ 的三个非空子集,A,B,C 两两之间交集为空集,且三者并集为 M。

(2)集合 A 中所有数均为奇数,集合 B 中所有数均为偶数,所有 3 的倍数都在 C 中。

(3)集合 A、B、C 所有的元素和分别为 S_1,S_2,S_3,且 $S_1=S_2=S_3$,下列说法正确的是 (   )

A.8 是萌数　　　　　　　B.60 是萌数　　　　　　　C.68 是萌数　　　　　　　D.80 是萌数

29. **解**:集合 M 中所有元素的和为 $S=\dfrac{1}{2}n(n+1)$,因为 $3|S$,且 n 为偶数,所以 $n=6k(k\in \mathbf{N}^*)$.

当 $n=6k$ 时,显然有 $S_3>\dfrac{1}{3}S$,故不成立,排除选项 B.

对于选项 A,$\dfrac{1}{3}S=12$,令集合 $A=\{5,7\}$,$B=\{4,8\}$,$C=\{1,2,3,6\}$,符合要求,A 正确;

对于选项 C,$\dfrac{1}{3}S=782$,所有的倍数构成集合 C',总和为 $3+6+9+\cdots+66=759$,剩下的数中奇数构成 A',总和为 $1+3+5+\cdots+67-(3+9+15+\cdots+63)=793$,偶数构成 B',总和为 $2+4+6+\cdots+68-(6+12+18+\cdots+66)=794$,从 A' 中选出 11,B' 中选出 4,8,放入 C' 中,即可符合要求,C 正确;

对于选项 D,$\dfrac{1}{3}S=1080$,所有 3 的倍数构成集合 C',总和为 $3+6+9+\cdots+78=1053$,剩下的数中奇数构成 A',总和为 $1+3+5+\cdots+79-(3+9+15+\cdots+75)=1093$,偶数构成 B',总和为 $2+4+6+\cdots+80-(6+12+18+\cdots+78)=1094$,从 A' 中选出 13,B' 中选出 14,放入 C' 中,即可符合要求,D 正确.故综上所述,本题选 ACD.

30.已知非零实数 a,b,c,A,B,C,则" $ax^2+bx+c\geq0$ 与 $Ax^2+Bx+C\geq0$ 的解集相同"是" $\dfrac{a}{A}=\dfrac{b}{B}=\dfrac{c}{C}$ "的 (   )

A.充分非必要条件　　　　　　　　　B.必要非充分条件

C.充要条件　　　　　　　　　　　　D.既不充分也不必要条件

30.**解**:取 $(a,b,c)=(1,0,1)$,$(A,B,C)=(1,1,2)$,则两个不等式的解集均为 $\mathbf{R}$,但 $\dfrac{a}{A}$,$\dfrac{b}{B}$,$\dfrac{c}{C}$ 不全相等.取 $(a,b,c)=(1,2,-3)$,$(A,B,C)=(-1,-2,3)$,则 $\dfrac{a}{A}=\dfrac{b}{B}=\dfrac{c}{C}$,但 $x^2+2x-3\geq0$ 的解集为 $(-\infty,-3]\cup[1,+\infty)$,$-x^2-2x+3\geq0$ 的解集为 $[-3,1]$,所以选 D,既不充分也不必要条件.

31.一个人投篮命中率为 $\dfrac{2}{3}$,连续投篮直到投进 2 个球时停止,则他投篮次数为 4 的概率是 (   )

A.$\dfrac{4}{27}$　　　　　　　B.$\dfrac{2}{27}$　　　　　　　C.$\dfrac{4}{9}$　　　　　　　D.$\dfrac{2}{9}$

31.解: 投篮次数为 4,则第 3,4 次必投进,第 2 次必不进,所以概率为 $\dfrac{1}{3}\times\dfrac{2}{3}\times\dfrac{2}{3}=\dfrac{4}{27}$,选 A.

32. 已知 $0<P(A)<1,0<P(B)<1$,且 $P(A|B)=1$,则　　　　　　　　　　　　(　　)

A.$P(\bar{A}|\bar{B})=0$　　　B.$P(\bar{B}|\bar{A})=1$　　　C.$P(A\cup B)=P(A)$　　　D.$P(\bar{B}|A)=1$

32.解: 因为 $P(A|B)=1$,故知 B 为 A 的子集,如图,则易知选项 A,D 错误,B,C 正确。

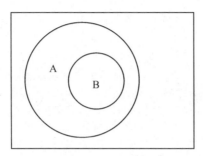

33. 已知实数 x,y 满足 $\begin{cases}(x-1)(y^2+6)=x(y^2+1),\\(y-1)(x^2+6)=y(x^2+1),\end{cases}$ 则　　　(　　)

A.$\left(x-\dfrac{5}{2}\right)^2+\left(y-\dfrac{5}{2}\right)^2=\dfrac{1}{2}$　　　　　　　B.$x=y$

C.有 4 组解 (x,y)　　　　　　　　　　　D.$x+y+5=0$

33.解: 原方程组整理为 $\begin{cases}y^2-5x+6=0,\\x^2-5y+6=0,\end{cases}$ 两式相加,得 $\left(x-\dfrac{5}{2}\right)^2+\left(y-\dfrac{5}{2}\right)^2=\dfrac{1}{2}$,选项 A 正

确;两式相减,即得 $(x-y)(x+y+5)=0$,因为 $x+y+5=0$ 所表示的直线与圆 $\left(x-\dfrac{5}{2}\right)^2+$

$\left(y-\dfrac{5}{2}\right)^2=\dfrac{1}{2}$ 相离,所以原方程组的解都满足 $x-y=0$,故选项 B 正确.联立

$\begin{cases}x-y=0,\\\left(x-\dfrac{5}{2}\right)^2+\left(y-\dfrac{5}{2}\right)^2=\dfrac{1}{2},\end{cases}$ 得 $\begin{cases}x=2,\\y=2,\end{cases}$ 或 $\begin{cases}x=3,\\y=3.\end{cases}$ 共有 2 组解,故选 C 项错误.本题选 BC.

34. 在 $\triangle ABC$ 中,$\sin^2A=\sin^2B+\sin B\sin C$,则　　　　　　　　　　　　(　　)

A.$A<\dfrac{\pi}{3}$　　　　　　B.$B<\dfrac{\pi}{3}$　　　　　　C.$A<\dfrac{2\pi}{3}$　　　　　　D.$B<\dfrac{2\pi}{3}$

34.解: 据题意,$\sin B\sin C=\sin^2A-\sin^2B=(\sin A+\sin B)(\sin A-\sin B)=2\sin\dfrac{A+B}{2}$

$\cos\dfrac{A-B}{2}\cdot 2\cos\dfrac{A+B}{2}\sin\dfrac{A-B}{2}=\sin(A+B)\sin(A-B)=\sin C\sin(A-B)$,所以 $\sin(A-B)=$

$\sin B$.因为 A,B 是三角形的内角,故易知只能 $A-B=B$,所以 $A=2B$,又 $A+B=\pi-C<\pi$,所以

$B<\dfrac{\pi}{3}$.本题选 C、D.

35. 已知 $Q(x)=a_{2017}x^{2017}+a_{2016}x^{2016}+\cdots+a_1x+a_0$,对任意 $x\in R^+$ 均有 $Q(x)>0$ 成立.若

$a_i\in\{-1,1\}(i=0,1,2,\cdots,2017)$,则 $a_0,a_1,a_2,\cdots,a_{2017}$ 中取值为 -1 的项数最多为　　(　　)

A.1006   B.1007   C.1008   D.1009

35. **解**：令 $x=1$，得 $a_{2017}+a_{2016}+\cdots+a_1+a_0>0$，从而知其中取值为 -1 的项数最多为 1008，而令 $a_{2017}=a_{2015}=\cdots=a_3=a_1=1$，$a_{2016}=a_{2014}=\cdots=a_2=-1$，则有 $Q(x)=x^{2017}-x^{2016}+x^{2015}-x^{2014}+\cdots+x^3-x^2+x+1$，容易验证，当 $0<x<1$ 时，$Q(x)=x^{2017}+(x^{2015}-x^{2016})+(x^{2013}-x^{2014})+\cdots+(x-x^2)+1>0$. 当 $x\geqslant 1$ 时，$Q(x)=(x^{2017}-x^{2016})+(x^{2015}-x^{2014})+\cdots+(x^3-x^2)+x+1>0$，故本题选 C.